Hans Maria Mole
Eine außergewöhnliche Reise durch Schottland

Das Phantom der Ruinen

Das Buch

Es war sein Anliegen als Maler wundervolle Bilder während seiner Schottlandreise entstehen zu lassen. Doch das Schicksal wollte es anders. Die Suche nach Romantik verwandelt sich in unheimliche Abenteuer. Gespenstische und liebevolle Begegnungen wechseln sich ab. In all den abenteuerlichen Erlebnissen lernt er eine Liebe kennen, die fast unbeschreiblich bleibt und sein Leben für alle Zeit verändert.

Dieser gefühlvolle und abenteuerliche Roman, entführt in Zeitreisen zu fantastischen Abenteuern und verwandelt sich in eine Dokumentation, die ein Teil des heutigen Lebens von Hans Maria Mole und Basil Wolfrhine beschreibt – die Philosophie in der Kunst, Musik und pragmatischer Mystik.

Der Autor

Hans Maria Mole ist ein international bekannter Maler und Aktionskünstler. Sein Schaffen bietet einen unmittelbar anschaulichen Zugang zur Bildlichkeit der Natur. Das Zusammenspiel künstlerischer Gestaltungsmöglichkeiten in Verbindung mit seiner philosophischen Lebensanschauung, führt zu dem eigenwilligen Stil seiner Arbeiten. Mole interpretiert seine Kunst so: „Meine Welt ist die des Lichts, aber als Maler sehe ich nur den Schatten."

HANS MARIA MOLE

Eine außergewöhnliche Reise durch

SCHOTTLAND
DAS PHANTOM DER RUINEN

Impressum

© SchottenRadio/Basil Wolfrhine, Spall 2017
Alle Rechte vorbehalten.

Texte:	Hans Maria Mole
Umschlag:	Basil Wolfrhine
Zeichnungen:	Hans Maria Mole
Illustration:	Basil Wolfrhine
Fotos:	Stefan Dumke, Tina Wolfrhine
Satz/Layout:	Atelier Wolfrhine

Verlag:	SchottenRadio
	Soonwaldstr. 2a
	55595 Spall
	info@schottenradio.de
Druck:	epubli ein Service
	der neopubli GmbH, Berlin
ISBN:	978-3-7450-1121-0

Printed in Germany

Bibliografische Information der Deutschen Nationalbibliothek

Die Deutsche Nationalbibliothek verzeichnet diese Publikation in der Deutschen Nationalbibliografie; detaillierte bibliografische Daten sind im Internet über http://dnb.d-nb.de abrufbar.

Schottland, der Wunsch meiner Träume! So war ein Gedanke schon immer in mir. Nun, heute, wo ich das Land in all seinen Facetten kennen gelernt habe und nicht mehr so fit bin wie damals, als ich am Loch Ness saß und Skizzen anfertigte, sehe ich manches nicht mehr so verträumt. Doch ich liebe es immer noch, das Land mit seiner unerschöpflich mystischen Landschaft, den spektakulären Lichtern und den herzlichen Begegnungen auf den Inseln, mit ihren Wind und Wetter trotzenden Menschen.

Ich hatte damals dieses mystische Land besucht, um die Inspiration des Lichts der tiefstehenden Sonne einzufangen, das die zerklüfteten Küsten besonders betonte und mir die Empfindung suggerierte, diese Landschaft im Atelier in eindrucksvolle Bilder zu verwandeln.

Eine Geschichte hat sich in mir festgesetzt, die ich als junger Mann vor ungefähr fünfzig Jahren dort erlebte, und die ich nicht mehr vergessen werde, nie mehr! Noch heute, während ich im Liegestuhl sitze, in die Sonne schaue und nachdenke, erscheint sie wieder vor meinem geistigen Auge und wirft immer noch Fragen auf, die zum Teil bis jetzt ungelöst sind. Abenteuer, Liebe und Romantik gaben sich abwechselnd die Hand, in einer Welt, die teilweise wie in Opiumträumen Schrecken und Tod vorgaukelten.

Weit weg ist das Land der Vergangenheit – und ich machte zum ersten Mal die Reise in dieses Land meiner schwärmerischen Vorstellungen. Malen wollte ich dieses hintergründige, nebulose und schicksalhafte Land, aus dem mich viele interessante Geschichten erreichten und die mich dann veranlassten, ebenfalls eine längere Zeit dort zu verbringen.

Inzwischen war ich fast überall in Schottland und es entstanden Hunderte von Landschaftsbildern, Skizzen und surrealistischen Abbildungen. Nebelverhangene Berge, alte Cottages und Ruinen, einsame, sonnige Buchten, die schöner waren als alle einer im Mittelmeer gelegenen Ferieninsel, sollten mir immer wieder Anlass geben, diese herrliche Natur festzuhalten.

Irgendjemand hatte mir mal erzählt, dass nichts die Schönheit und die Dramatik der Westküste Schottlands übertreffen könnte. Doch ich wollte es selbst entscheiden, was wirklich bei mir das Wort „schön" hervorrufen würde, denn es gibt wohl kaum einen Begriff, der dehnbarer ist, und für mich als Maler besitzt dieses Wort sowieso eine andere Bedeutung. So blieb ich, von Edinburgh kommend, an der Ostküste, und danach wollte ich auf die andere Seite, das heißt zur Insel Skye. Doch jetzt erlebte ich zum ersten Mal die außergewöhnliche Felsenküste der Ostseite des Landes, ganz oben im Norden, fast am Ende der Welt, so könnte man es auch ausdrücken.

In dieser wilden, von Stürmen heimgesuchten Ecke Schottlands gibt es kaum noch einen Baum, und dieses Ödland ist die Einsamkeit pur. Es ist so, dass man meint, alles, die gesamte Landschaft wird nur vom Licht beherrscht. Und man fragt sich, woher es überhaupt kommt, dieses fast imaginäre Licht. Weite, wunderbare Gefilde sind einfach leer, es ist wie ein schweigendes, wildes und verlassenes Land, in dem man von Ehrfurcht gepackt werden könnte, wenn man nur daran dachte, dass hier vielleicht noch kein Mensch gestanden hatte, oder, dass es schon sehr lange her war, dass es vielleicht mal jemand gab, der hier durch das windige Land streifte, um etwas zum Essen zu besorgen, das heißt, ein Huhn oder Kaninchen zu jagen.

Nachdem ich stundenlang über dicke Grasbüschel, glitschige Steine, nasse Moose und eiskalte Bäche mehr gepilgert als gewandert war, entdeckte ich an dieser gottverlassenen Stelle etwas, das nach Leben aussah. Ich war verwundert, in dieser Wildnis noch ein paar Häuser zu entdecken, und ich wurde daran erinnert, dass hier tatsächlich noch Menschen lebten. Wo ich jetzt gerade bin, stehen drei Cottages, und keine Straße führt hier her, nur ein Schotterweg, der fast zugewachsen ist. Unweit von den winzigen Gärten beginnt das Wasser, das bei Sturm fast bis zu den Steinmauern vordringt. Mehrere Boote liegen auf dem Land, festgebunden, einfach malerisch! Also, Skizzenblock raus und zeichnen ...

Der Stein unter mir, auf dem ich saß, kühlte mich langsam aus. Ein kalter Windzug tat sein Übriges, und ich zog mir den Schal um die Ohren. Der Himmel, der gerade noch aussah, als wäre er einem Aquarell entsprungen, mit aufgetürmten Wolkenbänken, zwischen denen noch das tiefe Blau durchschimmerte, hatte sich zugezogen. Die ersten Tropfen flogen mir schon ins Gesicht, und gerade, als ich mich aufmachen wollte, damit ich nicht dem kommenden Regen ausgeliefert wäre, sah ich jemand aus dem gegenüberliegenden Cottage kommen. Es war eine ältere Frau – sie winkte mir zu, ich soll doch rüberkommen. Also, schnell hin.

Als ich näher kam, öffnete sie mir die rotgestrichene Tür vom Windfang und schob mich halbwegs ins Haus. Es gab mir gleich ein wunderbares Gefühl, im Moment nicht mehr dem scharfen Wind ausgesetzt zu sein. Trotz dem Dialekt, das die Frau sprach, konnte ich sie mit meinem Schulenglisch gut verstehen. Ihr Mann saß in der Nähe des Fensters und schaute hinaus. „Das dauert nicht lange", waren seine Worte zur Begrüßung, wobei er mich nicht einmal ansah. „Jetzt, zum Ende des Sommers, da ändert sich das Wetter schnell von Sonne zu Regen und umgekehrt." Dann ließ er den Vorhang los und setzte sich hinter den Tisch. Er reichte mir die Hand und sagte nichts. Dafür war seine Frau etwas gesprächiger. „Setzen Sie sich, ich mache einen Tee." Draußen regnete es bereits in Strömen, doch hier ließ es sich aushalten.

Es war die Küche und Aufenthaltszimmer in einem, und es war nicht sehr warm hier aber sehr gemütlich, und ich dachte noch, dass ich hier wohnen könnte…
„Sie haben sich aber ein Wetter ausgesucht, um zu malen. Eh …, mm …, können wir mal sehen, was Sie da gerade so gemacht haben da draußen?", meinte sie lächelnd.

Ich nahm meinen Schal ab, öffnete die Jacke und klappte die Mappe auf. Sie waren erstaunt über die vielen Skizzen und Zeichnungen, und gaben mir zu verstehen, dass sie so was noch nie gesehen hätten. Zum Teil waren es aber auch nur Farbskizzen, also Farbflecke mit Beschriftungen, die für mich wichtig waren, um im Atelier zu arbeiten, wenn die Reise irgendwann einmal vorbei sein sollte - etwas, das bald nicht mehr so sicher war.

„Darf ich mir was aussuchen?" Ich hatte damit gerechnet, dass ich das gefragt wurde, denn es war oft so, wenn ich irgendwo malte, dass man mich nach einem Bild oder einem Entwurf fragte. Sie nahm eine der Skizzen, die ich vor ihrem Haus, unten am Wasser angefertigt hatte. Es war eine sehr stimmungsvolle Darstellung der Boote. „Darf ich was fragen?", so sprach ich die beiden an, „Gibt es hier irgendwo eine Ruine oder ein altes Gemäuer?" Sofort erfolgte eine Antwort – von beiden gleichzeitig. „Nicht weit von hier gibt es zwei zusammengefallene Castles. Es sind doch zwei, oder? Ja, das wäre was für Sie zum Malen. Direkt an den Felsen, aber auf einer Anhöhe. Dort lebten die S… und die …, wie hießen die noch?" Sie sah ihren Mann fragend an. „Es war irgendetwas mit …, mit …" Er wusste es auch nicht mehr. Bestimmt war es mit der Zeit unwichtig geworden wie die ehemaligen Nachbarn hießen. Vor allem, wenn es sie schon lange nicht mehr gab. Wie sie sagten, wären diese Castles im Mittelalter – oder so! - erbaut worden, und man sollte sie nicht betreten, es könnte gefährlich sein, da sie sehr baufällig wären.

Nun, die Herausforderung, dort mal einen Blick drauf zu werfen, ließ mir keine Ruhe. „Was für ein verrücktes Wetter, jetzt scheint wieder die Sonne." Er hatte wieder den Vorhang zurückgezogen und blinzelte aus dem Fenster.

Ich war hier in Schottland ohne Fahrzeug, was vielleicht etwas unüberlegt schien. Zu Fuß musste ich alles erledigen, was Zeit kostete, oder per Anhalter, was ich auch oft genug wahrgenommen habe. Sehr oft kam das Angebot von den Fahrern selbst. Und durch die Gespräche mit den Einheimischen erfuhr ich dann von malerischen Stellen, die ich sonst nie erfahren hätte, und man machte dann hin und wieder sogar einen Umweg, um mich direkt an einen schönen Flecken zu bringen. Oft genug fuhr ich auch mit dem Überlandbus oder durfte auch mal mit dem Postauto mitfahren.

Es wurde wieder hell draußen: der Alte hatte recht, das Wetter spielte verrückt. Ich verabschiedete mich und freute mich noch über die Gespräche, den heißen Tee und natürlich darüber, dass man hier so gastfreundlich war. Es war klar, dass ich mir die Ruinen nicht entgehen lassen wollte und schlug gleich den Weg in diese Richtung ein.

Das Gras war doch sehr hoch und in Büschel zerzaust, und so konnte ich nicht so schnell weiterkommen, wie ich es gern gehabt hätte. Gott sei Dank hatte ich mich entschlossen, Stiefel zu tragen, während ich hier auf der von mir festgelegten Exkursion war, und so hatte ich immer noch trockene Füße, während ich durch das nasse Gras stapfte. Es gab nur wenige Hügel, und man konnte schon von weitem sehen, dass sich etwas Dunkles, Großes weit weg abzeichnete. Das war mein Ziel!

Dort angekommen, eröffnete sich mir eine Trümmerlandschaft, die aus verfallenen Mauern bestand, mit schwindelerregend hohen Kaminen, halben Türmen, die an wackelige Bauklötzchen erinnerten, und fast alles war mit einer dick verkrusteten Erde übergossen. Ich weiß nicht, wie ich es erklären soll, aber beim ersten Anblick der Ruinen spürte ich plötzlich ein Gefühl von fast unerträglicher Betrübnis. Die eigentümlich öde Landschaft drum herum, die zerrissenen und ausgespülten Mauern, die bestimmt viele schreckliche Erinnerungen in unsere Zeit brachten, stachelten meine Phantasie an, hier eine interessante Begegnung zu erwarten. Kein alberner Gedanke konnte hier das bedrängende Gefühl verscheuchen, das ich gerade spürte. Eine eigentümliche Atmosphäre umgab diese schwarzgrauen Mauern, die man vor Jahrhunderten mit Sorgfalt geplant und gestaltet hatte und die jetzt wie ein Haufen Dreck unwichtig die Landschaft in ihrem Ausdruck nicht verschönerten.

Eine grandiose Burgruine! Selbst hier, in dieser Steinwüste, blühte zwischen den Moosen und Flechten noch das Heidekraut, und für mich unbekannte kleine, weiße Blümchen standen haufenweise wie hingeworfen ebenfalls zwischen den alten Mauern. Es sollten zwei Burgen sein, wie mir diese Leute von vorhin gesagt hatten. Es sah aber aus, als ob es nur eine einzige riesige Burg gewesen sei. Diese beiden Ruinenfelder lagen direkt am Meer, direkt am Wasser. Auf der einen Seite fiel der Fels steil wie in einer Schlucht hinunter zur See, und die Überreste ragten wie Skelette der Geschichte aus dem Boden. Doch welche Geschichte verbarg sich hinter diesen Steinen? In diesem Licht, das gerade die Wolken sprengte, war es eine fantastische Gelegenheit, etwas Besonderes aufs Papier zu bringen, und sogleich turnte ich über die Trümmer und suchte den richtigen Blick in diese schattenreiche Ruine, um dann schnell ein paar Skizzen hinzuwerfen, bevor wieder eine dicke Wolke alles in ein verschwommenes Grau tauchen könnte. Ich fragte mich, ob man überhaupt dieses Trümmerfeld begehen könne, ob es nicht lebensgefährlich wäre, sich hier aufzuhalten. Nun, es wurde langsam dunkel, und ich entschloss mich, hier zu bleiben, vielleicht würde sich morgen noch etwas ergeben, was mir ein „Toll..."entlocken könnte.

So war ich am Überlegen, ob ich mein Zelt aufbauen sollte, direkt vor der Ruine, oder ob man die Nacht zwischen den Gemäuern verbringen könne. Nachdem meine Zeichenutensilien verstaut waren, stieg ich durch die Überbleibsel der vergangenen Zeit, um vielleicht einen Raum zu finden, der wenigstens etwas regengeschützt wäre.

Es ergab sich, dass in einem größeren Gebäude, dessen Außenseite hoch aus dem Meer aufstieg und das noch vier Stockwerke besaß, ein großer Raum im Erdgeschoss genau das war, was ich suchte. Die Decke war kein solides Gewölbe. Doch hier könnte man es trotzdem eine Nacht aushalten - warum sollte gerade jetzt die Decke einstürzen? Also, Gepäck herbei, die Luftmatratze aufblasen und den Boden einigermaßen an einer Stelle zum Hinlegen vorbereiten. Hier kam kein Regen oder Sturm herein. Noch einen Blick durch das Loch, in dem einst ein Fenster saß …, die Möwen kreischten, und man hörte die Wellen der Brandung, die unter mir an die Felsen klatschten. Es war einfach fantastisch - ein weiter Blick übers Meer …! Als ich so da stand und halb verzaubert in die Ferne sah, glaubte ich Musik zu hören. Irgendetwas griff nach meiner Seele in diesem Augenblick, und die Tränen waren nicht weit. Nach einer Weile verdrängte ich das Gefühl und hielt mich natürlich für gefühlsduselig. Eine völlige Dunkelheit gab es hier nicht, das war mir längst klar geworden. Die Sonne, die hier in diesen Breiten fast zur Mitternachtssonne wurde, beleuchtete die Landschaft in einem unvorstellbaren Rot, und die Ruinen sahen aus, als wären es Kulissen für ein bizarres Bühnenstück, das noch folgen sollte. Schade, dass ich meine Gitarre nicht mitgenommen hatte, denn jetzt wäre der Moment gekommen, wo man gefühlvolle Lieder für sich selbst spielen könnte. Wann käme so ein Augenblick wieder? Morgen werde ich schon weiter sein, vielleicht drüben, auf der Westseite oder in den Highlands, worauf ich mich auch schon richtig freue. Einige Stunden verbrachte ich noch draußen vor den Ruinen, bis die Müdigkeit mich erfasste und ich dann wieder über Brocken, die halb verfallene Treppe hinunter in diesen Raum stieg, um zu schlafen. Schnell in den Schlafsack, Kapuze hoch und weg war ich.

Durch irgendein Geräusch wurde ich wach. Die Wände waren jetzt immer noch in ein rotes Licht getaucht, und die Wellen schlugen immer noch heftig auf die Felsen. Das Gurgeln des ablaufenden Wassers ergab einen eigenartigen Singsang, der sich hier oben in dem Raum gespenstisch anhörte. Es war fast wie Musik. Oder war da wirklich Musik zu hören? War da nicht ein Dudelsack zu vernehmen? Ich lauschte, um vielleicht irgendetwas genauer zu hören. So musste ich gerade daran denken, was mal ein feinfühliger

Mensch in irgendeinem seiner fantastischen Werke niedergeschrieben hatte:

> „Und wer nun reist auf jenen Wegen,
> sieht durch der Fenster rot Geglüh
> Gebilde sich fantastisch regen
> zu einer schrillen Melodie."

Das passte doch! Aber alles was ich an Geräuschen aufschnappte, fand draußen statt, am Wasser. Ich rutschte wieder in meinen Schlafsack und machte die Augen zu. Doch achtete ich ununterbrochen auf irgendwelche Geräusche, und irgendwann war ich wieder im Land der Träume.

Ein heftiger Knall ließ mich aufschrecken. Das Rot war verschwunden. Dafür war draußen alles in ein dunkles Grauschwarz gehüllt, und ein heftiger Wind pfiff durch die Gemäuer. Schwach konnte man noch die Umrisse der ehemaligen Fenster erkennen - und wieder ein Blitz und heftiger Donner. Ein Gewitter kam von der See herüber und man konnte hören, dass es heftig regnete und ein Sturm aufs Land fegte. Hier drinnen war ich doch gut geschützt gegen das Unwetter. Hätte ich nicht gedacht. Im Zelt wäre es jetzt nicht so optimal. Immer wieder Blitze in der Dunkelheit und heftiger Donner. Draußen floss auch irgendwo das Regenwasser über die Ruinen und plätscherte in irgendwelche Pfützen. Eine ungemütliche Sache war das Ganze schon. Ich saß auf meinem Schlafsack mit dem Rücken zur Wand, träumte halb und wartete. Aber auf was? Bis das Wetter sich wieder verzogen hätte? Ich sah auf die Uhr: es war gerade mal drei Uhr. Das Weiterziehen auf die andere Seite von Schottland konnte ich im Augenblick vergessen. Wahrscheinlich müsste ich noch ein paar Tage hier bleiben, wenn das Wetter nicht mitspielen würde. Nun, hier war ich eigentlich gut aufgehoben, doch war ich versessen darauf, mehr zu erkunden, als nur diese Ruinen. Ungefähr vier Wochen hatte ich eingeplant für Schottland, und fast zwei Wochen waren schon um.

Und wieder ließ ein Donner das Mauerwerk erschüttern, so dass der Sand herabrieselte. Unheimlich war es hier schon, wenn das Licht eines Blitzes plötzlich alles wie mit Scheinwerfern erhellte und danach alles wieder rabenschwarz wurde und der nahe Donner die Wände erschütterte.

Eine halbe Stunde später hatte sich das Gewitter verzogen und es rieselte nur noch das Wasser über die Mauern ununterbrochen irgendwo hin. Ich saß immer noch da und sah zu den schwach erleuchteten Löchern der Fenster. Wie geistesabwesend dachte ich an die nächsten Tage, wobei ich mir vorstellte, was ich alles unternehmen würde. Es wäre schön, dachte ich, wenn jetzt ein Freund oder eine Freundin dabei wäre. Doch die hatten alle keinen Urlaub bekommen, oder wollten im Urlaub in den Süden – Italien war angesagt, das Land, wo zu dieser Zeit jeder hin wollte. Ich war nicht so abhängig von einer Arbeit, wo ich morgens um sieben auf der Matte stehen musste und konnte einfach wegfahren. Das Atelier musste mal ein paar Wochen ohne mich auskommen. Es war sowieso niemand da, der mich vermissen würde.

Als es heller wurde, stieg ich auf die Fensterbank, wenn man dieses ramponierte Mauerwerk überhaupt so nennen durfte, und schaute hinaus und hinunter. Dort unten schlug eine heftige Brandung an die Felsen, auf denen man das ehemalige Castle errichtet hatte. Langsam wanderten die Strahlen der aufgehenden Sonne über die Wände der Ruine, und man hatte den Eindruck, dass feine Dunstschwallen lebendig über die Fassade hüpften. Weit hinten über der See ballten sich schon wieder dicke Gewitterwolken zusammen, um einen Angriff auf diese Ruinen zu starten.

Ich musste jetzt mal raus aus der beklemmenden Ruine, um mir wieder neue Eindrücke zu verschaffen, von den nassen Ruinen und von der Landschaft rundum, die jetzt aussah, als hätte sie zum Wochenende frisch gebadet. Und so kletterte ich im Halbdunkel über den nassen Boden, flutschte übers Gras und Moos, um ganz oben auf einem Gebäudeteil einen guten Rundumblick zu haben. Dort lehnte ich mich an eine hervorstehende Mauer, die etwas über den Abgrund zeigte. Auf diese schlüpfrige Kante stützte ich meine Ellenbogen, um nicht gleich abzustürzen in eine

Unzahl von kleinen Klippen und Felsplatten, die aus dem Wasser ragten. Immer wieder konnte man auch einen Teil des Felsenbodens erkennen, der nicht sehr tief unter der Oberfläche des Wassers einen Blick auf die Reste einer Mauer freigab, die längst abgetragen war und ihren Sinn nicht mehr preisgab. Fast mit einem Gefühl des Schwindels schaute ich auf das gurgelnde, schwarze Wasser unter mir, und es blieb ein unheimlicher Eindruck durch die Brandung, die mit ihren weißen Schaumkronen, ewig heulend an dem Sockel des Hauses kochend hinaufgischte.

Mich beschlich ein verwirrendes Gefühl des Neuartigen. Noch nie war ich in so unmittelbarer Nähe an einer Sturmbrandung, und man hätte sein eigenes Wort nicht verstanden, wenn man sich hätte unterhalten wollen. Zu diesem Krachen und Rauschen, das die Gischt verursachte, kam jetzt auch noch der Donner des nahenden Gewitters, das sich in kurzer Zeit über den ganzen Himmel verteilte. Der Regen flutete bereits, und ich versuchte wieder in den Raum zu gelangen, wo ich sicher war vor Blitz und Sturm.

Allerdings saß ich wie ein Gefangener hier in der Burg, und es gab für mich nichts weiter zu tun, als abzuwarten, bis das Wetter mir gewährte, weiterzuwandern. Mein Gemüt ließ auch nicht zu, das einzige Buch, das ich mitgenommen hatte, zu lesen. Nur ein paar flüchtige Skizzen entstanden von den mächtigen Wolkenbergen - das war's schon. Zu diesem Zeitpunkt wusste ich noch nicht, dass mich hier ein Abenteuer erwarten würde, das mein ganzes Leben verändern sollte - bis heute, und mir immer wieder vor Augen stand in unzähligen Variationen.

Viel später, als ich mich neben der Malerei auch ernsthaft mit Philosophie beschäftigte, erkannte ich, dass unsere Welt so aufgebaut war, dass alles um uns herum Signale abgab und auch aufnahm - alles! So konnte es zu diesen merkwürdigen Zuständen kommen, die ich erlebte und die mich zeitweise an den Rand der Verzweiflung brachten, da ich mir aber auch nicht einen Augenblick erklären konnte von dem, was um mich herum passierte.

Ich hatte mir den Rest des Proviants einverleibt, und dachte daran, dass ich morgen unbedingt in die Stadt müsste, um mir wieder Nachschub zu besorgen. Die Stadt war nur ungefähr fünf Kilometer weit weg von hier. Wobei ich überlegte, ob ich nicht von dort aus gleich weiterziehen sollte – zum Beispiel per Anhalter in die Highlands. Der Abend kam schneller als gedacht, da ich mich während des aufkommenden Sturmes auf meine Luftmatratze gelegt hatte, um etwas nachzudenken, denn aus dem Nachdenken entstand nämlich ein tiefer Schlaf, aus dem ich erst am Abend erwachte. Ich dachte noch, dass ich dann bestimmt die halbe Nacht wachliegen würde, wenn ich jetzt schon stundenlang geschlafen hätte. Wie recht ich hatte, allerdings gab es dafür ganz andere Gründe.

Wieder stand ich am Fenster und schaute übers Meer in einen rot und gelb gestreiften Himmel, der sein Licht in den Raum und an die gegenüberliegende Wand strahlte. Unten am Wasser gab es eine Veränderung: Dort, wo heute Morgen noch die Wellen an die Wände krachten, waren jetzt flache Felsplatten sichtbar, wie aufgeschichtet, die nach ein paar Metern dann abgebrochen am etwas tiefer liegenden Wasser endeten. Es war scheinbar Ebbe, und der Unterschied zur Flut war hier doch beachtlich.

Den ziehenden Wolken hätte ich noch stundenlang zusehen können, aber ein Geräusch hinter mir veranlasste mich, nach hinten zu schauen. Ich dachte noch, dass es vielleicht ein Stein gewesen sei, der sich durch das Gewitter gelöst hätte, aber es musste dann eine andere Erklärung geben, da ich etwas sah, dass bei mir eine Gänsehaut hervorrief. Auf der Wand, gegenüber des Fensters, zeichneten sich Personen ab, die am Fenster vorbeigingen. Und ihre Schatten konnte man in der untergehenden Sonne gut erkennen. Es waren mehrere Männer und einige Frauen, die gestikulierend langsam schreitend als schwarze Silhouetten vor einer roten Wand erschienen. Dabei waren sie in Wirklichkeit nicht da, ich hätte sie sehen müssen. Das gleiche geschah nochmals, als sie an dem nächsten Fenster vorbeigingen; wobei direkt nach dem Fenster die Wand verlief, und sie hätten geradewegs durch diese Wand gehen müssen. Keine zehn Sekunden hatte das Schauspiel gedauert, von dem ich mehr als beeindruckt war. Mein Gott, was war das gerade? Vielleicht eine Halluzination?

Man fragt sich natürlich, wie so etwas zustande kommt. Doch, was weiß man schon von solchen Begebenheiten, die auch andere bereits erlebt und erzählt hatten, und man für deren Geschichten nur ein müdes Lächeln übrig hatte. Immer wieder hört und liest man von solchen Dingen, aber es wird fast immer in die Ecke der Lüge oder Fantasie gestellt. Das hier war keine Fantasie. Aber, was war es? Ich dachte weiter darüber nach und fragte mich gerade, ob diese Menschen, deren Schatten ich sah, sich auch zurzeit in diesem Raum befinden würden – unsichtbar!

Ganz dunkel wurde es nicht mehr nachts, und so brauchte ich eigentlich keine Taschenlampe, doch heute Nacht legte ich sie neben mich, als ich wieder auf meiner Luftmatratze saß. Ich dachte darüber nach, was das wohl früher für ein Raum gewesen sei. Sehr groß war er, mit zwei Fenstern, und an ihn grenzte ein

Durchgang ohne Tür zu einem breiten Treppenhaus, wie man noch erkennen konnte. Wäre es jetzt Tag, würde ich mal weiter in den Nachbar-Ruinen nachsehen, was das wohl für eine Burg gewesen war, und ob man noch mehr Geheimnisvolles zu Gesicht bekäme.

Ein dichter Nebel zog auf, und draußen verdunkelte sich alles. Im Raum herrschte eine kalte Atmosphäre. Wie gebannt schaute ich immer zu den hellen Fenstern gegenüber von mir, so, als erwartete ich irgendetwas, das von dort kommen könnte. Langsam fielen mir die Augen zu. Morgen musste etwas passieren, damit ich aus diesem Dämmerzustand wieder herauskomme, so dachte ich noch, dann schlief ich ein, halb im Sitzen und an die Wand gelehnt.

Als ich irgendwann in der Nacht wach wurde, war mein erster Blick wieder zu den etwas erhellten Fenstern. So sah ich, dass es immer noch neblig war. Ich stand auf und ging zum Fenster, konnte draußen außer Nebel aber nichts erkennen, selbst die Geräusche von unten, vom Wasser, schallten gedämpft herauf, und als ich mich dann wieder auf meiner Decke zusammenrollen wollte, und noch mal einen kurzen Blick in Richtung Fenster warf, überlief es mich eiskalt: zwischen mir und dem Fenster saß ein Mann in einem Schaukelstuhl. Es war ein alter Mann – ich konnte seinen hellen Bart erkennen. In solchen Fällen ist der Mensch bestrebt, irgendeine Abwehr einzuleiten, und ich ergriff meine Taschenlampe und leuchtete ihm ins Gesicht. Doch die einzige Wirkung, die es erzielte, war wieder so etwas wie eine Sinnestäuschung: er war weg! Licht aus: er war wieder da! Ich konnte erkennen, dass er lächelte. Eigentlich legte ich keinen Wert auf Gespräche, jetzt in der Nacht und mit einem … Geist? Aber er redete mich mit dunkler, gebrochener Stimme an: „Es ist gut, dass du wieder hier bist. Ich wusste, dass du wiederkommst. Jetzt wird alles gut."

Eigentlich war ich baff darüber, dass jene geisterhafte Erscheinung mich sofort mehr oder weniger zum Zuhören nötigte und mir keine Zeit zum Überlegen einräumte. Ich könnte ja auch wegrennen. Aber irgendwie ahnte oder wusste er, dass ich anders reagierte.

Einen Moment wartete jener im Schaukelstuhl, und dann sagte er noch: „Wenn du morgen in die Stadt gehst, dann bringe ein langes Seil mit." Dann war die Erscheinung weg. Ich muss sagen, dass mich diese Erscheinung nicht besonders erschreckte – so dachte und fühlte ich hinterher. Aber, was sollte der Satz mit dem Seil?

Ich wollte doch eigentlich nur ein paar Skizzen von den Ruinen machen und dann weiterwandern in die Highlands. Was ist jetzt daraus geworden? Habe ich geträumt? Diese Geschichte glaubt mir keiner. Ein Blick durchs Fensterloch und ich merkte, dass sich der Nebel verzog. Die Felsen mit Teilen der Ruine, die sich links von der Burg weiter ins Meer zogen, konnte man wieder erkennen. Mich fröstelte, und ich zog es vor, wieder meinen Platz im Schlafsack einzunehmen.

Allerdings war ich hell wach und hätte mich gern mit irgendjemand unterhalten, aber so saß ich da und grübelte. Dabei kam auch nichts Gescheites heraus. Hätte ich nur meine Gitarre dabei!

Irgendwann musste ich wohl eingeschlafen sein, und als ich wach wurde, war es schon hell im Raum. Ich fühlte mich so …, ich weiß nicht wie - seit Tagen hatte ich kein Bad gesehen. Irgendwie musste ich ans Wasser, aber auch in die Stadt. So packte ich meine Sachen und stolperte über die verfallenen Teile der Treppe und war dann froh, oben an der „Luft" zu sein. Weit konnte man sehen. Es war ein flaches Land mit kleinen Hügeln, und ich musste schon ein Stück gehen, um unterhalb der anderen Ruine ans Wasser zu kommen. Es war nicht gerade einladend, ins kalte Wasser zu gehen. Doch ich überwand mich und schritt todesverachtend in die eiskalte See. Ich schwamm nicht weit hinaus, warum auch? Doch brachte ich es fertig, mich abzuseifen und zu erfrischen – ungewöhnlich, aber gut.

Der Weg in die Stadt war eher angenehm. Sich mal wieder frei zu bewegen war fantastisch. Ich strich die Geschichte von heute Nacht einfach aus meinen Gedanken und tat sie damit ab, dass es vielleicht auch nur ein Traum war – so hundertprozentig war ich mir da nicht mehr sicher. Also, ab in die Stadt, zu Fuß! Als ich in die Nähe der Stadt kam, sah man schon den Rauch aus den vielen Schornsteinen aufsteigen, und es roch ganz stark nach Fisch und verbranntem Moos. Ich ging über eine Brücke und suchte die Hauptstraße auf, denn dort vermutete ich am ehesten ein Lebensmittelgeschäft oder eine Bäckerei. Von weitem sah man die Kirche, die herab schaute auf die Straße, die bereits am Morgen schon lichtdurchflutet auf die Besucher oder Einkäufer wartete. Die Stadt machte einen sauberen Eindruck, aber der Fischgeruch? Was es hier am Ende von Schottland doch alles zu erwerben gab: Blumen schon gleich am Anfang der nicht sehr breiten Straße; auch ein Kunsthändler zeigte Mut, sich hier zu etablieren. In seinem Schaufenster hatte er Lithographien alter Häuser und Pferden ausgestellt. Gardinen und Stoffe wie Tartans gab es ebenso wie ein Lampengeschäft, und ein Metzger stand in seinem mit Fleisch und Wurstwaren überfüllten Laden und bediente seine schon zahlreiche Kundschaft. An einem Schaufenster hing ein Schild mit der Aufschrift: SILVER DARLING und darunter stand ein Fass mit Heringen. Es war eine Stadt mit vielen älteren, klassizistischen Häusern, mit großen Bäumen in ihren Gärten, die zum Teil einen herrschaftlichen Eindruck machten.

Etwas weiter oben in der leicht ansteigenden, gepflasterten Straße war ein kleiner Schuppen, an dem die beiden Tore aufstanden. Ich schaute hinein und entdeckte allerlei merkwürdige Dinge. So gab es hier eine Menge handbetriebener Rasenmäher, Tonnen mit

Rädern in allen Größen, Netze und in einem kleinen Handkarren lag ein schwerer Anker. Drum herum hingen rote Bojen von der Decke und an der Seite sah ich einige gebrauchte Fahrräder. Der Verkäufer unterhielt sich mit einem Kunden und ich ging rüber und schaute mir die Fahrräder an. Eins davon war in der Zwischenzeit schon mal schwarz nachlackiert worden. Dieses Rad interessierte mich, und gerade, als ich es hervorholen wollte, kam der Verkäufer in seinem grauen Kittel und meinte: „Moment, ich zeig es Ihnen." Er wuchtete es hervor und stellte es vor mir auf. Innerhalb des Rahmens hatte man ein Schild angeschraubt, auf dem stand „Bakery Gohl". Vorne besaß das wuchtige Fahrrad mit dicken Reifen einen großen Metallkorb, und ich kam zu der Annahme, dass man damit Brot ausgefahren hatte. Am Hinterrad, auf beiden Seiten, hatte man ebenfalls zwei schmale Blechkästen mit Deckel angebracht. Es war aufgepumpt und machte auch sonst einen guten Eindruck. Das wäre was für mich, dachte ich. Dann könnte ich alles in den Korb legen und gleich weiterfahren, und ich käme nicht mehr in die Versuchung, noch irgendetwas in der Ruine zu erleben – weg von hier! Vielleicht zur Melrose Abbey, der mittelalterlichen Klosterkirche im Süden, ein ideales Zeichen-Objekt, allerdings weit weg. Oder - zur Insel Skye im Westen. Ich sah mich schon überall …, vor allem in den Highlands!

„Was würde das Rad kosten?" Er überlegte kurz und sah mich an, als müsste er jetzt einen Sonderpreis machen. „Sie sind Ausländer …" Dann ging er weg und kam mit einer Luftpumpe wieder. Nachdem er sie am Fahrrad befestigt hatte, meinte er: „Kommen Sie doch mal mit in den Laden." Wir gingen durch eine Seitentür in einen Raum, der auch ein Schaufenster besaß. Auf der Theke stand eine alte Kasse, die scheinbar noch funktionierte und im Gebrauch war. Daneben lagen eigenartige kleine Werkzeuge, bei denen ich keine Funktionen erkennen konnte. Links stand ein Regal mit Kästen, in denen Nägel und Schrauben sortiert waren. An der anderen Wand hingen kleinere Anker von einem Balken herab. Netze, Reusen und allerlei Haken waren in Regalen und an den Wänden aufgehängt. Zwischendrin standen ein Ambos und ein Schraubstock. Alles hatte den Anschein einer Reparatur-Werkstatt. So was hatte ich noch nicht gesehen, aber auch nicht erwartet, schon gar nicht in dieser Straße. Von draußen schaute gerade ein alter Mann herein, von dem ich glaubte, ihn schon mal irgendwo gesehen zu haben, doch wo, ich hatte doch kaum Gespräche mit Einheimischen?

Der Verkäufer legte mir noch Fahrradflickzeug und etwas Werkzeug auf die Theke. „Das gebe ich Ihnen noch dazu." Er machte einen annehmbaren Preis, und ich zahlte es mit Freude. Jetzt war ich mobil. Toll …! Dann legte er mit Wucht einen zusammengerollten Strick auf die Theke: „Ist der gut so?" Ich schaute den Strick und dann ihn an. „Was soll der Strick?", fragte ich ihn und ahnte schon wieder etwas, das mich von meiner Tour abringen könnte. „Na ja, Sie fragten doch eben nach einem Seil." Ungläubig sah er mich an.

„Ach so", war meine Antwort, um nicht bekloppt zu wirken. „Dreißig Meter, und ein Karabinerhaken ist auch noch dran", war seine Erklärung. Allerdings hatte ich keine Ahnung, woher er wusste, dass ich auch nach einem Strick suchen sollte oder wollte.

Nachdem ich auch das bezahlt hatte, nahm ich das Fahrrad und fuhr etwas weiter, die Straße entlang, um nach einem Lebensmittelgeschäft zu suchen. Hell erleuchtet war der Eingang zu diesem Laden, der scheinbar auch alles hatte, was das Herz begehrte. Hier deckte ich mich ein mit Proviant für mehrere Tage und einigen Sprudelflaschen. Natürlich frisches Brot und leckere Scones, von denen ich mir sagen ließ, dass sie ein Traditionsgebäck seien. Alles ließ sich wunderbar auf dem Rad unterbringen. Und so fuhr ich dann die Straße zurück und wollte dann weg von der Ostseite und begab mich auf die Straße nach Süden, um dann später nach Westen abzubiegen. Doch schon nach der ersten Biegung war die Straße gesperrt, und ein Schild teilte mit, dass die Straße weggeschwemmt worden sei, beim letzten Sturm. Umgehen?! Über die Wiesen ging es nicht, hier begann ich mit meinen Fahrrad und dem Gepäck einzusinken. Also wieder umkehren. Ich dachte, dass vielleicht die Hauptstraße, in der ich eingekauft hatte, so etwas wie eine Umgehungsstraße sein könnte und fuhr wieder dorthin. Immer noch hing ein starker Fischgeruch in der Luft.

Als ich die Straße hinauffuhr, wollte ich dem Verkäufer noch mal zuwinken, wenn ich an dem sonderbaren

Geschäft vorbeikomme. Doch, wie groß war mein Erstaunen, als ich das Geschäft sah! Was ich bemerkte, ließ mich anhalten. Ich stellte mein Fahrrad ab und ging zu dem Schuppen. Ein langes Brett war quer über die beiden Holztore genagelt, als wäre schon lange niemand mehr hier gewesen. Als ich dann durch das Schaufenster sah, war meine Verwunderung noch größer: in dem Geschäftsraum befand sich nichts mehr. Nichts! Er war total leer, und an der Eingangstür hing innen ein Schild mit Kreide auf eine Tafel geschrieben: „Wegen Todesfall geschlossen".

Ich ging verwundert einen Schritt zurück und wollte zum Fahrrad. Da bemerkte eine alte Frau, die gerade hier vorbeikam, meine Verwunderung. „Es ist der einzige Schandfleck in dieser Straße. Die hatten das Geschäft kurze Zeit nach dem Krieg zugemacht. Der Besitzer war damals an Kram gestorben, nachdem er erfahren hatte, dass seine beiden Söhne gefallen waren. Er konnte es nicht überwinden. Das ist jetzt …ungefähr … zwanzig Jahre her. Mein Gott, wie Zeit vergeht." Dann sah sie mein Fahrrad: „Wo haben Sie denn das her? Die Bäckerei gibt's doch auch schon lange nicht mehr. Sie war dort oben. Sehen Sie den Neubau?" Sie zeigte mit ihrem Stock in die Richtung, dann humpelte sie, auf ihren Stock gestützt, die Straße hinunter, ohne ein weiteres Gespräch. Sie hätte mich doch für verrückt erklärt, hätte ich ihr gesagt, dass ich es erst vorhin hier gekauft hatte. Ich sah, dass ungefähr an der Kirche die Straße endete und nur unausgebaute Wege weiterliefen und kehrte um. Es sah so aus, als wenn man mir den Weg versperren wollte, damit ich nur hier bleibe. Warum? Nun gut, dann bleibe ich noch etwas hier. So strampelte ich wieder mit dem ganzen Gepäck zurück. Einen von den kleinen Kuchen angelte ich mir aus den Tüten, und während ich bei tollem Sonnenschein über den Feldweg radelte, genoss ich den süßen Kuchen aus vollem Herzen. Ich war wieder im Lot!

Als ich wieder an der Ruine ankam, suchte ich einen Platz fürs Fahrrad. Hinter einer Mauer, nicht direkt einsehbar, war ein kleiner Hof - vielleicht war es vorher ein Zimmer - dort stellte ich es ab. Dann überlegte ich, ob ich einen anderen Raum, der noch begehbar wäre, aufsuchen sollte, und so stieg ich nicht die Treppe hinab, sondern blieb auf gleicher Höhe, wie der Eingang einst gewesen war. Dort war ebenfalls noch ein Raum, direkt über dem anderen, der zwar mit Stein- und Putzbrocken übersät war, aber auch er schien wasserdicht zu sein. Und so brachte ich mein Gepäck und Proviant dort hin. Räumte etwas die Steine zur Seite und breitete meine Luftmatratze und die Decken aus. Während ich mir einige Brote zurechtgemacht hatte und sie mir einverleibte, sah ich aus dem Loch in der Wand, was ehemals ein Fenster gewesen war, über die See. Ein herrliches Blau des Himmels traf ein intensiveres Blaugrün des Meeres.

Fast keine Wolken. Dieses Bild trug sehr zu meinem Wohlbefinden bei und ich hielt es als Zeichnung und Farbskizze für ein späteres Gemälde fest.

Am Nachmittag machte ich einen Rundgang durch die begehbaren Teile dieser ehemals stattlichen Burg und der Nachbar-Ruine. Hier waren nur wenige Teile ohne Sicherheitsvorkehrungen zu besichtigen. Zwischen den beiden Castles befand sich eine offene Zisterne. Wer hier hinein fallen würde, hätte keine Überlebenschance. Die einzige Stelle, wo man sich noch halbwegs sicher bewegen konnte, war ein Gang mit Gewölbe, der aussah, als ob er in die Nachbarburg führen würde. Eine fast freistehende Treppe führte zu einem imaginären weiteren Stockwerk und endete an einer Wand, die jene Treppe von unten stützte.

Ich bereitete mich schon darauf vor, dass heute Nacht wieder etwas Ungewöhnliches passieren könnte, denn, warum führt man mich schon wieder hier her? Doch jetzt befand ich mich wieder draußen auf den Wiesen, lag auf einer Decke und starrte in den Himmel. Was hatte es mit dieser Burg auf sich? Über der ganzen Anlage hing eine eigentümliche Atmosphäre, so als läge hier etwas verborgen, das nach Leben lechzt. Langsam dämmerte ich mit meinen verrückten Gedanken in einen Schlaf hinüber.

Als ich aufwachte, lag schon eine Dämmerung über dem Ganzen, und ich erinnerte mich an einen lebhaften, merkwürdigen Traum. Doch waren nur noch die

Gefühle vorhanden, an irgendeine Situation konnte ich mich nicht mehr erinnern.

Ein heftiger und kalter Wind zog wieder über die Küste und ließ mich leicht frösteln. Und so bezog ich das neue Domizil in der Burg, das wenigstens wind- und regengeschützt war und schaute durch das zerbrochene Fenster auf die See. Dicke, schwarze Wolken lauerten schon draußen weit auf der See, um bald hier ihr Unwesen zu treiben, indem sie dann Regen und Sturm aufs Land jagten. Unten, nun noch ein Stockwerk weiter, schlugen wieder heftig die Wellen an die Felswände unterhalb der Burg. Die Flut hatte bereits wieder eingesetzt. Es war schon beängstigend, wenn man sich vorstellte, in diese aufgewühlte See zu stürzen. Doch, wo ich mich gerade aufhielt, gab es weniger Bedenken dazu.

Ich schaute auf die Uhr: es war sieben Uhr abends. Die Wolken kamen überraschend schnell näher und verdunkelten die ganze Küste. Ein heftiger Wind pfiff übers Gebäude und ließ den Sand von der Decke rieseln. Es war schon unangenehm hier. Warum bin ich überhaupt noch in diesem furchtbaren Castle? Morgen fahre ich weg! Das nahm ich mir fest vor. Allerdings wusste ich noch nichts von den Ereignissen, die bereits auf mich warteten.

Als es auch im Raum dunkler wurde, legte ich schon mal die Taschenlampe bereit. Es war mir, als hätte ich in dem allgemeinen Geheule des Sturmes und des

Schlagens der Wellen an die Wände ein Hundegebell vernommen. Doch bei diesem Wetter geht bestimmt keiner mit dem Hund spazieren. Und, bei diesem Wetter jagt man sowieso keinen Hund vor die Tür …, dachte ich!

Ich muss sagen, dass ich so um Mitternacht damit gerechnet hatte, dass etwas Seltsames passieren würde, aber dass es bereits gleich losgehen könnte, noch am Abend, hätte ich nicht gedacht. Hier auf meiner Luftmatratze war es einigermaßen auszuhalten, hier war ich doch etwas geschützt vor dem starken Wind. So saß ich da und wartete ab. Ich muss bekloppt sein, dachte ich so bei mir, sich irgendwie in eine unbekannte, vielleicht lebensgefährliche Situation treiben zu lassen. Also, wie gesagt, morgen fahre ich weiter!

Etwas Licht fiel noch durch die Öffnung, wo vorher mal eine Tür eingebaut war. Als dann plötzlich ein Blitz aufzuckte, sah ich an der Wand, dort an der Tür, den riesigen Schatten eines Hundes. Zuerst dachte ich, dass er sich hierher geflüchtet hätte vor dem Wetter, aber es war anders. Wie gebannt schaute ich zur Tür. Eigentlich war ich viel zu verwirrt, um etwas Genaues zu erkennen. Doch dann bemerkte ich, dass sich der Schatten in den Raum begab, in dem bei mir gerade die Hoffnung schwand, dass das alles nur irgendwelche Hirngespinste wären. Bevor er in den Raum trat, blieb er an der ehemaligen Tür stehen und schaute in meine Richtung. Selten hatte ich solch einen großen Hund gesehen. Soweit ich erkennen konnte, war es ein irischer Wolfshund. Sein Knurren konnte ich auf die paar Meter genau vernehmen. Hatte ich eine Chance gegen ihn? Wohl kaum ohne Waffe. Ein paar Schritte kam er auf mich zu gestürmt, dann machte er plötzlich halt, als würde er zurückgerufen. Doch es war niemand da, der ihn begleitete.

Vielleicht zwei Meter stand er bereits vor mir, und ich konnte seinen Atem riechen. Ich bewegte mich nicht auf meiner Luftmatratze. Was für ein Gigant von Hund. Ein schöner, soweit ich das bei dem schummrigen Licht noch erkennen konnte. Langsam kam er auf mich zu. Mir blieb das Herz stehen. Doch dann fing er an zu schwänzeln, so, als würde er mich kennen oder erkennen. In zwei Schritten war er bei mir und tastete mich ab mit einer von seinen mächtigen Tatzen. Seine lange und heiße Zunge flutschte mir durchs Gesicht. Wenn mich jetzt jemand gestochen hätte, ich glaube, ich hätte keinen Tropfen Blut abgegeben.

Was war geschehen, dass diese Wendung eintrat, wo ich mich doch schon als zerrissen und blutend hier liegen sah. Er trug ein Halsband, so viel konnte ich sehen, aber, … wo kam er her? Ich brachte den Mut auf, ihn zu berühren und versuchte ihn etwas zu kraulen. Es gefiel ihm sogar, und er setzte sich gleich neben mich, dabei ließ er mich nicht aus den Augen. In mir entstand so etwas wie eine stille Begeisterung für diese Begegnung, doch die Angst ließ nicht mehr zu. Mit einem Mal sprang er auf und lief ein paar Schritte voraus, blieb stehen und schaute zu mir. Sollte ich ihm folgen?

Ich wusste von unserer Senta, dass alle Hunde so ähnlich handelten. Nun, ich probierte es. Mühsam schälte ich mich aus dem Schlafsack, immer den Hund im Blickwinkel. Er lief wieder ein paar Schritte weiter und wartete erneut. Keine Frage, er wollte, dass ich ihm folgen sollte. Als ich mich ihm näherte, rannte er los, raus aus dem Raum über die Steinbrocken in die ehemalige Eingangshalle, die nur noch einen mit Gras überwachsenen Steinhaufen darstellte. Dort lief er schnurstracks zu einem Seitengang, der auch nicht besser aussah, auch hier fehlte die Decke und Teile der Wände. Er bewegte sich über die Steine, als wäre er darin geübt. Ich folgte ihm schnell, um ihn nicht aus den Augen zu verlieren.

Plötzlich blieb er stehen. Ich war dann doch einigermaßen perplex: dort wo er stehen blieb, befand sich eine Tür. Wie konnte in den Trümmern überhaupt so etwas existieren? Sie müsste doch längst verrottet sein. Direkt, als ich den Hund erreichte, stellte er sich auf die Hinterbeine und drückte mit den Vorderpfoten den Türgriff herunter. Die Tür sprang auf! Und beim Hineinstürmen in den Raum drückte er die Tür weiter auf.

Es war ein dunkler Raum, der durch Kerzen erhellt war. Wohnte also doch irgendjemand hier in den Ruinen? Ich machte einen Schritt nach vorne und blickte in einen warmen, mit Möbeln ausgestatteten Raum, der nach Veilchen roch. Hier, wo ich gerade stand, lag der Dreck noch meterhoch, und dort befanden sich wunderbare Kacheln auf dem Boden. Dann flog die

Tür mit einem heftigen Schlag zu, und ich stand verdutzt davor im Dunkeln. Nochmals die Tür zu öffnen wagte ich nicht, irgendetwas hielt mich zurück, und ich begab mich wieder zurück über die Steine in die ebenfalls dunkle Räumlichkeit der Ruine.

Das Gewitter schien sich zu verziehen, und ich saß mit Herzklopfen auf meinem Schlafsack und zwickte mich, um festzustellen, ob ich träumte. Aber es war kein Traum, oder kann man sich auch im Traum zwicken? Ich lehnte mich an die Wand und begann alles zu überdenken, dabei schloss ich die Augen, da man in diesem dunklen Raum sowieso außer dem Fenster nichts erkennen konnte.

Ich wurde wach. Es musste wohl mitten in der Nacht gewesen sein. Irgendwo quietschte etwas rhythmisch. Als ich den Kopf drehte, sah ich wieder den alten Mann. Er saß im Schaukelstuhl, der leise quietschte. „Warum wolltest du weg, wo doch dein Schicksal dir gezeigt hat, wo das zukünftiges Leben beginnt?" Er wartete keine Antwort ab. „Schau mal aus dem Fenster." Noch bevor ich mir den Satz noch mal durch den Kopf gehen ließ, stand ich auf und stolperte über die Steine zu dem Loch in der Wand. Als ich hinausschaute, sah ich nur den Vollmond zwischen den Wolken aufblitzen, als wollte er mit seinen Strahlen etwas absuchen. Doch über dem Wasser schlich ein leichter Nebel hinaus aufs Meer. Die heftige Brandung hörte man heraufklatschen. „Da ist nichts", sagte ich und suchte mit den Augen in dem Raum nach dem Alten.

„Sieh mal nach rechts, an der Wand." Als ich mich etwas auf die Brüstung schwang und den Kopf drehte, gewahrte ich ein Seil, das von etwas weiter oben herunterhing bis zum Wasser. Und dort unten am Ende des Strickes, war ein Sack angebunden, in dem sich allem Anschein nach etwas befand. Er pendelte heftig in dem Sturm hin und her. Bin ich doch nicht allein in diesen Trümmern? Hat das vielleicht mit dem wohnlich, anheimelndem Zimmer zu tun, das ich gesehen hatte?

Ich hätte gern den Strick herübergezogen, aber ich konnte ihn vom Fenster aus nicht ergreifen, er war zu weit weg. In dem Sack zuckte etwas hin und her …, dadurch pendelte er auch immer hin und her und streifte das Wasser. Die Flut hatte bereits eingesetzt und das Wasser stieg. Dann …, ein Schrei, furchtbar! Ich drehte mich zu dem Alten, um ihn etwas zu fragen, aber er war wieder verschwunden.

Es wurde mir klar, dass sich irgendjemand in dem Sack befand. Es war Eile geboten, und ich musste raus. Irgendwo da draußen konnte ich ihn vielleicht packen. Wer machte denn so was? War es vielleicht jemand, der auch noch auf der Burgruine wohnt? Wurde die Person vielleicht hier hergebracht? Wer wollte denn hier an dem verschwiegenen Platz jemand ertränken, ermorden? Und wieso erschien mir der Alte? Wer war das überhaupt. Wie sagte er noch - mein Leben würde hier beginnen …! Aber, ich lebe doch schon fünfundzwanzig Jahre. Was ist das alles für ein Irrsinn?

Ich verlor keine Zeit, nahm das Seil, das ich auf Anraten des Alten mitgebracht hatte, steckte noch mein Messer ein – man weiß ja nie …! - und taumelte mit meiner Taschenlampe über die herumliegenden Steine hinaus, die halb zerstörte Steintreppe hinauf auf den Mauervorsprung. Das Seil hing durch ein bereits zerborstenes Fenster ein paar Meter über mir in der Mauer und war mit einem ungeschickt angefertigten Knoten an einem schweren, eisernen Haken festgemacht, aber unerreichbar weit über mir. Einen halben Meter weiter fehlte die Wand gänzlich. Hier konnte ich nicht hinaufsteigen, um das Seil zu packen und es heraufzuziehen. Ich hielt mich an der Mauer fest und schaute in die Tiefe. Gurgelndes Wasser hielt den Sack bereits fest. Er schaukelte nicht mehr hin und her, sondern drehte sich mit der Strömung im Kreis. Ein Wimmern drang zu mir herauf. Es hörte sich an, als ob dort unten im Sack eine Frau oder ein Mädchen hängen würde.

Also, das Seil ausgepackt und um einen festen Mauerrest geschlungen und mit dem Karabinerhaken befestigt. Als ich es hinunterwarf, schlug es unten aufs Wasser. Gott sei Dank war es länger, als es gebraucht wurde. Es befand sich vielleicht einen halben Meter neben dem anderen. So war der Sack zu greifen.

Ich hielt mich am Seil fest, schwang mich über die Mauer und rutschte am Seil hinunter. Blauäugig, muss man schon sagen. Es war ja Nacht. Nie hätte ich den Sack nach oben schleppen können. Wie sollte das gehen, mit einer Hand am Seil, die andere um den Sack geschlungen?! Ich war schon froh, dass der Strick überhaupt oben blieb. Steinbrocken und Dreck fielen auf mich von der zerstörten Mauer. Doch schnell war ich runter gerutscht und erschrak, als mich jemand aus dem Sack ansprach. Eine verzweifelte Frauenstimme bettelte, dass man sie wieder frei lassen sollte. Sie wolle auch alles tun, was man von ihr verlangen würde. Und immer wieder: „Bitte, bitte, bitte!"

Bei dem lauten Brandungsgeräusch rief ich jener Frau zu, dass ich sie sofort hochbringen würde, aus dem Wasser, das sie bereits erreicht hatte und bei ihr panische Ängste hervorrief. Es durfte nichts schief gehen. Aber wie bekam ich sie hoch? Den Sack hochziehen? Das konnte für uns beide gefährlich werden bei dem Gebröckel der Wand, falls ich es überhaupt von der Kraft her schaffen würde. Oder sollte ich den Sack aufschneiden, damit sie selbst hochklettern könnte? Doch, schätzte ich, würde ihre Kraft nicht ausreichen, sich hier hochzuziehen. Was also?

Ich probierte mit einem Bein, wie tief das Wasser hier sein musste, wo ich doch schon gesehen hatte, dass hier bei Ebbe flache Felsen zu sehen waren. Die Brandung war allerdings so stark, dass es mich immer wieder wegriss. Gut, dass ich mich am Seil festhalten konnte. Doch, ich konnte hier stehen. Das Wasser war zurzeit nur etwas höher als vielleicht einen halben Meter, und ich stand auf den Felsplatten. Während ich mich festhielt, versuchte ich den Strick um den

Knoten am anderen Seil zu befestigen, direkt am Jutesack. Wenn ich also jetzt hochklettern würde, könnte ich den Sack an meinem Seil hochziehen. Doch, das dauerte mir einfach zu lang. Messer raus: „Passen Sie auf, ich schneide jetzt den Sack auf. Sie können sich ins Wasser stellen, es ist nicht tief hier." Verzweifelt schrie sie: „Schnell, bitte!"

Vorsichtig setzte ich das Messer an und schnitt den Sack der Länge nach auf. Im Dunkeln, im Wasser stehend und mit einem lebenden Menschen im Sack, war es nicht ganz so einfach. Schon gleich nachdem das Loch groß genug war, streckte sie den Kopf heraus. Das Mondlicht beleuchtete die Szene, die aus einem fantastischen Film entlehnt zu sein schien. Eine junge Frau, wie sie Gott nicht schöner hätte machen können, schaute mich an. Die roten Haare waren zerzaust, und sie versuchte jetzt selbst den Sack weiter aufzureißen, auch auf die Gefahr hin, dass sie dabei ins Wasser fallen könnte. Nun, es wäre auch egal gewesen in diesem Moment.

Sie war schon erstaunt, als sie mich sah und lächelte kurz. Dieses himmlische Lächeln war, als würde mich der Schlag treffen. Es geschah in dieser Situation etwas, das mich tief in meiner Seele traf.

Ich reichte ihr den Strick und hielt das schaukelnde Gefängnis fest. Sehr umständlich stieg sie aus dem Loch. Was sie sehr hinderte war ein langes Kleid. Dabei krallte sie sich an mir fest. Dann, als sie auch wie ich im Wasser stand, klammerte sie sich mit zwei Armen fest an mich und weinte heftig. Es dauerte schon eine Weile, bis sie begriff, dass wir noch ein paar Stockwerke höher mussten. Sie schaute hoch und dann sah sie mich an …!

Ich hielt sie noch am Arm fest, weil die Brandung doch sehr heftig an ihrem Kleid zauste. Was ich sah, ließ mich die Gedanken an die Gefahr rund um uns vergessen. Diese eigenartige Schönheit, ihre Stimme, die in meine Seele drang …!

Während ich das jetzt schreibe, wurde mir klar, dass dies von Gott gewollt war, obwohl ich an einer sozusagen gottverlassenen Stelle auf dem Erdball ein Wesen traf, dass mein Leben veränderte. Ihre Schönheit war mit keinem Mädchen auf dieser Welt zu vergleichen, schöner als alle Traumbilder, die ich je geträumt hatte. In allem etwas „Seltsames". Das geringelte, lockige Haar, ihre weichen Lippen, das Grübchen und ihre Augen …! Wie oft habe ich in den vergangenen fünfzig Jahren darüber nachgedacht. Als Maler versucht man immer etwas zu ergründen, in allem.

Was war es, das mich so heftig traf, als sie mich ansah mit diesen großen, göttlichen Augen? Oder war es nur das Mondlicht, das all diese Dinge mir vorgaukeln wollte?

„Das Wasser steigt", sagte sie mit einer inzwischen wieder sanft klingenden Stimme, die ich vernahm, trotz der schlagenden Wellen. „Schaffen Sie es, hier hochzuklettern?" „Ich muss es, schnell weg vom Wasser. Es ist auch sehr kalt." Daraufhin ergriff sie mit beiden Händen das Seil und versuchte sich hochzuziehen. Ein paar Meter schaffte sie es, doch dann verließen sie die Kräfte. Ich hatte etwas mehr Ausdauer und war am anderen Strick direkt neben ihr. „Ich schaffe es nicht", rief sie herüber. Ich hielt sie etwas gestützt unterm Po. Man hatte das Gefühl, dass es ihr peinlich war. „Ich werde jetzt das Seil, das herunterhängt, um Sie legen, dann klettere ich hoch und ziehe Sie in die Höhe."

Das Seil legte ich ein paar Mal um ihre Hüfte, machte eine Schlinge in das übrige Stück, damit sie sich hineinstellen konnte und gab ihr das Ende in die Hand. So konnte sie es noch etwas aushalten, bis ich oben war. „Gut festhalten, auch wenn es etwas schmerzt." Dann kletterte ich so gut und schnell nach oben wie es meine Kondition erlaubte.

Nach und nach, Stückchen um Stückchen zog ich sie hoch. Am Ende war ich ausgepumpt wie noch nie. Doch sie war oben. Dann entfernten wir uns etwas von der abgebrochenen Mauer und der schaurig wütenden See. Es ist nicht zu beschreiben, wie sie mich herzte. Es war, als würde eine Musik genau das spielen, was ich schon mein ganzes Leben lang vermisst hatte. Sie schlang ihre kalten, nassen Arme um mich, drückte mich heftig und dankte mir und Gott, dass sie noch am Leben war. Gleich darauf setzte sie sich auf die oberste Stufe der Treppe und winkte mich auch zu ihr, damit ich mich neben sie setzen sollte. Schnell raffte ich die Seile zusammen und setzte mich auch hin. Sie war etwa in meinem Alter, aber geboren 1630!, wie ich bald erfuhr. Da haben wir es wieder – das Unbegreifliche.

Sie sah sich um, und tausend Fragen standen in ihren Augen. Ich wusste nicht, wie ich sie ansprechen sollte und verfiel in das Alltägliche. „Möchtest du nicht das nasse Kleid ausziehen? Hier kann man sich schnell erkälten." Nun, dieser Satz war nicht gerade ein Anfang für ein entspanntes Gespräch. Und …, Kleid ausziehen?, wo ist ein trockenes? Könnte man das auch falsch verstehen, in dieser, ihrer Zeit? Doch sie lächelte und sagte darauf, während sie mir die Hand hinstreckte: „Victoria, und wer bist du?" Ich stellte mich vor: „Hans Maria", und erzählte ihr davon, dass ich Maler sei und unterwegs zur Insel Skye, der Motive wegen. Ob sie wusste, was und wo die Insel Skye wäre, die über zweihundert Kilometer weiter weg lag? Wie war das zu dieser Zeit mit der Information?

„Was ist das hier? Wo sind sie alle, die mit mir zusammen waren? Wieso ist alles in Trümmer?" Ängstlich schaute sie sich um, und dann fixierte sie mich. Ich glaube, dass die Welt in diesem Moment für uns beide nicht mehr zu verstehen war. Ich saß in einem Trümmerhaufen mit einer Person aus dem siebzehnten Jahrhundert. Nicht etwa ein Geist, nein, sie war Wirklichkeit, ein Mensch, wie ich. „Was haben wir für einen Tag? Ich war eingesperrt in dem dunklen Loch, hier unten." Sie zeigte zur Nachbarburg. „Jetzt wird es mir doch kalt", bekundete sie und stand auf. Und auch ich merkte jetzt, dass auch meine Kleider kalt an der Haut klebten.

Instinktiv ging sie im Dunkeln die Treppe hinunter über das Geröll, als wäre sie in Trance und würde sich erinnern, wie es früher war. Ich folgte ihr, wobei mich das Gefühl beschlich, dass sie mich schon vergessen hätte. Für mich gab es mehr Schwierigkeiten im Dunkeln als für sie, beim Übersteigen der zusammengestürzten Wände. Dann stand sie vor der Tür, die auch der Hund geöffnet hatte - vorhin! Sie drückte auf die Klinke und die Tür sprang auf. Wieder dieses behagliche, in Kerzenlicht getauchte Zimmer, das ich wieder nur von außen sah, und wieder der Veilchenduft.

Sie trat ein und schloss die Tür hinter sich. Ich war vergessen! Natürlich hätte ich die Tür öffnen können, so dachte ich, aber ich war wie vor den Kopf gestoßen. Was war mit ihr jetzt auf einmal passiert? Wirkte die Zeit, die Vergangenheit auf mich? Was könnte mich dort erwarten, wenn ich einfach hineingehen würde? Wäre es überhaupt möglich? Ich öffnete nicht die Tür, sondern ging hinüber zu meinem … Lager. In dieser verrückten Welt kommt doch keiner zurecht, dachte ich nur, morgen fahre ich weiter! … obwohl – ich hätte sie gerne noch mal bei Tageslicht gesehen, um mit ihr leidenschaftliche Blicke zu tauschen. Und das Gefühl der Zusammengehörigkeit, das absolut unbegründet in mir rebellierte, war nicht mehr wegzudenken. Doch könnte ich es verschmerzen, wie eine Urlaubsbekanntschaft, es ist eh alles wie im Traum – vielleicht war es sogar ein Traum! Morgen geht's weiter, Richtung Westen, zur Insel Skye, dann wird man wohl wieder in die Normalität eintauchen. Irgendwie war ich ärgerlich.

Die Nacht verlief, wie man sich eine Nacht vorstellte – ich hatte tief und fest im Schlafsack durchgeschlafen, bis heute Morgen. Doch jetzt hatte ich meine Sachen gepackt und aufs Fahrrad geschnallt, das abmarschbereit hinter der Mauer stand. Das Wetter war gut - bewölkt, aber noch kein Regen, noch nicht. So konnte ich weiterradeln und mich auf andere Dinge konzentrieren, zum Beispiel, was ich alles mit den Zeichnungen und Skizzen anfangen könnte, wenn ich wieder zu Hause im Atelier wäre.

So, nur noch ein paar Fotos von den Ruinen, und dann geht's los.

Der Fotoapparat war nicht besonders gut. Man hatte in den Sechzigern noch nicht diese Kameras, die heute jedes Kind bedienen kann. Doch ich hatte genügend Filme, die meine Schottlandfahrt dokumentieren sollten, da dürften schon mal ein paar Bilder misslingen.

Von allen Seiten knipste ich die Ruinen, die Brandung und die Landschaft drum herum. Dann fiel mir ein, dass ich noch das Seil dort habe liegen lassen, wo ich's gebrauchte. Vielleicht kann man es unterwegs für irgendetwas verwenden, dachte ich. Und so wollte ich es wieder zusammenrollen und mitnehmen. Als ich zu der Stelle kam, wo ich beide Seile zusammen hingeworfen hatte, staunte ich nicht schlecht: mein Seil war noch da und zusammengerollt und verpackt, so wie ich es gekauft hatte, mit Etikett und einem Draht, der das alles zusammenhielt! Der andere Strick und der Sack waren weg. Merkwürdig, es waren doch eine Menge Schlaufen und Knoten im Seil. Wer hatte das wieder so zurechtgemacht, wobei ich mir sicher war, dass verschiedene Knoten nicht mehr zu entwirren waren ohne Messer. Ich nahm ihn mit und stieg die Treppe hinunter. Es fiel mir auch ein, dass ich mir vorgenommen hatte, nachzusehen wie die Tür bei Tageslicht aussehen würde. Also, noch ein Stockwerk tiefer und nachsehen.

Als ich jedoch dort ankam, gab es keine Tür an dieser Stelle. Hier war nur der Rest einer Mauer und dahinter, wo sich der Raum befand, lagen die anderen zusammengestürzten Wände und der obere Teil der Burg. Kein anheimelndes Zimmer mit Kerzenschein. Also, es war doch nur ein kurioser Traum.

So, jetzt aber weg von hier, bevor noch irgendetwas Seltsames passieren könnte und ich doch noch hier bleiben müsste. Ich stieg wieder die Treppe hoch und, … da saß draußen auf der Wiese der Hund!!!

Leise winselnd kam er auf mich zu getrippelt und setzte sich wieder vor mich hin, dabei sah er mich an, als würde er sich bemühen, jeden Gedanken von mir zu erfassen. Er trug diesmal kein Halsband. Was jetzt? Das Fahrrad war gepackt mit allem - ich muss nur aufsitzen und wegfahren, doch ich hatte wieder das Gesicht der jungen Frau, Viktoria, vor mir. So was kann man doch nicht einfach wegschieben. Ich wollte sie wiedersehen. Es war ein unbeschreibliches Gefühl in mir - ich sah mich irgendwo an der Küste, am Ufer sitzend, den Skizzenblock auf den Knien, um diese Landschaft zu zeichnen und war ganz vertieft in diese Uferszenerie (etwas, das ich in meinem Leben immer wieder gern gemalt hatte). Doch da drängte sich ein rothaariges Frauenportrait dazwischen, mit einem Blick, der mir weiche Knie bereitete, …! „Ich bleibe", flüsterte ich dem Hund zu, indem ich mich zu ihm hinunterbeugte und über den Kopf streichelte. Er war nass, aber absolut echt, keine Fiktion.

Während ich mein Gepäck vom Fahrrad abschnallte und wieder in den feuchtkalten Raum in der Ruine brachte, fing es an zu nieseln. Ein ungemütliches Wetter zeigte sich an. In dem Raum schaffte ich erst mal ein paar Steine zur Seite, damit ich mich wenigstens richtig ausbreiten konnte. Mein Proviant würde wohl noch, wenn ich sparsam bin, bis übermorgen reichen, aber dann müsste ich wieder in die Stadt. Jetzt werde ich erst mal eine von den Konservendosen öffnen und den leckeren Inhalt verputzen - das musste jetzt sein.

Ich saß da, wie bestellt und nicht abgeholt. Der Hund war weg, wer weiß wohin, und es regnete bereits in

Strömen, und ab und zu kam hier ein nasser Luftzug hereingeweht, der mir etwas Regen ins Gesicht blies. Gott sei Dank war ich hier geblieben. Ich hatte schon daran gedacht, das Zelt hier im Raum aufzubauen, aber das wäre doch zu verrückt. So hatte ich alles zusammengepackt neben mir stehen und konnte, wenn es galt, schnell mit allem verschwinden.

Aber was mache ich jetzt? Warten! Auf was? Das mir das Schicksal wieder einen Traum servierte und damit auch diese Victoria hereinschicken würde? Wie sollte das geschehen? Also, wenn ich mir meine Situation so betrachtete, dann musste ich feststellen, dass ich doch vielleicht ein Bisschen verrückt war. Wem könnte man das alles erzählen? Selbst der beste Freund würde stutzig werden, ob ich noch alle Tassen im Schrank hätte. Es wäre sowieso alles anders verlaufen, wenn einer meiner Freunde mitgefahren wäre, oder gar die Freundin. Freundin?, die hatte mir schon vor einiger Zeit den Laufpass gegeben. Also, was nun?

Ich werde jetzt erst mal versuchen, dieses Erlebnis zu einem Ende zu bringen, egal, was noch alles passiert. Und so bereitete mich darauf vor, dass etwas geschehen würde, dass mich an den Rand des Erträglichen bringen könnte, und es gab niemand, den ich hätte fragen können, wie man in dieser oder jener Situation hätte handeln sollte. Es lief also alles auf ein Abenteuer hinaus. Jetzt war es kurz nach Mittag, wie mir die Uhr mitteilte. Also, was sollte ich hier herum sitzen? Ich fahre noch mal in die Stadt. Wer weiß, was vielleicht noch dazwischenkommen könnte, wenn ich hier bleibe?! Also, los.

In leichtem Regen fuhr ich in die Stadt. Da sie nur wenige Kilometer von hier entfernt war, hatte ich das Ziel schnell erreicht: den Bäckerladen, der auch andere Lebensmittel bereithielt. Als ich so im Regal suchte, hörte ich, wie eine ältere Frau neben mir plötzlich sagte: „Vergessen Sie nicht das Brecheisen." Ich drehte mich um und sah noch, wie sie wegging. Außer mir war sonst niemand in der Nähe, dem sie das hätte mitteilen können. Schnell packte ich meine Sachen und eilte zur Kasse, damit ich sie noch mal fragen könnte, ob sie mich gemeint hätte. Allerdings wurde ich an der Kasse aufgehalten. „Sind Sie im Urlaub hier?" Die Verkäuferin lächelte mich an und erwartete eine Antwort. „Ja, ich bin auf einer Studienreise durch Schottland und bin jetzt hier gelandet bei den Ruinen. Eine interessante Ecke. Dort zelte ich und dann geht's weiter, rüber auf die andere Seite." „Gehen Sie nicht in die Ruinen, dort spukt es, wie man sagt." „Danke, ich werde mich vorsehen." Dann packte ich meinen Kram zusammen und machte, dass ich rauskam, doch von der Frau war nichts mehr zu sehen. Ich ging wieder in den Laden und fragte die Verkäuferin, ob sie wüsste, wer die alte Frau gewesen sei, die eben mit mir den Laden verlassen hätte. Doch die Verkäuferin sagte darauf hin, dass außer mir seit einer längeren Zeit niemand sonst hier gewesen sei. Nun, hier weiter nachzufragen hätte keinen Sinn gehabt. „Können Sie mir noch sagen, wo ich Werkzeug bekommen könnte?" Sie deutete über mich hinweg und meinte: „Hier in der Seitenstraße ist ein gut sortiertes Geschäft."

Warum hörte ich auf diese Stimme? Was hatte das schon wieder zu bedeuten? Ich radelte wieder zurück, mit einem, wie man mich in dem Laden aufklärte, sogenannten „Kuhfuß" im Gepäck. Genug zum Essen und Trinken für die nächsten paar Tage ebenfalls. Es regnete wieder heftiger, doch, das machte mir nichts, im Gegenteil, ich liebte Regen, wenn er mir ins Gesicht prasselte aber nicht auf den Skizzenblock.

Heute wurde es schon früh dunkel. Von der See her kam ein dichter Nebel. Schon nach ganz kurzer Zeit quoll er sogar hier in den Raum. Das hatte ich noch nie gesehen, dass Nebel in Räumlichkeiten eindringen könnte. Wie dichter Dampf verbreitete er sich überall. Was mir auffiel, er zog zu einer Stelle durch die Wand, so, als ob dort eine Öffnung sei. Doch, noch während ich darüber nachdachte, sah ich an dieser Stelle einen langen Gang, der spärlich beleuchtet war. Er zog sich von hier bis weit in das andere Grundstück, oder besser gesagt, unter das andere Castle. Diesmal wollte ich das Schicksal herausfordern und fasste den Mut, diesen Gang, der eigentlich gar nicht da war, zu betreten. Einige Utensilien nahm ich mit, so auch das Brecheisen. Wofür? Nun, als Waffe war es nicht schlecht. Ich rechnete mit allem, und das wollte ich jetzt alles genau wissen. Der Adrenalinspiegel stieg nach meinem Empfinden ins Unermessliche.

Ich schritt durch den Gang, von dem immer wieder andere Gänge abgingen ins Dunkle, aus denen aber hin und wieder Geräusche kamen, und dann stand ich unverhofft in einen Raum, von dem mehrere Gänge unter die Burg führten und eine Treppe nach oben ging. Ich sollte noch erwähnen, dass alles wie neu ausgesehen hatte, im Verhältnis zu dem, wie es in der Realität zurzeit anzusehen war. Etwas Licht drang von oben in den ... Keller, so würde ich den Trakt hier bezeichnen. Auch Stimmen waren gedämpft zu hören, von oben und von irgendwo dahinten aus dem Dunkel der Gänge. Eine Stimme wurde lauter, oben. Zwei Männer schrieen sich plötzlich an. Eine Tür knallte zu und Schritte wurden lauter.

Mir wurde inzwischen klar, dass ich zeitversetzt war. Wie käme ich wieder zurück? Der Gang hinter mir endete nicht mehr in einem Trümmerhaufen, dort, wo ich herkam, sondern dort am Ende war ebenfalls Licht zu erkennen. Na ja, Das kann ja heiter werden, dachte ich. Doch, was soll's? So fasste ich den Mut zusammen und ging die Treppe hoch.

Bevor ich aber den ersten Schritt auf die Treppe gewagt hatte, hörte ich, wie jemand die Treppe herunterpolterte. Heftig trat jener auf und die Holztreppe klang laut durch das Haus. Im nächsten dunklen Gang wartete ich ab. Noch laut schimpfend kam jener die Treppe runter und ging in den beleuchteten Gang – aus dem ich das Castle betreten hatte. Ich sah ihn mir genau an, ohne, dass er mich sah. Eine aggressive

Person, dachte ich. Das konnte man am verzerrten Gesicht erkennen. War er vielleicht der Besitzer der Nachbarburg?

Jetzt galt es: Ich ging langsam die Treppe hoch und staunte nicht schlecht, als ich die Einrichtung sah, die mich im Erdgeschoss erwartete. Dunkle Balken an der Decke, Wundervolle Möbel, Teppiche und große Gemälde hingen in dem riesigen Eingang und im Treppenhaus. Fantastisch! Ich sah mich um, als wäre ich in einem Museum und vergaß, dass ich mich ja in einem fremden Haus befand. Jeder Zeit konnte jemand auf der Bildfläche erscheinen. Was würde dann passieren? Ich hatte es noch nicht ausgedacht, da passierte es.

In unmittelbarer Nähe wurde eine Tür geöffnet. Heraus trat eine ältere Frau, die den Eindruck machte, als sei sie eine Bedienstete, da sie ein Häubchen trug. Sie schrie kurz auf, als sie mich sah und verschwand wieder in dem Zimmer, aus dem sie kam. Ich wartete nicht ab, sondern ging durch den angrenzenden breiten Flur weiter. Dann hörte ich wieder, wie sich die gleiche Tür öffnete und stellte mich in eine Nische. Jene Frau kam wieder heraus, schaute links und rechts, um dann eilenden Schrittes gegenüber in einem anderen Raum zu verschwinden.

Ich wartete weiter ab, denn ich wusste eh nicht, was ich hier überhaupt sollte – mit einem Brecheisen in der Hand, das musste man sich erst mal auf der Zunge vergehen lassen. Kurioser geht's nicht. Dann, nach einer

Weile öffnete sich wieder diese Tür und heraus kam ... Victoria! Mein Gott, was sollte das wieder? Sie schaute den Flur rauf und runter. Was für eine hübsche Frau. Dann kam auch die Bedienstete und erklärte ihr mitten auf dem Flur, was sie da gerade gesehen hatte. Kopfschüttelnd ging sie weg, die Treppe hoch, vielleicht einer anderen Arbeit nach. Victoria ging wieder ins Zimmer zurück und ließ die Tür weit offen. Vorbei konnte ich jetzt nicht mehr, ohne, dass sie mich sehen würde. Aus dem Zimmer hörte man einen leisen Gesang. Ich öffnete das Zimmer, wo ich gerade in der Nische stand, um zu sehen, was es hier drinnen zu erforschen gab.

Ich fragte mich, konnte mir etwas in dieser Zeit passieren, oder würde ich wie aus einem Traum erwachen und alles wäre vorbei? Das Zimmer war dunkel, und ich bediente mich meiner Taschenlampe. Ein Bett stand in der Mitte, Wandbehänge zierten die eine Seite der Wände, schöne, ungewöhnliche Möbel drum herum und geheimnisvolle Gemälde hingen dort und standen auch zum Teil noch herum. Und, was mir noch auffiel: eine Laute! Sie stand etwas vernachlässigt neben einem Schränkchen. Es reizte mich ungemein, damit zu spielen, wo ich doch schon eine ganze Weile nicht mehr auf meiner Gitarre spielen konnte, da sie zurzeit im Atelier in Deutschland stand. Ich hatte sie nicht mitgenommen, weil ich sowieso schon zu viel Gepäck zum Schleppen dabei hatte bei dieser Tour. Aber jetzt! Ich schloss leise die Tür und setzte mich aufs Bett und probierte, ob sie noch gestimmt war. Leise stimmte ich die beiden Saiten, die etwas anders geklungen hatten. Dann spielte ich, ohne zu merken, dass ich dabei immer lauter wurde vor Begeisterung. Sie klang fantastisch. Ich war so ins Spielen vertieft, dass ich nicht merkte, dass jemand ins Zimmer trat. Es war ein Mann, ca. fünfundvierzig Jahre alt. Schick angezogen und die Haare streng und glatt nach der Seite gekämmt. Er machte einen resoluten Eindruck, so, als ob er hier der Chef sei. „Was machst du hier? Wer bist denn du? Wie kommst du hier herein?" Er musste der Graf sein, oder so was Ähnliches. Das Gesicht hatte einen markanten, vielleicht sogar teuflischen Ausdruck.

Es waren eine Menge Fragen, die ich alle nicht so ohne weiteres beantworten konnte und auch nicht wollte. So legte ich die Laute beiseite und bereitete mich auf einen Zweikampf vor. Vor dem hatte ich keine Angst – mit solchen komischen Leuten hatte ich schon oft zu tun, und war außerdem seit meinem sechzehnten Geburtstag in einer Sportart ausgebildet, die mir in solchen Situationen schon immer sehr hilfreich war.

Doch, noch bevor ich aufstand, um mich der Sache zu widmen, indem ich auch als Warnung nach dem Brecheisen griff, ging er schnell aus dem Zimmer und schloss es von außen ab. Um diese Tür zu öffnen brauchte ich nicht mal ein Brecheisen, doch ich blieb noch eine kleine Weile in dem Raum und spielte weiter auf der Laute. Später sprang die Tür auf. Mit einem lauten Knacken hatte ich sie geöffnet. Sie war aber nicht mehr zu schließen. Doch das war mir in diesem Moment egal.

Ich ging mit der Laute, sie wollte ich auf keinen Fall zurücklassen, wieder den Flur zurück, zu dem Zimmer, an dem die Tür noch offen stand. Vielleicht war Victoria noch hier. Wollte ich ihr begegnen? Das, was ich mit ihr erlebt hatte, lag bestimmt zeitmäßig hinter dieser Zeit. So würde sie mich nicht erkennen. Ich wollte es jetzt wissen, wie man in meinem Jargon so sagte.

Vom Flur schaute ich ins Zimmer, und dort sah ich auch jenen Hund. Besser gesagt, er sah mich und knurrte heftig, die Zähne fletschend. Dann stürzte er sich, ohne zu bellen, auf mich. Als ich zurückwich, blieb er an einer Kette hängen. Er war im Zimmer mit einer kurzen Kette an einem Haken befestigt! Wo gibt's denn so was, im Zimmer einen Haken, um die Hundekette zu befestigen?

Ich näherte mich wieder der Tür, und der Hund, jener Wolfshund, der mir bereits begegnet war, ließ mich näherkommen. Seine Kette reichte nicht bis zur Tür, und so konnte ich das Zimmer betreten, ohne, dass er mich zerfleischen würde. Es fiel mir auf, dass er nicht zurückgehalten wurde. Also, es war außer ihm niemand im Zimmer. Die junge Frau war schon weg.

Der Hund setzte sich hin und sah mich nur an – ohne zu knurren. Er war scheinbar daran gewöhnt, allein zu sein und angekettet. Ich schob sein Futter, das man aus seiner Reichweite hingestellt hatte, mit dem Fuß zu ihm hin. Gierig verschlang er es, ohne aufzuschauen. Direkt außerhalb seines Aktionsradius setzte ich mich zu ihm auf den Boden, nahm die Laute und spielte meine Lieblingsstücke. Als würde es ihm gefallen, legte er sich hin, streckte die Pfoten voraus und legte den Kopf auf seine Beine. Zeitweise schloss er auch die Augen. Ob die Musik ihn müde gemacht hatte? Ich weiß es nicht. Jedenfalls schlief er irgendwann einfach ein. Als ich aufhörte zu spielen, wurde er wach. Aufmerksam beäugte er mich. So ließ ich mich hinreißen und legte meine Hand in die Nähe seiner Pfoten. Wie würde er reagieren? Er hatte zumindest keine Ambitionen, meine Hand zu zerreißen. Man nennt ihn nur Wolfshund, aber er hatte ein eher ruhiges Gemüt. So legte er seine Pfote auf meine Hand, ohne zu zögern und sah mich an. Als würde er mit mir reden, so kam plötzlich eine Mitteilung bei mir an. Es war aber eher ein trauriges Gefühl, was mich befiel. Was wollte er mir vermitteln?

Ich sah mir das Zimmer genauer an. Es war scheinbar das Zimmer von Victoria. Hier gab es viele persönliche Dinge, die eine junge Frau von damals als wichtig erachtete. Es war außerdem gemütlich eingerichtet. Zum Beispiel mit vielen Kissen und kuscheligen Decken auf der Sitzbank. Ein Pult zum Schreiben stand ebenfalls am Fenster. Ein Bogen Papier lag dort und ich bemerkte, dass sie gerade erst etwas geschrieben hatte, kurz bevor ich hier erschien. Mitten im Satz hatte sie aufgehört zu schreiben und das Zimmer verlassen. Ob sie gleich zurückkäme?

Ich erlaubte mir, das zu lesen, was dort stand. Der Hund ließ es zu, dass ich in seine Reichweite trat. Es verschlug mir die Sprache, was ich dort las: „ Schatz, wieder ein paar Worte von Deiner Victoria. Schon tagelang werde ich bedrängt. Er wollte mich schlagen, doch Wolf stellte sich vor ihn. Heute habe ich furchtbare Angst. Was soll ich tun? Ich kann nicht aus dem Haus, er hat seine Aufpasser überall. Hoffentlich macht er nicht seine Drohung war. Ich habe solche Angst. Da ist er … Gott hilf mir! Er will mich …" Hier endete der Satz.

Die Feder besaß noch die frische Tinte. Was ist passiert? War es der Typ, der bei mir im Zimmer war? Bestimmt hatte er sie danach mitgenommen, könnte man meinen. Aber wohin? Irgendwo im Haus? War er vielleicht mit ihr aus dem Haus verschwunden? Oder war es der Nachbar? In welche Geschichte bin ich denn hier bloß hineingeraten?

Ich dachte an „Wolf", und ob ich ihn dazu bringen könnte, sie mit mir zu suchen. Es war gewagt! So griff ich zur Kette und löste sie an der Wand. Er beobachtete genau, was ich tat. Keine Aggression war zu erkennen, wobei ich damit rechnete, dass er mich anfallen würde. Als die Kette losgemacht war, zog er mich sofort aus dem Zimmer. Ich folgte und ließ die Laute zurück. Fest zog er mich zur Kellertreppe und hinunter. Dann den Gang entlang, durch den ich hier ins Schloss kam. An der ersten Abzweigung zu einem anderen dunklen und niederen Gang blieb er stehen und schaute mich an. Mit der Taschenlampe leuchtete ich in den stark beschmutzten Gang. Sollte sie hier sein? Ich hörte etwas. Eine Stimme rief verzweifelt um Hilfe. Zuerst zog ich Wolf mit mir in den Gang, dann zog er mich hinterher. Nach der ersten Biegung und einer kleinen verschmutzten Treppe, die zu einem dunklen Keller führte, sah ich etwas, das mich erschaudern ließ. Hier gab es ein ... Verlies, mit Gittern! Und das Schlimmste, es war jemand darin eingesperrt, der stöhnte. Nicht Victoria - es war ein junger Mann.

Er erschrak zuerst mal über den unverhofften Besuch, dass ein Fremder mit dem Hund hier erschien und über das Licht, das keine Kerze war. Er musste wohl schon längere Zeit hier untergebracht sein, denn er hatte bereits schon einen kurzen Bart. Alles war verdreckt, und es stank fürchterlich. Jetzt leuchtete mir ein, warum das Brecheisen! Doch dieses Gitter hatte keine Chance gegen das moderne Werkzeug und es sprang auf. An die Wand gelehnt war er kaum fähig herauszukommen. Ich stützte ihn und wir verließen den unsäglichen Kellerraum und dunklen Gang. Als wir an den breiten Durchgang kamen, zog Wolf weiter in die andere Richtung. Ich wäre ihm gern gefolgt, doch musste ich mich erst mal um den jungen Mann kümmern. Also gingen wir wieder nach oben und in das Zimmer von Victoria. Dort ließ er sich erst mal in einen gemütlichen Sessel fallen. Er gab mir zu verstehen, dass er Durst und Hunger hätte, weil man ihm schon tagelang nichts mehr zum Trinken und Essen gebracht hätte. Victoria hätte es einmal versucht, aber danach sei sie verprügelt worden.

Das war aber auch schon alles, was er mit mir besprach, so fertig war er. Ich gab ihm die Kette mit Wolf in die Hand und verließ das Zimmer, um irgendjemand zu finden, der hier Bescheid wusste.

Nun, jetzt war die Suche erst mal zurückgestellt. Ich kümmerte mich um den armen Kerl, wer es auch war. Vielleicht war es jener, der den Brief erhalten sollte. Warum hatte man ihn eingesperrt?

Ich ging in das Zimmer gegenüber, aus dem die Bedienstete kam, vielleicht ist sie wieder hier, war mein Gedanke. Ich hatte einen Glücksgriff gemacht: es war die Küche. Eine andere Bedienstete war gerade dabei für irgendjemand das Essen zuzubereiten, und ein älterer Mann wollte soeben die Küche in den angrenzenden Garten zu verlassen. Als er mich sah, blieb er stehen und beäugte mich von oben bis unten. Er traute sich allerdings nicht, etwas zu sagen. Ich sprach die Hausangestellte an: „Drüben im Zimmer ist ein junger Mann, der unbedingt etwas trinken und essen müsste, da er, allem Anschein nach, schon Tage nichts mehr zu sich genommen hat. Ich hatte ihn im Keller gefunden – eingesperrt! Wussten Sie davon?" Sie schaute weg und der Gärtner verließ die Küche und knallte die Tür zum Garten heftig zu. Dann schaute sie mich an und sagte leise: „Wir durften bei Strafe nicht in den Keller. Hier kann man niemand trauen." Dabei zeigte sie mit dem Daumen zum Garten. „Der arme Kerl. Ich mache schnell was, egal was passiert", dann sah sie mich ernsthaft an und fragte, wer ich denn eigentlich sei. Ich schüttelte nur den Kopf und ging wieder in das andere Zimmer; eine Erklärung war nicht möglich.

Mit einer Karaffe, in der etwas drin war, das nach Saft aussah und etwas zum Essen, erschien sie gleich darauf drüben im Zimmer. Sie erschrak etwas und fasste dann doch Mut, dem anderen etwas zu reichen. Er trank gierig mit geschlossenen Augen. „Kennen Sie sich?", fragte sie mich. „Nein, ich war auf der Suche nach Victoria, da fand ich ihn in der hintersten Ecke im Keller – eingesperrt hinter Gittern. Was sind das für Sitten hier? Wer hatte das veranlasst?" Bevor sie antwortete, sah sie meine Kleider an und fragte dann: „Wie kommen Sie ins Haus? Hat sie Victoria hereingelassen?" Erklären konnte ich auch das nicht, denn wer könnte schon in diesem Fall die Wahrheit glauben? Trotzdem machte ich Andeutungen, denn alles andere wäre eine Lüge. „Ich komme aus einer anderen Zeit, aus der Zukunft, ein paar hundert Jahre weiter und bin eigentlich zufällig hier." Sie sah mich ungläubig an, schüttelte nur den Kopf und meinte: „So was Verrücktes habe ich auch schon lange nicht mehr gehört". Und sie lächelte verschmitzt. Der junge Mann war mit sich und dem Essen beschäftigt, so dass er uns kaum registrierte. „Wer ist das", fragte ich leise. „Das ist ein Musikant, der vor Tagen hier erschien und sich in Victoria verliebte. Das war dem Earl nicht recht, da sie bereits versprochen ist, an den da." Sie machte mit dem Kopf eine Andeutung. „Es ist der …"

Ein Geräusch kam vom Flur. Ruckartig verdrehte sie den Kopf und ging zur Tür, die sie bis auf einen Spalt schloss. Hier schaute sie irgendwie ängstlich raus. Sie drehte sich zu mir und meinte: „Das wird Ihnen nicht bekommen, dass Sie ihn aus dem Gefängnis geholt hatten. Wenn Sie nicht aufpassen, sitzen Sie drin. Passen Sie auf." „Nun, wissen Sie, ich würde mich freuen, wenn man es versuchen würde", war meine Antwort. Denn ich malte mir schon die Komplikationen aus, die daraus entstehen könnten, die mich irgendwie reizten. Was würde wirklich passieren? Gleich darauf öffnete sie die Tür und schob sich kopfschüttelnd raus, wobei sie wieder die Tür leise schloss. Auch sie hatte Angst, aber vor was oder vor wem?

Ich musste damit rechnen, dass man mich verraten würde. Vielleicht sollte ich mal was dagegen tun, mal den Hausbesitzer, den Earl, aufsuchen und mit ihm reden. Dann könnte ich die Verräter ausschalten. Was musste in diesem Haus für eine Angst vorherrschen, dass man so handelte. Doch zuerst wollte ich Victoria suchen.

„Ach, sie ist ja auch noch hier", rief der junge Mann, als er die Laute sah. Die Kette des Hundes ließ er los, griff sich das Instrument und spielte sofort ein kleines Stück. „Sie ist sogar noch gestimmt." Er spielte gekonnt. Man merkte, dass er das schon oft gemacht hatte. Es hörte sich wunderbar an. Dass ich auch dieses Instrument beherrschte, erzählte ich ihm nicht.

„Ich bin auch nur ein Besucher", sagte ich ihm. Dann öffnete ich die Tür und ging ohne Wolf mit schnellen Schritten zum Kellergeschoss. Dort wollte ich durch den langen Gang, der die beiden Castles miteinander verband zum nachbarlichen Herrschaftsgebäude. Dort glaubte ich Victoria zu finden.

Als ich fast im anderen Castle ankam, bemerkte ich, wie ich irgendwie leichter wurde. Irgendwie fühlten sich meine Schritte an, als ob ich in der Luft hängen würde und dann spürte ich auch noch einen harten Schlag am Kopf und verlor die Besinnung. Als ich aufwachte, lag ich wieder auf meiner Luftmatratze und sah, wie der Nebel aus der Burg zog. Die Erinnerung war noch sehr stark, und ich fühlte meinen Kopf ab nach einer Beule, aber es war nichts zu fühlen und auch kein Schmerz machte sich bemerkbar. Jener, der mir aus einem Seitengang etwas auf den Kopf schlug, staunte sicher nicht schlecht, als ich gleich darauf spurlos verschwand. Das Brecheisen lag ebenfalls neben mir, als hätte es jemand hingelegt. Fast würde ich glauben, dass ich nur geträumt hätte. Kann ein Traum überhaupt so ins normale Leben eingreifen? Wenn es aber kein Traum war, was könnte es dann gewesen sein? Alles war so echt. Ich weiß, dass es in den Träumen ebenfalls so real zugeht, aber ich hatte den Eindruck, dass es nun mal kein Traum sein konnte.

Wie komme ich wieder dorthin? War es nur ein einmaliges Geschehen, das jetzt vorbei sein sollte für alle Zeiten? Wäre es möglich aus eigenem Willen in eine andere, in diese Zeit zu kommen? Hängt es mit der Atmosphäre dieser beiden Häuser zusammen? Wer hatte es denn sonst bewirkt, dass ich in der anderen Zeit gelandet war? Geschah es einfach so? Es musste doch jemand geben, der zum Beispiel verhinderte, dass ich von hier wegkam – unsichtbar, aber immer in meiner Nähe. Und, wer war die Frau, die mir den Tipp mit dem Brecheisen gab? Nun, ich hatte eingewilligt hierzubleiben. Bestimmt hätte ich es auch geschafft, wegzukommen, wenn ich es nur heftig gewollt hätte. Oder liegt eine Verbindung mit mir wie ein Netz über allen Zeiten, von dem man sich nicht lösen kann, nie? Sollte ich es als Banalität abtun, oder sollte ich mich dahinterklemmen, um etwas darüber zu erfahren? Es waren viele Fragen, die mich plötzlich beschäftigten und es gab keine Antworten!

Die Logik sagte mir allerdings, dass es vielleicht schlecht für mich enden könnte, und es somit das Beste sei, aufzuhören mit diesem Unsinn. Andererseits habe ich Zeit und eigentlich nichts vor, was dringlich wäre. Und mich interessierte das Mystische, falls man das hier auch so nennen könnte. Aber …, sollte es mir nicht egal sein, was damals geschah? Was kümmert's mich, könnte man doch sagen? Sollen sie doch sehen, wie sie zurechtkommen. Hm, kann man so denken? Darf oder soll man so denken? Mein Gott, was für Fragen!

Jetzt saß ich da, ließ mir noch mal alles durch den Kopf gehen und überlegte, was ich machen könnte. Es war bereits Abend, und wieder regnete es. Also, somit ist mein Bewegungsradius schon mal eingeschränkt. Zuerst machte ich mich über einen Teil des Proviants her. Dann ging ich zum Fensterloch und schaute in den Regen. Ich mochte Regen. Und wieder beobachtete ich, wie ein feiner Nebel vom Meer kommend an der Fassade hochzog und in die Ruine strömte. Ich beobachtete diese Situation noch eine Weile, dann wurde es dunkel im Raum.

Ich tastete mich zur Matte, setzte mich mit dem Rücken zur Wand und stierte ins Dunkel. Mit irgendetwas rechnete ich jetzt. Doch es dauerte schon eine Weile, bis etwas geschah. So hörte ich dann zur Abwechslung mal wieder eine Stimme, die zu mir redete. Es war wieder die Stimme des Alten, doch sehen konnte ich ihn nicht, es war absolut dunkel.

„Warum überlegst du, ob das hier, was du gerade erlebst, mit Unsinn zu tun hätte? Was du gerade vollbringst ist eine wichtige Entscheidung. Ohne dich würde das Leben für viele anders verlaufen. Ganze Familien samt Nachkommen würde es nicht geben. Wobei sie auch für dich wichtig sind, für deine Zukunft. Es würde zu lange dauern und es wäre zu kompliziert, dir das zu erklären. Doch in ganz kurzer Zeit wirst du etwas Phantastisches erleben, was mit dieser Situation zu tun hat. Auch dein Leben ist abhängig von dieser Situation. So wärst du zum Beispiel schon eine Weile nicht mehr unter den Lebenden, wenn du mit dem Rad neulich weggefahren wärst, Richtung Skye. Die genauen Umstände möchte ich dir ersparen, sie sind zu furchtbar. Also, überlege nicht lange und begib dich in das Unausweichliche. Allerdings wird dir die Zeit und der Moment vorgegeben. Alles wird gesteuert. Du musst dir vorstellen, dass es noch andere Dimensionen gibt, die der deinigen weit überlegen sind. In deiner Welt spielt der Hass eine große Rolle. Den gibt es hier bei mir nicht. Hier ist nur Liebe! Etwas davon wirst du in Kürze spüren. Du wirst die Liebe kennen lernen von einer Seite, die du kaum für möglich hältst." Dann wurde es wieder still. Auch kein Geräusch war zu hören – auch nicht von draußen, vom Regen.

Wieder hörte ich ihn: „Ich werde dir jetzt mal eine Geschichte erzählen. Pass gut auf, es ist von Vorteil, wenn du dir einiges davon merken würdest, was ich dir gleich erzähle. Weshalb, das wird sich dir schon erschließen.

Es ist die Lebensgeschichte von Victoria. Du sollst wissen, was es auf sich hat mit diesem Mädchen." Dann holte er aus: „Durch den Unfalltod der Eltern kam ein junges Mädchen als Mündel des damaligen Besitzers, eines Earls (eines Grafen) auf das Schloss. Er war ihr Vormund. Gegenüber seiner Bediensteten und Angehörigen sowie den Ortsansässigen war er ein bösartiger Mensch. So auch zu dem Mädchen. Nur ein alter, gichtkranker Mann, der an den Rollstuhl gefesselt und in einem kleinen Zimmer des Castles untergebracht war, galt als die einzige Hoffnung in ihrer

Angst vor dem Tyrannen. Und als der alte Mann auch fast sein Augenlicht verlor, las sie ihm immer irgendwelche Geschichten vor oder sie erfand welche, die sie ihm dann erzählte und ihm so noch ein paar Jahre das Leben verschönerte. Seine Macht in diesem Hause war gering, doch bei ihm fand sie Schutz und Unterstützung. Dieser Mann war ich." Er machte eine Pause, so als wollte er nachdenken.

„Als die Zeit ins Land ging und sie zur jungen Frau erblühte, starb der Alte. In dieser Zeit erhoffte sie sich einen Umgang mit der gräflichen Gesellschaft, um einen Mann kennen zu lernen, um somit der Tyrannei zu entkommen. Doch sie durfte das Schloss nicht verlassen. Der Earl war zwar bettlegerisch, aber übte seine Macht immer noch aus über seine Bedienstete, die Angst hatten, dass sie ihre Stellung verlieren und somit ihren Lebensunterhalt. Das Mädchen wurde fast zur Einsiedlerin. Niemand kümmerte sich um sie. Das einzige, was sie am Leben erhielt, war ihr Hund, den sie über alles liebte.

Eines Tages traf sie während eines Spazierganges mit Aufpassern im Schlosspark zufällig den benachbarten Gutsherrn. Seine Vorfahren hatten ihr Schloss aus verwandtschaftlichen Gründen direkt neben das andere gebaut. Doch mittlerweile traf man sich nur noch selten.

Er sah, dass sie eine hübsche, anmutige und begehrenswerte Frau geworden war. So lag es nahe, dass er sich ihr näherte, wo es nur ging. Sie erkannte seine überhebliche Art und bekam eher Angst vor ihm. Über Kleinigkeiten verfiel er in hysterische Wutanfälle. Wie man sagte, hatte er etwas Teuflisches an sich. Später erfuhr sie, dass er seine Frau misshandelt hatte, ehe sie unter mysteriösen Umständen verstarb. Also, auch er war im gleichen Wahn, wie der Verwandte, der jetzt im Bett drüben in der anderen Burg liegt, kurz vorm Sterben.

Er kam jetzt öfters ins Schloss unter dem Vorwand, den langsam dahinsiechenden Besitzer zu besuchen. Immer wieder versuchte er sich aber dem Mädchen zu nähern, doch sie wich ihm ständig aus. Eines Tages, als er betrunken wieder ins Schloss kam, versuchte er sich an ihr zu vergehen. Sie rannte weg ins Zimmer und schloss sich mit ihrem Hund ein. An der Tür drohte er ihr, sie umzubringen, wenn sie ihn nicht hereinlassen würde. Er blieb draußen, und ging weg mit der furchtbaren Drohung.

Das Schicksal wollte es, dass ein Musikant vorbeikam und auf seiner Laute gefühlvolle Musik spielte. Sie durfte ihn sogar hereinbitten, und er spielte am Bett des Tyrannen. Er gab vor, dass ihm die Musik gefallen würde. Was er nicht gleich bemerkte, der junge Mann verliebte sich sofort in sie und sie in ihn.

Sie gab am Abend vor, dass jener Musiker wieder gegangen sei, aber sie hatte ihn versteckt und sie erlebte zum ersten Mal, was Liebe war und das Gespür der unmittelbaren Nähe eines Mannes. Die ganze Nacht

waren sie zusammen in gefühlvollem Miteinander. Doch gab es einen Verräter unter den Bediensteten, der am nächsten Tag alles dem Earl erzählte.

Der hatte schon vor längerer Zeit mit dem Nachbarn ausgehandelt, dass er das Mädchen als Frau bekommen könne, und seine Wut über das Verhalten von Victoria war so groß, dass er den Musiker gefangen nehmen ließ. Man sperrte ihn in den Kellerraum, einem fensterlosen, nassen Loch unter dem Schloss – ohne Essen und Trinken. Er hatte allen verboten in die unteren Räume zu gehen. So wurde er fast vergessen.

Der Graf handelte mit dem Nachbarn aus, dass er sich die Frau nehmen könnte, wenn er ihm dafür eine andere Hilfe schicken würde. So geschah es. Sie sträubte sich allerdings und wollte weglaufen. Er nahm sie gefangen und verschleppe sie auf sein Schloss nebenan. Das geschah, während auch du im Hause warst. Dort hielt er sie gefangen, bis zu dem Moment, wo sie sich ihm verweigerte. Für dich gestern! Daraufhin ließ er sie in einen Sack stecken, der oben zugebunden wurde, diesen Sack ließ er an einem Strick vom Fenster seines Castles hinaushängen bis zum Wasser hinunter – bei Ebbe! So sollte sie einen elendigen Tod sterben. Zwischenzeitlich starb der Graf. Auch gestern! Es existierte ein fingiertes Schreiben, das er gezwungenermaßen geschrieben hatte, in dem er sein Schloss diesem Nachbar vermacht hatte, wenn er sich um sein Ableben kümmern würde, da niemand mehr von der Seite des Grafen zu erreichen sei, und außerdem niemand Ansprüche stellen würde. Victoria wurde dabei vergessen oder übergangen. Und so wurde er auch der Besitzer dieses Schlosses und hatte noch mehr Bedienstete, die er knechten konnte in der schlimmsten Art. Einer versuchte ihn zu töten – er verschwand auf nimmer wiedersehen. Um das Mädchen und ihr Rufen kümmerte er sich nicht mehr. So geschah das, was geschehen musste. Sie ertrank, als die Flut kam. Doch dies wurde verhindert, wie du dich erinnerst. Somit hattest du die Zeit verändert.

Nur noch eine kurze Zeit lebte dieser furchtbare Mensch in den beiden Castles, dann verschwand er. Niemand weiß, wo er verblieben ist. Danach verkamen die beiden Schlösser, und niemand kümmerte sich mehr darum bis heute, denn es war niemand mehr da."

Ich musste noch was fragen: „Was geschah dann mit Victoria?" Die Stimme sprach weiter: „Die Geschichte musst du jetzt selbst erleben. Dazu werde ich dir nichts erzählen. Natürlich unterliegt es deinem Willen, jetzt aufzugeben und zu verschwinden. Damit wäre eigentlich für dich alles vorbei, aber das Leben hier würde weitergehen und das Unglück würde seinen Lauf nehmen. Denn es bestünde weiterhin das Schicksal, dass der Familienzweig aussterben würde, was auch für dich bedeutet, dass du die Schottlandfahrt nicht überleben würdest – so hart das auch klingen mag! Ich war platt! „Wann bin ich frei von der Geschichte"?, fragte ich weiter. „Nie. Auch deine Zukunft ist damit verknüpft. Mach dir jetzt keine unnötigen Gedanken, es wird alles gut."

Und nach einer Pause: „Heute Nacht, jetzt gleich, wird sich viel entscheiden. Teile dieser Häuser werden sein wie früher. Von der Zeit her ist es zwei Tage weiter von dem Augenblick, wo man dich zusammenschlagen wollte. Es war übrigens ein Bediensteter von der sogenannten „Nachbarburg". Er hatte den Auftrag, das zu tun. Es ist erst ein paar Stunden her, dass du Victoria aus dem Sack befreit hattest. Sie kennt dich also. Hilf den Beiden, dem Musiker und Victoria, damit es eine Harmonie gibt. Deine Liebe wartet woanders, denke daran.

Man schaffte dann den Sarg mit dem toten Earl zum Nachbarn, der ihn ohne jede Zeremonie in die Gruft transportieren ließ. Kein Außenstehender erfuhr etwas davon und so sollte es auch bleiben. Mache das Beste daraus. Auch ich finde dann meine Ruhe."

Es war so dunkel in dem Raum, dass ich mir auch einen Saal hätte vorstellen können in dem ich gerade saß. Dann wurde es wieder an der Seite etwas heller, indem man plötzlich wieder in einen Gang sehen konnte. Nebel hing am Eingang und machte die Sache nicht besser.

Eigentlich hatte ich keine Lust mehr hier mitzumachen, aber der Alte hatte mir Angst gemacht, was durch mein Verhalten hervorgerufen werden könnte. So stand ich wieder auf und ging zurück in den langen Gang, in dem man kaum etwas erkennen konnte, und dann wieder die Treppe hoch. Dort lauschte ich ins Treppenhaus, ob sich irgendetwas vernehmen ließ. Vielleicht Gespräche oder auch andere aufschlussreiche Geräusche.

Es schien Abend zu sein. Nur wenig Licht fiel durch die Fenster im Eingang auf die breite Treppe, die sich hochschlängelte. Was sollte ich sagen, wenn ich Victoria sehen würde? Nun, ich dachte mir, dass ich es darauf ankommen lassen wollte. Es würde mir schon irgendetwas einfallen. So begab ich mich in den Flur, in dem sich das Zimmer von Victoria befand.

Vor der Tür horchte ich erst mal, dann klopfte ich an, und sofort meldete sich Wolf. Einen Moment musste ich warten, bis sich die Tür öffnete. Victoria stand in der Tür, die sie nur einen schmalen Spalt breit geöffnet hatte. In einem schwarzen Samtkleid mit einem silbernen Gürtel stand sie vor mir. Ihre hellen Haare fielen ihr über die Schulter. Was für ein hübsches Mädchen! Als sie mich sah, öffnete sie die Tür ganz und strahlte übers ganze Gesicht. Es war schon lange her, dass ich wieder einen Menschen sah, der sich freute. Sie kam herausgestürmt und fiel mir um den Hals. Es war klar, dass sie mich erkannt hatte. „Wo kommst du her, und …was trägst du für komische Kleider?" Jetzt fiel mir erst auf, dass ich ja ein T-Shirt trug, mit einem bunten Aufdruck und verwaschene Jeans mit einem Gürtel, an dem verschiedene Täschchen befestigt waren, in denen ich die unterschiedlichsten Dinge verstaut hatte. Außerdem ein etwas größeres Messer – wer trägt schon so was mit sich rum? Es war mir egal. Auf jeden Fall war es sehr nützlich auf meiner Tour.

Wolf kam heraus und leckte mir die Hand. „Komm doch herein." Sie zog mich förmlich ins Zimmer und schloss die Tür. - Veilchenduft! - Hier saß bereits der Musikant und staunte ebenfalls, als er mich sah. „Ich kam noch nicht dazu, mich zu bedanken." Er stand auf, kam zu mir und gab mir die Hand: „Vielen Dank. Ich besitze allerdings nichts, womit ich mich erkenntlich zeigen könnte." Er hob die Arme und verzog die Mundwinkel. Victoria nahm die Laute vom Sessel und reichte sie dem Musikanten, dann zeigte sie auf den Sessel und sagte zu mir: „Setzt dich und erzähle mal wo du herkommst!" Wieder diese Erklärung, die doch niemand glaubte.

Ich setzte mich. Mir ging allerdings zu erst durch den Kopf, ob der Nachbar noch mal kommen könnte, um sie wieder zurückzuholen. Nun, das könnte diesmal, solange ich dabei wäre, nicht passieren, das hatte ich mir vorgenommen. „Kann ich mir mal die Laute ansehen"?, fragte ich den jungen Mann. Er reichte sie mir und ich spielte mein Lieblingsstück darauf. Beide stutzten, doch ich fühlte mich sehr wohl bei dem Klang der Musik. Ich konnte es überhaupt nicht begreifen, dass ich zeitversetzt irgendwo am Ende der Welt saß und ein Lied aus meiner Zeit spielte. Ich gab ihm die Laute wieder zurück und bedankte mich. „Bevor ich euch erzähle, wo ich herkomme – ihr habt ja sicher schon gemerkt, dass ich nur halbwegs gut eure

Sprache spreche – möchte ich dich Victoria fragen, wie sieht es mit der Sicherheit für dich und deinen Freund aus? Kannst du dich auf einige Leute hier im Haus verlassen?" Sie stutzte: „Es sind nur ein paar Frauen, die mir bisher geholfen hatten. Aber vertrauen? Warum willst du das wissen?" Ich wartete ab. „Was ist mit dem, der dich töten wollte?" Sie wurde ernst. „Er muss noch irgendwo in seinem Castle herumgeistern. Bestimmt wartet er eine Zeit lang ab, bis er es dann wieder versucht. Ich dachte, es könnte Ruhe eintreten hier im Haus, aber …" Nun, das hieß für mich, dass ich noch etwas ausharren musste in diesem Schloss. So konnte ich nur hoffen, dass man die Zeit, die ich hier verbringen sollte, auch zulässt. „Hast du dir schon mal vorgestellt, wie es weitergehen sollte, hier und mit dir?" Sie zögerte. „Ja", war die knappe Antwort. „Ich werde weggehen." Sie sah auf den Boden und schluckte. Dann sah sie zu ihrem Freund und lächelte. Er war etwas verlegen und schaute mich unschlüssig an und streichelte den Hund. Er war sicher der Meinung, dass ich irgendetwas zu sagen hätte auf diesem gräflichen Besitz.

„Wer ist der rechtmäßige Erbe nach dem Tod des Grafen? Das Schreiben, das den Nachbarn zum Besitzer macht, ist unrechtmäßig erstellt worden. Der Graf wurde gezwungen, es zu schreiben." „Woher weißt du das?" Einen Moment zögerte ich noch, und dann fing ich an, alles zu erzählen. Wo ich herkäme, wer ich war, vom Leben in meiner Zeit, wie ich dazu komme, alles zu wissen und von dem Alten, dass ich abgehalten wurde, weiter zu fahren, nur damit ich hier diese Situation erleben müsse. Sie sahen mich danach an, als hätte ich den Krieg verkündet.

„Ich glaube, dass ich euch mal alleine lasse, ... werde mal rübergehen zu dem Anderen. Vielleicht begegne ich dem, der mich zusammenschlagen wollte. Also, bis gleich." Somit verließ ich das Zimmer und begab mich zum Eingang. Niemand begegnete mir. Ich wollte mal sehen, wie es zu dieser Zeit vor dem Haus und im Park aussah. Viel zu sehen gab es nicht, es war dunkel. Im Eingang standen einige Kerzenleuchter mit brennenden Kerzen, die ihr sparsames Licht auch etwas durch ein Fenster nach draußen warfen. Ich ließ die Tür offen stehen und ging ein Stück hinaus. Hier war ein Park, schön und soweit ich sehen konnte auch gepflegt.

Dann fiel die Tür zu und irgendjemand kam auf mich zu. Es war ein Mann. Als er näher kam konnte ich jenen erkennen, der im Zimmer stand, als ich mit der Laute spielte. Es war der Nachbar, der es auf Victoria abgesehen hatte. Ich bereitete mich schon auf ein aggressives Verhalten dieses sonderbaren Menschen vor, und als ich mich ihm widmete, hörte ich hinter mir ein Geräusch. Es war noch einer da! Na gut, dachte ich, jetzt gilt's. Jener hatte etwas in der Hand, mit dem er gerade ausholte zum Schlag, als er angerannt kam. Sie hatten sich abgesprochen, das war mir klar geworden. Hinterrücks, das war scheinbar seine Masche! Obwohl es dunkel war, konnte ich im halb verdeckten Mondlicht etwas erkennen. Es genügte, um den Angreifer zu schnappen und auf den Boden zu knallen, dass er seine Rippen zählen konnte. Doch dann fiel der andere über mich her. Er wollte mich um den Körper fassen, um dann mehr Gewalt anwenden zu können. Doch das war direkt ein Spaß für mich. Als ich noch vor ein paar Jahren diesen neuen Sport ausübte, hätte kein Gegner in diesem Falle eine Chance gehabt, und das auf der Matte. Hier war es so, dass der andere es bereits bereute. Als ich ihn am Hals griff, war es vorbei mit dem Spaß. Er flog ebenfalls in die Hecken, während es fürchterlich bei ihm im Hals knackte, und ich wusste, was das zu bedeuten hatte.

Kurz wartete ich ab und verhielt mich ruhig. Jener, der als erster am Boden lag, versuchte sich aufzurichten, was ihm unter großen Schmerzen auch gelang. Doch er versuchte nichts mehr, sondern half dem anderen, damit er wieder auf die Beine kam, was jener aber nicht mehr fertig brachte. So zog er ihn mit sich in eine andere Richtung, zu einer kleinen Fläche hinter den Hecken. Er zog ihn mit aller Kraft und er stöhnte nur noch. Irgendwie schaffte er es, ihn wegzuzerren.

Dann hörte ich einen lauten Aufschlag aufs Wasser …! Und einen halb erstickten Schrei. Ich konnte nichts Genaues sehen, dafür war es nicht hell genug und das Gebüsch zu hoch. War jemand in einen Teich gefallen? Schnell lief ich um das große Gebüsch, um zu sehen, wer da im Wasser lag, aber hier gab es keinen Teich. Was ich aber erkennen konnte, war eine halbhohe Mauer um eine große, kreisrunde Öffnung im Boden. Ich näherte mich langsam dem Loch im Boden, während ich sah, dass der eine dieser Halunken weglief.

Aus dem Loch kam Stöhnen und Wassergeplätscher. Man konnte nichts erkennen. Jetzt kam die Taschenlampe zum Einsatz. Ich stieg über die Mauer und sah in die Tiefe der Zisterne, die man dummerweise nicht abgedeckt hatte. Unten, vielleicht nach zehn Metern, zappelte jemand im Wasser. Es war der Besitzer des Castles. Ich wusste, dass er sich kaum bewegen konnte, und rief ihm zu, dass ich Hilfe holen würde. Jetzt wäre mein Seil sehr hilfreich, doch das lag „drüben". Man hatte mich nicht darauf aufmerksam gemacht, dass ich es unbedingt mitnehmen sollte. Warum nicht?

Der Beteiligte muss ihn wohl über die kleine Mauer gezerrt und dann ins Loch geschupst haben. Was sollte das denn? Vielleicht wollte er ihn beseitigen, und gleichzeitig mir die Schuld zuschieben. Was für ein Hass in diesen Häusern, es war nicht zu begreifen. Ich lief zurück, doch die Tür war zu. Gab es so etwas wie eine Klingel oder wenigstens eine Glocke? Ein Türklopfer war das einzige, was hier jemand alarmieren könnte. Ich klopfte heftig, und es dauerte schon eine Zeit, bis eine Bedienstete erschien. Sie schaute durchs seitliche Fenster. Als sie mich erblickte, ging sie wieder weg, ohne die Tür zu öffnen. So klopfte ich wieder heftiger und oft. Dann kam ein Mann. Er riss die Tür auf und schrie mich gleich an. „Sie haben hier nichts zu suchen, verschwinden Sie, aber sofort – sonst hetze ich den Hund auf Sie!" Ich war einen Moment lang brüskiert. Doch dann schrie ich zurück, sonst hätte er mich nicht verstanden, dass ich Hilfe bräuchte. Er zögerte einen Moment und meinte dann etwas trotzig: „Suchen Sie sich selbst die Hilfe, die Sie brauchen", und ließ die Tür offen, damit ich hereinkommen konnte. Sofort erklärte ich ihm, dass ich einen Strick und einen Helfer brauche, damit ich jenen aus der Zisterne ziehen könnte. „Das dauert", war die einzige Antwort, die noch zu erwarten war. „Wenn Sie sich nicht beeilen, dann ertrinkt der Mann." „Auch gut! Es ist sowieso zu dunkel!", war noch zu vernehmen, während er wegging.

Ich lief schnell zum Zimmer von Victoria, um ihr Bescheid zu sagen und zu fragen, ob sie nicht helfen könnte. Sie brauchte auch sehr lange, um zu überlegen. „Ich glaube, da fragst du die Falsche", kam als Antwort, aber keine Reaktion. Man kann es verstehen. In der Zwischenzeit dürfte wohl der Andere, wenn er kein guter Schwimmer war und mit der Bewegungsunfähigkeit, die er noch dazu hatte, wohl ertrunken sein. Ich stand auf dem Flur und konnte die Hilflosigkeit nicht begreifen. Es tat sich nichts von der Seite des Bediensteten.

Als ich wieder zur Zisterne kam, hörte ich nichts mehr in der Tiefe. Ich leuchtete hinunter. Dort trieb er auf dem Wasser – tot! Er musste elendig ertrunken sein. Was für ein Tod! Trotzdem musste er sofort geborgen werden, bevor er das Wasser vergiftete. Oder sollte es mir egal sein?

Die Tür stand noch offen, und ich ging zu Victoria, damit sie etwas unternimmt, damit der Andere aus der Zisterne geborgen werde. Als ich in die offenstehende Tür eintrat, sah ich, wie sie mit dem Musiker rumschmuste. Ich klopfte an und räusperte mich. Sie wendete nur den Kopf und musterte mich. Dem Eindruck konnte ich mich nicht erwehren, dass sie schon vergessen hatte, was ich vor kurzer Zeit für sie tat. Das, was ich gerade wollte, war unwichtig geworden. „Kann ich Wolf mitnehmen, ich möchte noch ein wenig raus?" Sie stand auf und band den Hund los. Bevor sie noch etwas sagen konnte, kam Wolf auf mich zu, schwänzelte und lief durch die offene Tür auf den Flur. Ich folgte ihm und wir gingen nicht nach draußen, sondern die Treppe runter und durch den Flur zum anderen Castle, aber nur, weil Wolf es so wollte und vorweg rannte. Er schoss durch den langen Gang und verschwand im dunklen Kellergeschoss am Ende des Ganges. Ich beeilte mich, ihm nachzukommen. Dort musste ich allerdings damit rechnen, dass mir der Typ auflauerte. Ich war gerüstet. So stieg ich dort die dunkle Treppe hoch und wartete, dass Wolf wieder zu mir käme, aber er war verschwunden. Hier, in diesem Haus war kein Licht. Mit der Taschenlampe und ihrem spärlichen Licht leuchtete ich durch die Gänge, auf der Suche nach etwas, das ich mir nicht erklären konnte, und doch sagte etwas in mir, suche weiter. Als ich die Treppe hochstieg, hörte ich weiter oben das Knurren von Wolf und dann ...! Es war das knurrige Schreien eines Hundes, der gerade geschlagen wird und das Geräusch, das man kennt, wenn ein Hund einen anderen oder einen Menschen anfällt. Und mit dazu noch das Aufschreien eines Menschen, wenn er in höchster Not ist. Ich raste die Treppe hoch, blieb stehen, um zu hören, wo sich das alles gerade abspielt. Noch eine Treppe hoch. All die vielen tollen Gemälde interessierten mich jetzt nicht, man konnte sie sowieso kaum wahrnehmen. Wieder warten. Dann hörte ich die menschliche Stimme nicht mehr, nur noch das reißerische Knurren.

Hier irgendwo auf dem Stockwerk musste es sein. Seitlich in einem Flur. Ich leuchtete in den ersten Flur, nichts. Dann in den anderen auf der gleichen Seite. Ganz hinten konnte ich etwas Helles erkennen. Ich raste hin und das spärliche Licht meiner Lampe ließ mich, was ich gerade erblickte, erschaudern. Hier lag ein Mann, und neben ihm stand knurrend Wolf. Es war jener, der vorhin dabei war, und den ich in Verdacht hatte, den Anderen ins Loch geschupst zu haben. Das Hemd zerrissen, blutüberströmt lag er da und gab keinen Mucks mehr von sich. Als ich ihn mir näher anschaute, sah ich auch warum: Wolf hatte ihm den Hals aufgerissen. Hier war nichts mehr zu machen. Wolf trottete jetzt hinkend langsam zurück. Neben dem Toten lag noch ein Knüppel, mit dem er den Hund traktiert hatte. Vielleicht war er für mich bestimmt! Ich hätte keine Chance gehabt. Zwei Tote in kurzer Zeit – mir reichte es. Ich wollte nur noch weg. Vorn auf der

Treppe setzte ich mich auf den obersten Absatz um zu verschnaufen. Der Schock, den ich im Moment nicht so wahrgenommen hatte, brachte mich allerdings dazu, unter Tränen darüber nachzudenken, was das für eine beschissene Welt war, in der all diese fürchterlichen Dinge geschehen konnten. Was sollte ich noch hier in dieser gottverlassenen Zeit und in einem Haus, wo ich absolut nicht hingehörte? Die Taschenlampe gab fast den Geist auf. Dann merkte ich, wie Wolf sich neben mich setzte. Ich griff ihm ins Fell und versuchte ihn zu kraulen, dabei spürte ich etwas Warmes, Nasses an der Hand. Mit dem Rest des Taschenlampenlichts sah ich, dass es Blut war, und er zuckte, als ich ihn dort berührte.

Langsam gingen wir die Treppe runter, durch den Gang, die andere Treppe wieder hoch. Hier im Eingang war Licht. Mehrere Kerzen hatte man entzündet, und die Haustür stand weit offen. Mehrere Bedienstete waren mit irgendetwas beschäftigt. Man lief eilig hin und her und beachtete mich nicht. Dann kam Victoria von draußen. Sie sah mich, kam zu mir und rief: „Er ist ertrunken."

Scheinbar hatte man es jetzt geschnallt. Mit einem merkwürdigen Blick sah sie mich an. Es lag so etwas wie Unschlüssigkeit darin und ein Fragen: was soll ich jetzt tun? Ich störte mich nicht daran. „Wo finde ich warmes Wasser"?, fragte ich sie und zeigte auf den Hund. Er war Blut verschmiert. „Mein Gott, was ist passiert?" Sie war bestürzt und zeigte erregt auf die erste Tür. „Dort in der Küche." Schnell sagte ich noch zu ihr: „Übrigens, dort drüben liegt noch ein Toter." Mit dem Daumen zeigte ich zum anderen Castle. „Es ist der, der den dort hineingeworfen hatte." Ich nahm Wolf am Halsband und ging zur Küche.

Zwei Frauen rannten aus der Küche, als ich mit Wolf hereinkam. Ob man annahm, dass ich der Übeltäter war? Mit einem Lappen, der herumlag, säuberte ich seine Wunde, die nicht mehr stark blutete. Es war eine große Hautwunde über den Rippen. Sie würde in einigen Tagen wieder verheilt sein. Ob eine Rippe gebrochen war durch den Schlag, konnte ich nicht feststellen. Jedenfalls gab es keine Beulen oder sonstige Verletzungen. Als ich fertig war, sah er mich an mit einem Blick, der mir durch Mark und Bein ging. Wie kann sich ein Tier mitteilen? Ich strich ihm über den Kopf und kraulte seinen Nacken. Dabei versuchte er meine Hand zu lecken. Wenn ich könnte, würde ich ihn mitnehmen, doch das ging nicht, die Zeit und der Umstand ließen es nicht zu. Schade!

Draußen auf dem Flur rumorte es. Ich ging raus, um zu sehen, was da gerade geschah. Wolf befestigte ich wieder die Kette am Halsband im Zimmer von Victoria. Dort legte sich Wolf gleich auf seine Decke und wimmerte leise. Die Kette legte ich neben ihn. Dann verzog ich mich. Hier musste ich raus. Einige der Bedienstete gingen an mir vorbei, so, dass ich sie kaum wahrnahm. Draußen hatte man inzwischen ein Feuer gemacht, damit man besser sehen konnte, und man war dabei, den Toten aus dem Wasser zu holen, was mich allerdings nicht mehr interessierte.

Ich ging in den jetzt etwas erhellten Park und suchte mir ein Plätzchen unter einem Baum, wo ich ungestört sein konnte. Dort setzte ich mich aufs Gras, lehnte mich an den Baum und versuchte alles gedanklich zu verarbeiten. Eigentlich hätte ich jetzt gerne mit jemand geredet oder geschmust, doch ich war schon froh, etwas Ruhe zu haben. Dann wieder die Frage: wie komme ich zurück? Werde ich herausbefördert, wenn man mich nicht mehr braucht? Von meinem Willen her war es nicht möglich. Eigentlich wäre der Augenblick gekommen, wo ich wegwollte. Doch, hatte ich alles erledigt? Nein. Was sollte jetzt aus Victoria werden? Ich grübelte noch eine Weile, wobei ich merkte, dass nichts Gutes dabei herauskam. Am Haus hatten sie noch alle Hände voll zu tun, und irgendwann schleppten sie den Ertrunkenen zum Nachbarhaus.

Als alles noch etwas ruhiger wurde, rappelte ich mich wieder hoch und ging zurück durch die noch offenstehende Tür ins Haus und zu Victoria. „Ich muss noch mal mit dir reden, damit ich wieder aus dieser verrückten Zeit verschwinden kann. Wie geht es weiter? Hast du einen Plan oder wenigstens eine Idee?" Vielleicht hatte ich sie damit überfallen, aber ich wollte weg. Sie sah mich überrascht an und schaute zu dem Musiker: „Kannst du auch was dazu sagen?" Er schüttelte den Kopf und meinte: „Ich passe nicht in diese Rolle der Reichen. Was sollte ich mit diesem Schloss? Meine

Welt ist die Musik. Alles, was ich besitze, ist ein altes Cottage auf der Insel Skye, und wir hatten noch nicht über die Zukunft geredet, Victoria und ich. Dabei hatte ich Angst, dass es ihr nicht genügen würde, wo sie doch ein Schloss erben könnte. Hier zu wohnen wäre unmöglich für mich. Also, Victoria, jetzt weißt du, was ich so von der Zukunft halte. Mit dir zusammen überall in Schottland zuhause zu sein, das wäre mein Wunsch." Er wendete sich ab und setzte sich wieder auf das Kanapee. Irgendwie machte er noch einen geschwächten Eindruck.

Victoria war etwas irritiert. Eigentlich wollte sie mit mir reden, andererseits wollte sie zu dem Musiker und ihm zeigen, dass sie sich sehr über seine Antwort freute. Sie entschloss sich dafür, ihm zu vermitteln, dass sie eigentlich sofort mit ihm irgendwohin wollte. Sie liebte ihn, das wurde mir klar und warf sich neben ihn, drückte ihn herzlich und gab ihm einen Kuss. Ich stand dabei und wartete immer noch auf eine Antwort, die mir wichtig erschien.

Nach einer Weile, wo ihr scheinbar wieder einfiel, dass ich noch hier war, sagte sie zu mir: „Was würdest du tun?" Ich überlegte nur kurz und sagte dann: „Ich denke ähnlich wie dein Freund. Was sollte ich mit einem Schloss? Das Leben wäre für alle Zeiten besiegelt. Was könnte man dann noch tun, um frei zu sein? Alles wäre für die Zukunft festgelegt. Man hätte natürlich keine finanziellen Nachteile, aber …, hätte man noch Freunde? Ich sehe doch, wie verachtend man hier miteinander umgeht. Auch ich könnte hier nicht leben. Ich bin Maler und gewohnt, oft von zu Hause weg zu sein. Das hier ist ein Gefängnis. Victoria, wenn ich dir was sagen dürfte: Gehe mit ihm. Und überlege nicht lange. Überlass das hier alles dem Schicksal. Sage niemand wo du hingehst, gehe einfach weg und beginne zu leben. Und vergiss deinen Hund nicht!"

Victoria überlegte und lächelt mich an. „Ja, das werde ich so machen. Ich hinterlasse einen Abschiedsbrief, damit sie mich nicht suchen müssen, und dann bin ich weg. In der nahen Stadt wohnt ein Notar, dort werde ich vorbeigehen und alles regeln mit dem Schloss, den beiden Schlössern, und dann beginnt für uns endlich das Leben." Wieder schmuste sie mit ihrem Musiker. Ob das alles so mühelos verlaufen würde, konnte ich mir aus unserer heutigen Sicht nicht vorstellen. Doch sie sah es so, und das war schon was wert. Irgendwie war ich traurig, dass dieses Mädchen sich bereits für den Musiker entschieden hatte. Sie war eine so hübsche Frau … Mir sprang das Herz, als ich sie mir wieder genauer anschaute. Doch, wie sagte der Alte: ‚Deine Liebe wartet woanders'. Wo auch immer das sein sollte.

Eigentlich hatte ich alles getan, was man von mir verlangte, und so wäre ich frei. „In welcher Ecke steht dein Cottage auf Skye?", fragte ich störender Weise den Musikus. „Im Süden, in der Nähe von Armadale, am Wasser. Meine Mutter hatte es von einem alten Fischer geerbt, als er starb. Wir wohnten nicht weit weg von ihm im Dorf, und meine Mutter kümmerte sich in den letzten Tagen seines Lebens um ihn. Trotz seines harten Lebens war er ein begnadeter Lautenspieler. So hatte er mir auch das Spielen mit der Laute beigebracht. Aber leider war er nur ein Fischer. Und so blieben er und seine Musik unbekannt. Er spielte sehr häufig und meistens, wenn er alleine war. Als meine Mutter starb, zog ich los, um viele andere Menschen an der Musik teilhaben zu lassen. So war ich schon länger nicht mehr zu Hause. Vielleicht könnten wir zuerst mal dort hin, Victoria?" Er schaute sie eindringlich an und erwartete eine Antwort. Die kam allerdings in der Form, dass sie ihn küsste.

Nun, eigentlich hatten wir den gleichen Weg, doch, meine Tour möchte und muss ich alleine machen. „Es kann sein, dass ich gleich wieder in meine Zeit verschwinde und möchte mich verabschieden. Aber lass mich noch schnell eine Skizze von dir machen, als Erinnerung." Auf einem Stück Briefpapier warf ich das Portrait schnell dahin, drückte Victoria herzlich und gab dem jungen Mann die Hand. Wolf streichelte ich noch zum Abschied und dann beeilte ich mich, aus der Reichweite dieser Konstellation zu kommen. Endlich will ich weg …, holt mich rüber! Ich ging so gedankenvoll durch den langen Gang in die Richtung, wo ich die Ruine verlassen hatte. Doch Victoria rief mir noch hinterher: „Warte, ich habe noch was für dich." Dann ging sie ins Zimmer und kam gleich darauf mit etwas heraus, das sie mir als Erinnerung mitgeben wollte. „Damit du an mich denkst", flüsterte sie und gab mir zum Abschied noch einen Kuss. Dann lief sie sofort wieder ins Zimmer und schloss die Tür. Es war ein Medaillon, aufwändig gearbeitet aus einem schwarzen Stein, der eine weiße Schicht besaß. Ich steckte ihn ein, in der Hoffnung, dass er noch bei mir ist, wenn ich die Zeit verlasse.

Das Ende des Ganges war total in einen Rauch gehüllt, als ob man hier räuchern würde, doch es roch nicht nach Rauch. Als ich näher kam, gewahrte ich bereits die Öffnung in der Wand und mit ein paar Schritten stand ich wieder auf der zusammengestürzten Wand, sah im Dunkeln auch meine Luftmatratze und legte mich einfach drauf. Angestrengt horchte ich ins Dunkel. Doch das Einzige, das ich hörte, waren die Wellen draußen vor dem Castle. Alles fühlte sich so unwirklich an. Eben noch Kerzenlicht, und jetzt in einer grauen, einsamen und nasskalten Nacht in einer Ruine – weit weg von zu Hause. Hatte ich wieder geträumt? Vielleicht gab es noch die Zisterne. Jetzt nachzusehen wäre nicht von Vorteil, denn es regnete und es war noch dunkel. Doch schlafen konnte ich nicht mehr. Was sollte ich also tun? Zuerst ließ ich mir noch mal alles durch den Kopf gehen. Was für eine verrückte Geschichte. Was hielt mich ab, es für einen Traum zu halten? Der Alte?, nein, der könnte auch eine Traumfigur sein. Die Geschichte mit dem Sack?, mit Victoria? Auch das ist bereits fiktiv. Der Hund, den ich draußen sah?, auch nicht! Die Skizze!? Wo ist sie? Ich hatte sie vergessen einzustecken. Also auch geträumt? Die ganze Geschichte mit der Zeitreise – alles imaginär, eine Vision? Und das Seil? Es lag fein säuberlich zusammengelegt neben mir, so als ob es noch nie gebraucht worden wäre. Also, alles Quatsch! Oder? Selbst das Geschäft gab es nicht mehr. Meine Taschenlampe knipste ich an, um zu sehen, ob sich wieder etwas Energie in der Batterie gesammelt hatte. Sie strahlte, als wäre sie noch nie gebraucht worden - auch kein Hinweis. Das Brecheisen besaß kaum Schürfspuren, auch nix. Also, war das alles nur Einbildung? Victoria - mein Gott, was war das für ein hübsches Mädchen. Traum? – oder Wahnsinn?! Im Schein meiner Taschenlampe skizzierte ich schnell noch mal ein kleines Portrait von Victoria auf einen Zettel der Bäckerei und steckte es in eine meiner Mappen. Jetzt war die Erinnerung noch frisch.

Ich stand auf und versuchte umherzugehen, was innerhalb der zusammengestürzten Mauern fast unmöglich war, so ging ich dann raus. Mein Fahrrad war der erste Aspekt, nachzuschauen, ob es noch da war. Es war noch da. War das vielleicht ein Beweis? Es stammte angeblich aus einer anderen Zeit. Nicht aus dem fünfzehnten oder siebzehnten Jahrhundert, aber auch nicht aus meiner Zeit – angeblich! Ich hatte also nichts, was greifbar wäre. Na gut, ich fand mich damit ab.

Als ich wieder voll Unruhe auf meiner Luftmatratze saß, wollte ich noch etwas essen, aber außer ein paar Fertigsuppen gab es nichts in meinem Gepäck. So musste ich also wieder zum Bäcker und in das sonderbare Geschäft – da war doch die alte Frau! Auch

Fiktion!? Was soll's? Vergiss es, sagte ich zu mir. Ich schaute auf meine Uhr, doch die stand auf zehn Uhr, ich hatte sie vergessen aufzuziehen und stellte sie einfach auf eine Zeit, die mir logisch erschien. *Heute, in der Zeit, wo ich das schreibe, muss man sich nicht mehr um das Aufziehen einer Uhr kümmern.*

Es wurde langsam hell. Jetzt konnte ich nicht mehr abwarten, bis ich in die Stadt fahren würde, um einzukaufen, damit mal wieder etwas Anderes passiert. Der Morgen kam dann doch noch. Nach einer quälenden Nacht voller Ungeduld dämmerte er herauf. Ich packte alles zusammen, lud es auf mein Fahrrad, und als es meinem Zeitgefühl nach soweit war, dass ich dachte, dass jetzt die Geschäfte geöffnet hätten, fuhr ich los. Der Regen hatte aufgehört, und man konnte sogar die aufgehende Sonne drüben im Osten blitzen sehen. Warm war es und es machte richtig Spaß, die Luft an sich vorbeistreichen zu lassen. Das Fahrrad hatte zwar keine Übersetzungen, war aber sehr gut zu steuern trotz seines Vorbaus und den etwas kleineren Rädern.

Als ich in die Stadt kam schien bereits die Sonne, es zog ein warmer Wind durch die Straßen und brachte vom Hafen wieder den unverkennbaren Fischgeruch mit.

Heute weiß ich, dass man hier mit den „Silver Darlings", den eingepökelten Heringen handelte. Unzählige Fangboote drängten sich an den Kais, wo sich immer noch, vor allem seit dem Ersten Weltkrieg, Berge von Fässern mit den Fischen stapelten.

Ich bog in die Straße ein, wo mir schon das Schild BAKERY entgegenleuchtete. Hier erwartete ich wieder etwas Besonderes, irgendetwas, das mit meinem Aufenthalt hier zu tun hätte. Doch im Moment fiel mir noch nichts auf. Brot, Scones und Käsekuchen mit Früchten, was man bei uns nicht so kennt, und für mich unbekannte süße Teilchen ließ ich mir einpacken. Ich kaufte, als sollte ich eine Großfamilie damit sättigen. Es sollte mir eigentlich auffallen, dass es ungewöhnlich war, tat es aber nicht. So deckte ich mich noch ein mit allem, was ich für eine Fahrt zur Westküste benötigte, denn jetzt wollte ich hin, egal was auch passieren würde, jetzt ließ ich mich nicht mehr zurückhalten – so hatte ich es vor!

Mein Gepäckteil am Fahrrad war übervoll, als ich losfuhr. An der Straße, wo ich mich entscheiden musste, ob ich nach Süden fahren sollte an der Ostküste vorbei und später durch die Highlands oder nach Norden an der Küste vorbei nach Westen, Richtung Skye, schaute ich mal auf die Karte. Ich wählte den Weg nach Norden, zur äußersten Stelle von Schottland außer den Orkneys und Shetlands.

So fuhr ich die Strecke wieder zurück. Zwangsläufig kam ich an den Ruinen vorbei, die mich tagelang festgehalten hatten. Ich warf noch einen Blick auf die Trümmer und fuhr lächelnd vorüber. Nichts hätte mich jetzt aufgehalten. Ein Rinnsal, das aus dem dunkleren Bereich der moorigen Gegend kam, durchquerte den Weg und floss zum Meer. Das zerzauste

Gras lag in Büschel durcheinander, während ich darüber hinwegfuhr, und überall waren noch Pfützen vom letzten Regen. Ich war vorbei an den Ruinen!

Als ich ein kleines Stück weiter in der Einöde gefahren war, kam mir die Idee, zu den Leuten zu fahren, die mich vor ein paar Tagen beim Regen ins Haus gebeten hatten. Bestimmt würden sie jetzt auch frühstücken. Von weitem sah ich schon, dass sie draußen saßen. Sie winkten mir zu, und ich stellte mein Fahrrad an die Seite. Es fiel mir auf, dass etwas weiter weg ein dunkelrotes Auto mit einer Holzkarosserie abgestellt war. Schick! Bei der letzten Begegnung war es mir nicht aufgefallen. Vielleicht gehörte es den Nachbarn.

Eine Bank, ein Stuhl, ein Tisch. Hier saßen Menschen, die mit der Härte des Daseins umzugehen verstanden, mit wettergegerbten Gesichtern, die gewohnt waren, in die Weite zu schauen, auf das weite Meer, das sich oft sehr wild gebärden konnte. Die zurechtkommen mussten mit den flachen Mooren und gelbbraunen unfruchtbaren Gras-Ebenen, die hier in der Hauptsache die Landschaft prägten. Was hatten sie schon vom Leben?, dachte ich, doch dieses Leben, von dem man gefordert wurde wie hier, hatte ganz andere Gesichtszüge, ganz andere Ziele und Werte.

„Haben Sie schon gefrühstückt?", fragte ich in die Runde. „Nein, wir hatten es vor, wollten aber noch auf unsere Tochter warten. Sie wollte heute mal ausschlafen", dabei deutete der Mann auf das Haus. Die Frau,

die mich neulich hereingerufen hatte, bot mir gleich einen Platz an, nachdem ihr Mann noch einen Stuhl herbeigeschafft hatte. „Ich war beim Bäcker und habe eine Menge leckere Dinge mitgebracht, schon in dem Gedanken, dass ich hier vorbeikommen würde" - was ich noch dazu dichtete. Dann erzählte ich ein wenig über die letzten Tage, die ich in den Ruinen verbracht hätte, aber nur als eine harmlose Schilderung.

Als ich gerade dabei war, das Brot und das andere, was zu einem Frühstück gehört, auf den Tisch zu legen, kam auch die Tochter dazu. Es durchfuhr mich wie ein Blitz: ich kenne dieses hübsche Mädchen! Es war erst ein paar Stunden her, dass ich sie gesehen hatte – Victoria! Ich glaube, dass ich ziemlich dumm gewirkt haben musste, weil ich sie länger angestarrt hatte, als es die sogenannte Etikette verlangte. Sie hatte mir ein kaum vorstellbares, geradezu himmlisches Lächeln geschenkt und reichte mir die Hand: „Victoria", sagte sie gelassen und mir war, als würde ich mich gerade mit einem Engel unterhalten. Sie war der Victoria aus den Ruinen wie aus dem Gesicht geschnitten, wie man so schön sagt. Der gleiche Name!? Die gleiche Stimme! Der gleiche Ausdruck ihrer Augen. Dieses Strahlen …! Diese großen, göttlichen Augen - als würden sie ein Geheimnis bewahren. Wie oft hatte ich sie mir noch vor Tagen ins Gedächtnis gerufen? Alles raste an mir vorbei: Ich sah sie, als ich bis zum Bauch im Wasser stand, um den Sack zu öffnen, in ihrem Zimmer, wo sie mich mit einem unheimlich zwingenden Blick durchschaute, wie es mir vorkam. Soweit ich zurückdenken konnte, hatte mich noch kein Mensch so beeindruckt.

Ich konnte kaum wegsehen, so gebannt war ich von ihrer Ausstrahlung und ihrem Wesen. Die Sonne, an dem Morgen besonders hell, tat noch das Übrige. Ein Strahlen um ihre langen Haare ließ sie unwirklich erscheinen. Was war mit mir passiert? Außerdem zog ein leichter Veilchenduft an mir vorbei …!

Irgendwie verlegen packte ich das Brot und den Kuchen auf den Tisch. „Ich mach uns noch eine Kanne Tee", sagte Victoria und verschwand im Haus. Mein Herz schlug bis zum Hals. ‚Mann, reiß dich doch mal zusammen', dachte ich, was ist denn los?' Nun, das hier war etwas, das ich mir nicht erklären konnte. Irgendetwas beunruhigte mich in positivem Sinne. Ihre Nähe berührte meine Seele, und plötzlich war es mein Verlangen, hier zu bleiben. Skye war in weite Ferne gerückt. Es tat richtig gut, noch hier zu sein.

Dann sah ich ihn …! Mir blieb fast das Herz stehen. „Wolf" stand in der Tür. Es war der gleiche Hund wie der vom Castle: gleiche Größe, gleiche Farbe - oder war es derselbe? Er sah mich an, lange, ohne zu bellen oder aggressiv zu werden, auch, als ich auf ihn zuging. „Vorsicht, er sieht nur gutmütig aus", sagte der Vater von Victoria, als er mit ihm an der Leine aus dem Haus kam. Er lockerte die Leine, um zu prüfen, ob er vielleicht aggressiv werden könnte, wenn er in meiner Nähe wäre, so hatte ich den Eindruck. Als er zu mir kam, leckte er mir die Hand und schwänzelte. Ich fragte, wie er hieß. „Wir nannten ihn Wölfchen, als man ihn uns gebracht hatte." Der Vater von Victoria erzählte weiter: „So groß war er, mit riesigen Tatzen." Er zeigte mit den Händen ein kleines Maß. „Das habe ich auch noch nicht erlebt, dass er so zutraulich ist." Er schüttelte den Kopf. „Victoria, sieh mal dein Hund!". Sie kam gerade mit der Kanne Tee durch die Tür und sah zu mir. „Wölfchen" hatte seine Pfote auf mein Bein gelegt und schaute mich unentwegt an. „Was hast du denn mit ihm gemacht?, normaler Weise fällt er jeden an." Und weiter meinte sie, nachdem sie mich eine kurze Zeit ins Visier genommen hatte: „Irgendwie kommst du mir bekannt vor, aber das kann ja nicht sein, wo du aus Deutschland kommst, wie man am Akzent heraushört."

Konnte ich darüber reden, über das, was ich die letzten Tage erlebt hatte?, kaum. „Können wir mal sehen, was Sie die letzten Tage so gezeichnet haben, die Sie in den Ruinen ... eh ... verbracht hatten? Sie waren doch in den Ruinen, oder nicht?" Es war die Frau des Hauses, die wieder danach fragte. Nun, ich kam nicht drum herum, und so kramte ich eine Mappe mit den Skizzen hervor. Es war die, mit dem Bild von Victoria! Bevor ich die Mappe präsentierte, nahm ich die kleine Skizze heraus und steckte sie ein. Wer weiß, wie sie reagiert hätten.

Sie waren beeindruckt über die vielen unterschiedlichen Skizzen und Aquarelle, und es ergab sich eine allgemeine Begutachtung. Mit den Farbskizzen konnte keiner was anfangen. Für mich waren das allerdings die wichtigsten Skizzen, denn damit würden großformatige Bilder entstehen, die gleichzeitig die Grundlage bilden für die nächste Ausstellung im Spätherbst, von der ich mir viel versprach. Victoria interessierte in der Hauptsache die vielen Detail-Zeichnungen. „Würdest du mich auch zeichnen?" Die Frage von Victoria kam mir bekannt vor. Wie oft wurde ich schon gefragt, ob ich irgendjemand malen oder zeichnen könnte, sie selbst, irgendein Tier, das in der Familie lebt, oder auch die Kinder.

„Natürlich", antwortete ich darauf und war bedacht, nicht überheblich zu klingen. „Es wäre eine meiner leichtesten Aufgaben." Das war allerdings überheblich! Aber, Porträtzeichnen war halt eine einfache Sache, doch Victoria …? „Ich hätte gerne, dass du es vielleicht gleich nach dem Frühstück machst." Irgendwie schien sie Wert darauf zu legen. „Kein Problem", gab ich ihr zu verstehen. „Aber versucht doch zuerst mal den Kuchen, den ich mitgebracht habe. Ich war gerade beim Bäcker." „Wirklich toll, wie selbstgemacht", lenkte dann die Mutter ab.

Während des Frühstücks ergaben sich allgemeine Gespräche über ihre Familie, in die ich nicht einbezogen wurde, was verständlich war. Dann fragte man mich Dinge, die meine Lebenssituation betrafen und über familiäre Zusammenhänge. Ich erzählte davon, wie man als Maler nicht nur die Kurve bekam im Leben, sondern ein gutes und natürlich interessantes Leben führen kann. Dass mein Vater im Krieg in Russland gefallen sei, und dass ich mit meiner Mutter in einem schönen Haus mit einem tollen Atelier zusammengelebt hätte bis zu ihrem plötzlichen Tod. Es blieb bei einer groben Darstellung. Man schien zufrieden zu sein mit dem, was ich erzählte.

„Darf ich fragen, was du so machst, Victoria?" Als hätte sie darauf gewartet, kam die Antwort: „Ich arbeite bei einem Reisebüro und als Reisebegleiterin in Thurso, fast am Ende von Schottland, ganz oben. Eigentlich nur ein paar Kilometer weiter von hier." Sie zeigte über die braune Graswüste in eine undefinierbare Richtung.. „Dann kennst du ja Schottland wie kaum ein anderer." „Nun ja, ich war schon fast überall. Es ist ein toller Beruf. Das mach ich schon seit acht Jahren."

Ich fragte mich gerade, was wir für einen Tag hätten. In dem ganzen Tumult ging es unter, was wir gerade für einen Wochentag hatten. War es Montag? Oder vielleicht sogar Freitag? Sonntag konnte es nicht sein, denn die Geschäfte hatten geöffnet. „Und warum bist du heute hier? Hast du Urlaub?" „Nein, das Wochenende war hart, und heute und morgen habe ich frei. Urlaub habe ich erst ab nächsten Samstag." Also war es Montag. „Ich bin schnell von dort oben mit dem Auto hier. Nicht ganz 'ne Stunde." So fragte ich mich, wie ich es anstellen könnte, hier zu bleiben. „Was haben Sie jetzt vor, die nächsten Tage?" Die Frage der

Mutter von Victoria kam eigentlich unpassend, denn ich hatte jetzt noch keine klare Vorstellung, wie es weitergehen sollte. „Eigentlich wollte ich mit dem Rad", ich zeigte auf das schwarze Monster, „zur Insel Skye radeln, aber ich glaube, dass es zu beschwerlich sein könnte. Es sind bestimmt über zweihundert Kilometer, die ich auch zum Teil in den Highlands zurücklegen müsste. Und ich weiß nicht, ob ich noch so viel Zeit hier in Schottland verbringen könnte. Diese und die nächste Woche werde ich noch hier bleiben, dann muss ich noch wichtige Arbeiten im Atelier fertig machen. Ich habe da noch jemand an der Hand, für den ich immer eine Reihe von Bilder anfertigen müsste. Außerdem noch einige ganz besondere Gemälde für verschiedene andere Händler. Also, was sollte ich jetzt machen?"

Ich hatte bereits das Interesse verloren, mit dem Rad die ganze Tour zu machen. Gestern war das noch anders. Sollte ich also nur in der Nähe bleiben? Natürlich könnte ich auch mit der Bahn fahren, was außerdem noch ein besonderes Erlebnis wäre. Sie fährt bis Kyle of Lochalsh, zu der Meeresenge zwischen Skye und dem Festland. Aber, … „Wenn du auf deine Radtour verzichten könntest, dann hätte ich eine Idee", fuhr Victoria zwischen meine Gedanken. „Wenn ich morgen Abend wieder nach Thurso fahre, dann könnte ich dich mitnehmen. Auf der Strecke komme ich immer am Loch Watten vorbei. Es wäre eine schöne Abwechslung gegen diese hier, wenn ich was dazu sagen dürfte. Dort könntest du dich ein paar Tage aufhalten, bis ich wieder am Wochenende zurückfahre." Ich war platt! Was brachte Victoria dazu, so zu denken, oder müsste man sagen, so zu fühlen? „Ich wollte dir aber noch sagen, es ist eine einsame Gegend, vielleicht ist es doch nicht ganz deine Sache. Ruinen gibt es dort nicht."

Ich liebte die Einsamkeit. Ideal, dachte ich, ungestört zu malen. Dann hatte ich noch eine Idee: „Wann können wir los? Wie wäre es, wenn ich die paar Tage „Wölfchen" mitnehmen würde?" Zuerst waren alle still. Vielleicht war ich zu forsch. „Ich glaube, wir hätten nichts dagegen", meinte dann der Vater von Victoria, um die Stille zu unterbrechen. „Na klar", meldete sich auch Victoria. Die Mutter meinte, dass man an sein Futter denken sollte. Ich war hin und her gerissen. Was für eine Wendung! „Wir hatten auch einen Hund, einen Boxer." Mir wurde es plötzlich eng ums Herz, als ich an ihn dachte. „Meine Mutter fand ihn damals, als ich acht Jahre alt war, halb verhungert in den Bombentrümmern. Wir mussten ihn einschläfern lassen, er hatte etwas mit den Nieren."

Als Victoria ins Haus ging, um nach dem Toast zu sehen, erklärte ich den Eltern, dass ich nicht die Absicht hätte, mich eventuell in eine vielleicht bestehende Freundschaft einzumischen. „Sie hatte einen Freund, der zog aber dann plötzlich nach London – mit einem anderen Mädchen. Das ist jetzt vielleicht ein Jahr her. Ob sie einen neuen Freund hat, weiß ich nicht." Victorias Mutter erzählte freimütig über die

Vergangenheit ihrer Tochter. Der Vater räusperte sich ab und zu, doch sie achtete nicht darauf, so, als ob es wichtig sei, mir das mitzuteilen. Das war es allerdings!

Victoria brachte den Toast und meinte: „Wie war's denn in den Ruinen? Hast du dort übernachtet? Dort spukt's doch, hab ich gehört." Sie lächelte. „Vielleicht regen sich die Geister der ehemaligen Bewohner", sagte ich etwas überzeugend. „Von Spuk hatte ich nichts gemerkt. Jedoch hatte ich Kontakt zu den Besitzern, sie hatten mich eingeladen und ich ließ es mir gut gehen. Ganz fantastisch." Hier hatte ich übertrieben. Es sollte witzig klingen, doch alle sahen mich an, als ob ich von einem anderen Stern käme. Sie sahen, dass ich jetzt auch verdutzt in die Runde sah, und Victorias Vater sagte etwas kleinlaut: „Es gab schon mal jemand, der Ähnliches erzählte. Er ist am Ende verrückt geworden – hat man erzählt."

Was sie wohl sagen würden, wenn ich das alles erzählte, was ich wirklich erlebt hatte? Es wäre jetzt wohl der ungeeignetste Zeitpunkt überhaupt. „Ich bin nicht ängstlich, im Gegenteil, ich mag diese unheimlichen Dinge. Vielleicht habe ich auch etwas übertrieben, aber, da war was."

Damit wollte ich es auf sich beruhen lassen und lenkte sie ab, indem ich nach Marmelade fragte. Sofort reichte man mir das Glas mit Brombeermarmelade. „Sie ist von meiner Nachbarin", dabei zeigte sie auf das nächste Cottage. „Eigentlich gibt es bei uns keine Brombeeren, nur weiter unten." Victorias Vater erwähnte, dass er vielleicht noch mal mit dem Boot rausfahren wollte, er wüsste es aber noch nicht genau, da ganz hinten über der See eine dunkle Wolke aufzog. Doch, wenn nicht, dann wären die nächsten zwei Tage auch verschenkt, meinte er. Was er auch immer darunter verstand - man hatte jetzt ein anderes Thema.

Als alle den Frühstückstisch aufräumten, überlegte ich, was ich jetzt wohl machen sollte. Die Gespräche während des Frühstücks hatten schon so etwas Persönliches, als würde man sich schon ewig kennen. Doch wollte ich im Moment nicht auf dieser Welle weitermachen. Ich nahm meine Taschen und machte Anstalten, sie aufs Rad zu laden.

Dann fragte plötzlich jemand hinter mir: „Was hast du jetzt vor? Wolltest du nicht eine Skizze von mir machen?" Ich hatte es schon vergessen - oder so. Vielleicht lag es daran, dass ich glaubte, zu aufdringlich zu wirken und wollte nur noch schnell weg. Die Gespräche machten mich stutzig. Obwohl sich in mir ein Gefühl regte, das mir signalisierte, Victoria nie mehr zu verlassen. Gibt es so etwas, dass man sich gerade erst kennen gelernt hatte und schon ein solch familiäres Gespür entwickelte?

„Ich hatte das Gefühl, Victoria, dass ich unverhofft in eure Familie geplatzt bin und eine Situation hervorgerufen habe, die vielleicht zu heftig für ein Frühstück mit Fremden war. Du musst wissen, dass ich in letzter Zeit Erlebnisse hatte, die heute als Déjà-vu wieder vor mir erschienen. Dabei spielst du eine entscheidende Rolle. Eigentlich habe ich ein unheimliches Gefühl in mir, das mir sagt, dass ich nie mehr von dir gehen sollte. Es ist so gigantisch, dass ich darüber erschrecke. Ich kann mich dem nicht erwehren, deshalb wollte ich weg, schnell. Wenn sich die Gelegenheit bietet, dann werde ich dir alles erzählen. Vielleicht stehe ich jetzt als Idiot da, weil ich mich mit diesen Worten bereits zu weit vorgewagt habe. Was würden deine Eltern dazusagen?" Ich zerrte etwas ungestüm meine Mappe und die Stifte aus meinem Gepäck und wollte dann wieder vors Haus gehen, da hier besseres Licht vorherrschte. Doch dann kam Victoria auf mich zu und drückte mir einen Kuss auf die Wange. Das machte die Sache für den Moment nicht besser. Es verwirrte mich total. Veilchenduft …!

Ihr Portrait zu zeichnen war eigentlich ein Kinderspiel, aber was mir zu schaffen machte war, dass ich sie immer wieder ansehen musste. Einerseits ein göttliches Geschenk, andererseits weckte es in mir alle Fasern der Liebe und ich wollte mich immer wieder ablenken. Am liebsten hätte ich sie geknuddelt.

Das Ergebnis meiner „Arbeit" konnte sich sehen lassen. Victoria war begeistert, sie konnte gar nicht oft genug erklären, wie gut es ihr gefällt. Auch ihre Eltern, die mir zuschauten, und wahrscheinlich noch nie erlebt hatten, wie ein Bild entsteht, konnten nicht fassen, dass man so etwas einfach so daher zauberte. Für normale Menschen ist es immer wieder wie ein Wunder und natürlich unverständlich, wie das überhaupt funktionieren konnte.

Mein Entschluss hing immer noch in der Luft, was sollte ich tun? „Ich habe vor, noch mal mit dem Boot rauszufahren. Hättest du Lust mitzufahren?" Der Vater von Victoria stand neben mir und nahm mir die Entscheidung ab, wegzufahren. Also hierbleiben hieß die Devise.

Ich hatte überhaupt keine Ahnung, wie das „Rausfahren" ablaufen könnte. Einmal war ich mit einem Ruderboot und einem Freund auf einem stillen See unterwegs für eine bezahlte halbe Stunde. Das waren meine Erfahrungen! Aber reizen würde es mich schon: „Ja, natürlich. Ich würde mich freuen." Es war etwas übertrieben, aber ich hätte sowieso nichts mit seiner Arbeit zu tun, und somit nur Zuschauer und Gast. Doch konnte ich nicht ahnen, dass alles anders käme.

„Hier vorne das blaue Boot", er zeigte in die Richtung, wo drei Boote lagen, „kannst schon mal hingehen, ich hole noch die Reusen und ...", den Rest verstand ich nicht. Er ging weg und ich bemerkte, dass er leicht beim Gehen mit dem rechten Bein einknickte. Nun, er war auch nicht mehr ganz neu. Meine Sachen hatte ich verstaut auf dem Fahrrad, wasserdicht und so, dass es den Anschein hatte, als ob ich doch wegwollte – nach dem Fischfang.

Mit einem kleinen Karren brachte er Netze, kleine Bojen und Seile zum Boot. „Wir haben Flut, da lässt sich das Boot besser zu Wasser bringen. Komm, wir schieben es runter." Er löste den Strick vom Pfosten und dann drückten wir das schwere Boot vom Kiesstrand ins Wasser. Es waren nur ein oder zwei Meter, bis das Wasser vollständig unter dem Boot war, doch ich war danach schon völlig ausgepumpt. Er warf alles ins Boot, und dann gab er mir einen Wink einzusteigen. Mit dem rechten Bein hatte er Schwierigkeiten, auch beim Einsteigen, doch ließ er es mich kaum merken.

Irgendwie hatte ich Angst vor den großen Paddeln, oder wie sich die Dinger nannten. „Setz dich hier her, neben mich, damit wir schneller draußen sind." Ich kam also nicht davon und musste mitrudern. Wir waren schon etwas abgetrieben und legten uns dann aber in die „Riemen".

Ich gab mein Bestes, aber Victorias Vater war weit gewandter beim Rudern. Was wusste ich schon vom Rudern. So wusste ich auch nicht, ob viel oder wenig Wiederstand am Paddel sein sollte, um das Optimale an Geschwindigkeit herauszuholen, und bald hatte ich keine Kraft mehr und ließ mich fast nur treiben. „Wir rudern im Kreis, wenn du nicht mitmachst." Er sah mich an: „Machen wir eine kleine Pause, dann haben wir es auch schon bald geschafft." Ich war froh, aber wo wollte er hin? Als ich mich umdrehte, was vorher kaum möglich war, sah ich hier in der Nähe einige größere und kleinere Klippen aus dem Wasser ragen.

Was ich allerdings nicht wahrgenommen hatte die ganze Zeit, war das Wetter. Für mich war es gleich geblieben seit wir weggerudert waren. Aber mein Begleiter schaute zum Himmel und meinte: „Es fängt gleich an." Womit er bestimmt den Regen meinte – dachte ich! Die schwarze Wolke hatte bereits den halben Himmel überzogen. Am Rand waren viele dunkelgraue, kleine Wölkchen ausgebeult, und dahinter hatte der Himmel eine gelbliche Farbe, die sich fast bis zum Horizont ausbreitete. Davor war der Himmel wie leergefegt und dunkelblau. „Das hat nichts Gutes zu bedeuten." Sein Daumen zeigte nach oben. „Wenn wir uns beeilen, dann schaffen wir es noch. Hier ist das Wasser nicht sehr tief – vielleicht zehn Meter. Und deshalb habe ich hier Reusen ausgebracht. Die werden wir hochholen."

Er stand auf, und mit einer merkwürdigen Stange fuchtelte er an einem kleinen Felsstück herum und gleich darauf zog er die erste Reuse aus dem Wasser. Es sah aus wie große Krebse, was da drin gefangen war. Er lächelte. Ab in die Bütte und wieder weg ins Wasser mit der Reuse. Die nächste: wieder zwei dieser Krebse. Insgesamt waren es fünf von diesen Riesenkrebsen. „Toller Fang. Es war doch gut, dass ich noch mal rausgefahren bin. Hier ist ein gutes Fanggebiet. Einen Anker werde ich aber nicht auswerfen, weil wir gleich wieder hier verschwinden" Nach kurzer Pause meinte er: „Aber ich werde noch das kleine Netz aussetzen – nur für den eigenen Bedarf." Kaum gesagt, schon hatte er das Netz herausgezogen und ins Wasser gehängt. Ich dachte immer, dass man Netze auswerfen müsste, aber er hängte es an die Boje und ließ das Netz durch die Hand laufen ins Wasser. Es waren nur einige Meter. Er ruderte jetzt alleine im Kreis, um am Ende es wieder herauszunehmen. „Makrelen sind lecker, und wenn's nur ein paar sind. Hilf mir doch mal, das Netz wieder hochzuziehen."

Dann begann das Unheil! Eine heftige Böe ließ das Boot heftig schwanken und trieb es einige Meter weiter. Über uns war es inzwischen dunkel geworden. Dann kam die nächste Böe, die so heftig übers Wasser flog, dass das Boot halb kippte. Mein Begleiter hatte nicht damit gerechnet und flog mit einem Satz ins Wasser, das jetzt inzwischen auch eher die Farbe von Tinte angenommen hatte. Als ich ins Wasser schaute, wurde mir leicht schwindelig von dem hastigen Hin- und Herströmen der See.

Im Nu war er weggetrieben und konnte das Boot nicht mehr erreichen. Was tun? Reinspringen hätte den Tod von uns beiden gefordert, da das Boot weggetrieben wäre. Also schnell …! Das Herz schlug mir bis zum Hals. Ich warf ihm eine von den kleinen Bojen zu, doch er fasste sie nicht, da er zu beschäftigt war mit dem Überwasserbleiben. So fasste ich schnell das Seil des Netzes, das am Sitz befestigt war und rief: „Ich komme." Dann war ich im Wasser. Schwimmen hatte mir noch wenig Schwierigkeiten gemacht; ich war schon immer eine Wasserratte. Doch das hier war auch noch eiskalt dazu. Schnell war ich bei ihm. Er schrie und zappelte, als ob er nicht schwimmen könnte. Von hinten schwamm ich an ihn heran, griff unter seine Arme und versuchte ihn zum Boot zu ziehen. Doch er strampelte und schlenkerte die Arme, um sich irgendwo bei mir festzuhalten. Eigentlich ein Zeichen für Nichtschwimmer, doch er war doch Fischer, da kann doch jeder schwimmen, oder?

Inzwischen blitzte und krachte es fürchterlich über uns, und der Sturm gab sein Bestes. Wie in einer gigantischen Wut fegte er über die von Wellen gepeitschte See. Auch weit draußen hörte man das Tosen wie bei einer Brandung gegen eine Felswand. Es regnete fürchterlich, und der Sturm jagte die Gischt zu uns, so dass man kaum atmen konnte, und sehen konnte man auch nur die nächsten paar Meter. Dann wurde ich auf einen Zacken der hier aufragenden Riffe geschleudert und konnte kaum noch den Vater von Victoria halten, so schmerzte mir der Rücken. Mir schwanden langsam die Sinne. Ich konnte das Boot nicht mit dem Strick herziehen, so zappelte er, doch mit der nächsten Böe trieb das Boot auf uns zu und drohte ebenfalls auf die Klippen zu schlagen. Doch zwischen Boot und Klippe waren wir! Die nächsten Prellungen und ein furchtbarer Schlag ... Schnell griff ich zur Kante: „Dreh dich um und greif' zum Boot", schrie ich in das gurgelnde Geräusch. Und ich fühlte schon ein leises Unbehagen in der Magengegend.

Während ich die Übelkeit verdrängte, schob ich ihn zum Boot und hielt ihn, bis er sich mit dem Arm an der Bootskante festklammerte. Dann den nächsten Arm. Ich drückte ihn mit einem Ruck ins Boot, während ich mich für einen kurzen Moment mit dem Bein an dem Riff abstützte, um mich dann mit einem Schwung selbst ins Boot fallen zu lassen.

Wir lagen im Boot, das wild auf den Wellen tanzte und ab und zu an einen Riffzacken stieß und waren zu erschöpft, um gleich weiter zu rudern. Außerdem waren wir nicht in der Gemütsverfassung uns einfach festzuhalten an irgendetwas und schlugen im Boot hin und her. Erst später hielt ich mich an dem Bottich fest, der noch in der Mitte des Bootes wie angeschraubt zwischen den anderen Geräten stand. Wir lebten noch. Dann musste ich mich übergeben und hing wie ein halbeingezogenes Netz über Bord. Elend war's mir, das Atmen fiel mir schwer und die Rippen schmerzten fürchterlich. Doch das Jammern half nichts, wir mussten noch zurück. Aber, wie es aussah, konnte mein Begleiter nicht rudern, dazu war er nicht in der Lage. Er lag auf dem Boden und hielt sich krampfhaft an dem Klumpen von Netzen fest und stöhnte. Vielleicht hatte er zu viel Wasser geschluckt. Wie ich sah, war er der Ohnmacht nahe.

Also musste ich ran. Mein Gott, mit was hatte ich das verdient. Das Schlimme war, dass ich nicht wusste und auch nicht sah, wo ich hin musste. Nur ab und zu riss der Schleier von Gischt auf und dann erkannte ich schemenhaft weit weg das Ufer, und auch den Himmel hinter der schwarzen Wolke, der dort wieder in einem wolkenlosen, blauen Zustand war. Ich warf mich in die Riemen und versuchte so gut es ging mit den riesigen Paddeln fertig zu werden. Zeitweise hatte ich den Eindruck, dass ich nicht von der Stelle kam. Als ich die, meiner Meinung nach richtige Richtung eingeschlagen hatte, legte sich auch langsam der Sturm. Weit hinten sah ich bereits wieder die Sonne auf dem Wasser glänzen.

Ich wusste zeitweise nicht wohin vor Schmerzen, doch ging es mir besser als dem Vater von Victoria. Er bewegte sich kaum und stöhnte nur noch. Vielleicht hatte er etwas, von dem ich nichts wusste oder ahnte. Nur noch ein kurzes Stück und ich war am Ufer angekommen, allerdings etwas weiter unterhalb der Häuser. Also wieder ein Stück zurück. Erst jetzt merkte ich, dass das Netz noch am Boot hing. Es hatte mich bestimmt stark gehemmt beim Rudern. Außerdem wusste ich nicht, ob das Netz an Land gezogen oder ob es eingeholt werden sollt. Es spielte jetzt auch keine Rolle mehr, und ich ließ es einfach an den kleinen Bojen hängen. Ich war vollkommen ausgepumpt und dachte nicht, dass ich noch mal aussteigen könnte, doch diese Überlegung wurde mir abgenommen. „Hallo, mein Gott, wo bleibt ihr denn bei diesem Wetter?" Victoria rief schon von weitem. Sie rannte mit ihrer Mutter in unsere Richtung, wobei sie nichts Gutes ahnten, da sie meinen Begleiter, der noch auf dem Boden lag, nicht sehen konnten. „Wo ist Papa?", rief sie erschreckt herüber. Als sie uns erreichten war der Schreck noch größer, wo sie ihn auf dem Boden liegen sahen. Das Boot dümpelte noch hin und her, als Victoria ins Boot sprang und ihren Vater sah. „Was ist mit ihm? Konntest du ihm nicht helfen? Lässt ihn einfach liegen. Willst du nicht mal aufstehen und wenigstens mir helfen ihn aus dem Boot zu heben? Dann kannst du dich ja wieder setzen." Ich stand auf und die Luft blieb mir weg durch die Schmerzen an meinen Rippen, trotzdem half ich noch ihren Vater aus dem Boot zu schaffen, als er wieder etwas aus seiner Ohnmacht erwachte. Beide Frauen stützten und schleppten ihn mehr oder weniger zum Haus. Ich bekam kaum noch Luft, und mir wurde schwindelig, dann spürte ich nur noch, dass ich mit dem Kopf irgendwo anschlug.

Ich weiß nicht wie lange ich hier im Boot lag, als ich wieder zu mir kam. Jetzt schmerzte auch noch der Kopf, mit dem ich bestimmt auf die Kannte des Bottichs aufgeschlagen war. Ich fuhr mir mit der Hand durchs Gesicht und sie war voller Blut. Unter Schmerzen stand ich auf und stieg ins Wasser. Um die Krebse musste ich mich nicht kümmern, die waren in dem Bottich, in dem sich noch genug Wasser befand. Es war unmöglich, das Boot an Land zu ziehen. So nahm ich einen Strick und verlängerte die Halterung, warf die Schlinge über den Pfosten, an dem es auch anfänglich angebunden war und ging zu meinem Fahrrad, stieg auf und fuhr weg. Diese Wendung hätte ich nicht geahnt - dieses Beschimpfen kannte ich nicht. Jetzt nichts wie weg, wo man mich sowieso nicht haben wollte. Als ich ein Stück unter qualvollen Schmerzen geradelt war, wurde mir wieder schwarz vor Augen.

Ich konnte noch anhalten, warf mein Rad zur Seite, ging in die Knie und fiel aufs Gesicht. Dabei spürte ich noch das nasse Gras im Gesicht und empfand den Geruch von Moder eher angenehm. Dann war ich in einem Traum.

So jedenfalls, kam es mir vor, als ich die Augen öffnete. Ich lag in einem Bett mit rosa Bezug und tausend Blümchen. Es war ein kleines Zimmer, alles war weiß gestrichen, Decke, Wände. Der Vorhang am kleinen Fenster war ebenfalls rosa mit Blümchen. Als ich mich aufsetzen wollte, wurde ich heftig durch Schmerzen an den Vorfall erinnert, der dazu führte, dass ich überhaupt hier im Bett lag. Ich sah an mir hinunter und wollte nach der Stelle fühlen, die schmerzte. So entdeckte ich, dass ich nackt war bis auf die Unterhose – aber es war nicht meine! Wer hatte mich ausgezogen? Außerdem hatte ich einen harten Verband um den Bauch und an der Stirn fühlte ich ein großes Pflaster.

Das Bett stand in der Ecke und ein Regal darüber hielt Romane zum Lesen bereit. Ein Kleiderschrank und ein Stuhl, eine Kommode mit Spiegel und Schmink-Utensilien. Daneben ein kleines Bild von der Toskana. Neben mir ein kleiner Tisch und ein Sessel und... eine Gitarre!

Gerade, als ich versuchte aufzustehen, um sie mir anzusehen, ging die Tür auf, und die Mutter von Victoria kam herein. „Was macht unser Patient? Sie haben lange geschlafen." Sie schaute aus dem Fenster und schilderte dann, wie ich hierherkam. „Der Arzt hatte Sie gefunden, als er zu uns wollte, wo er bei meinem Mann dann das Nötigste veranlasst hatte. Er brachte Sie hier zu uns." Eine kleine Pause: „Übrigens, Ihre Kleider waren gestern noch in der Waschmaschine und hängen seit dem draußen auf der Leine, aber es trocknet schlecht. Der Arzt sagte etwas davon, dass zwei Rippen gebrochen seien und dass Sie eine tiefe Wunde an der Stirn hätten. Doch in ein paar Tagen sei wieder alles beim Alten." Sie lächelte und sah mich gutmütig an.

Ich hatte Victoria erwartet, aber bestimmt war sie noch so voll Ärger, dass sie nicht ... „Victoria ist im Krankenhaus bei ihrem Vater. Er hatte einen Herzinfarkt. Schon seit Jahren nahm er Tabletten. Gestern hatte er sie vergessen einzunehmen bevor er mit dem Boot rausfuhr." Sie wendete sich leicht ab und sagte dann etwas leiser: „Ich möchte mich bei Ihnen bedanken dafür, dass Sie ihm geholfen hatten im Wasser. Er hat mir alles erzählt. Danke nochmals." Sie sah mir fest in die Augen, dann gab sie sich einen Ruck: „So, was möchten Sie essen? Ich möchte Ihnen etwas Leckeres machen. Sie haben seit gestern nichts mehr gegessen, also, was möchten Sie?" Ich gab ihr einige Vorschläge mit und sie ging raus zur Küche: „Darf ich mal nach der Gitarre sehen?", rief ich ihr noch. Sie kam zurück und meinte nur: „Selbstverständlich, wieso nicht? Sie steht hier schon seit Jahren und keiner spielt darauf." Dann schloss sie die Tür zur

Küche, die gleich nebenan war. Mühsam stand ich auf und holte die Gitarre ins Bett. Sie war total verstimmt, ein Zeichen dafür, dass sie nur als Dekoration hier stand. Das sollte aber keine Schwierigkeit sein. Kurze Zeit später spielte ich mal wieder auf einer Gitarre. Göttlich, der Klang. Es faszinierte mich schon immer, wenn ich eine Gitarre hörte.

Ich war so vertieft ins Spielen, dass ich nicht merkte, wie jemand ins Zimmer kam. Ein Klatschen verriet mir, dass jemand mitgehört und ihm die Musik gefallen hatte. Ich schaute auf und Victoria stand im Zimmer. Ich war perplex. Sie lächelte und kam auf mich zu. „Toll. Endlich kommt sie mal zur Geltung." Sie nahm mir die Gitarre aus der Hand und kniete sich mit einem Bein aufs Bett. „Papa hatte mir erzählt, was sich draußen abgespielt hatte. Alle Achtung, wie hast du das geschafft?" Sie wendete den Kopf etwas ab und sagte kleinlaut: „Verzeih mir. Ich war gestern nicht grad höflich zu dir. Ich bin schon eine blöde Kuh." Sie nahm meine Hand und flüsterte leise: „Es ist schon merkwürdig und ich kann es mir nicht erklären. Das hab ich noch nie erlebt. Wir kennen uns erst seit gestern, aber ich habe das Gefühl, dass wir uns schon seit ewigen Zeiten kennen." Sie schaute mich an, als würde sie gerade in mich hineinschlüpfen und mir wurde es ganz anders. Ich empfand ja das Gleiche, aber konnte ich ihr das sagen? Ich ließ sie reden. Doch sie redete nicht, sondern beugte sich vor und gab mir einen Kuss auf den Mund. Jetzt war ich total verwirrt. Sie legte sich auf mich und küsste leidenschaftlich. Ich streichelte sie und fuhr ihr durch die Haare. Heiß spürte ich ihre Haut und Atem auf meiner Wange, und für einen Augenblick schloss ich fest meine Arme um sie. Sie fühlte sich gut an. Ich glaube, es wäre mehr passiert trotz Schmerzen, wenn sich nicht jemand an der Tür zu schaffen gemacht hätte. Victoria sprang aus dem Bett und richtete sich ihre langen Haare.

Die Tür ging auf und herein kam Wölfchen. „Er macht sich immer selbst die Türen auf. Auch die Haustür. Neulich war er einen ganzen Tag verschwunden. Wir hatten ihn überall gesucht, aber dann stand er irgendwann wieder klatschnass in der Küche. Sonderbarer Hund."

War er es, den ich sah auf der Wiese? Irgendwann würde ich die ganze Sache erzählen, das nahm ich mir vor. Vielleicht hatte auch sie Erlebnisse, die sie nicht mitteilen konnte. „Was willst du, Zottel, hättest du nicht noch warten können?" Sie kraulte ihn am Kopf und er schloss die Augen. Scheinbar ein altbekannter Ritus. Dann sah er zu mir und kam ganz nah, und sah mir in die Augen. Das ist etwas, das habe ich bisher nur selten erlebt, dass man einem Hund starr in die Augen sehen konnte, ohne, dass er wegsah. „Er weiß, dass er nicht ins Bett darf. Wenn er dich stört, dann schick ihn raus." Sie ging zur Tür, drehte sich noch mal um und flüsterte in meine Richtung: „Ich liebe dich." Dann war sie draußen und man hörte sie mit ihrer Mutter reden und lachen. Ich war nicht in der Lage, das alles so schnell wie möglich in eine geordnete Situation zu bringen. Gestern noch hatte sie mich ausgeschimpft und heute sagte sie, dass sie mich lieben würde. Was für ein Umschwung. Für meinen Charakter ein bisschen zu schnell, doch für sie scheinbar normal. Von null auf hundert und zurück in Sekunden, das schafft nur eine Victoria.

Es ist schon eine Weile her, dass man diese Worte zu mir gesagt hatte. Meine letzte Freundin war es. Und ich hatte mich darauf verlassen, dass sie es nur zu mir sagen würde, aber ich hörte dann, dass sie es auch noch zu anderen sagte, ohne dass sie es auch wirklich so meinte. Ich kann mich noch an diesen fürchterlichen Moment der Erkenntnis erinnern. Doch seit dieser Zeit war ich vorsichtig, wenn es jemand zu mir sagte. Wie war es aber jetzt? War es ehrlich gemeint oder nur aus einer netten Situation heraus, also eine Gefühlsduselei? Zumindest war mein Gefühl echt. Ich mochte sie, und ich bin mir sicher, dass ich noch nie die Liebe so empfunden hatte wie eben. Wohlgemerkt, die Liebe! Das andere war schon selbstverständlich mit dabei, doch das war im Moment nicht ausschlaggebend.

Wölfchen hatte sich vors Bett gelegt und wartete ab, bis ich wieder aufstehen würde. Das könnte dauern, dachte ich. Doch, wie lange sollte ich hier aushalten? Und …, was ist, wenn ich wieder heimfahre? Mein Gott, was geschieht dann mit uns, mit ihr? Diese und die nächste Woche hatte ich noch in den Schottlandbesuch eingeplant, dann musste ich aber wieder zurück. Was dann? Mir wurde es ungemütlich im Bett. Vor allem, wie lange noch im Bett? Vielleicht sollte ich aufstehen, heilen würde es doch auch, wenn ich nicht im Bett läge. Victoria hatte doch den Vorschlag gemacht, dass ich mitfahren könnte zu einem See, der auf der Strecke liegt, wenn sie zur Arbeit muss. Kann ich jetzt nicht mehr dort hin, weil die Rippen erst verheilt sein müssen? Dann läge ich ja noch einige Tage hier an einer gottverlassenen Stelle am Ende von Schottland in einem Bett, das nicht mal mir gehörte und in einer Wohnung von und mit fremden Leuten zusammen. Wollte ich das? Wann fährt Victoria wieder zur Arbeit? Heute Abend oder morgen früh? Könnte ich denn überhaupt allein sein mit einem Zelt irgendwo in der Wildnis mit diesen Malessen?

Was hatten wir überhaupt für eine Zeit, war es Mittag oder Abend? Selbst meine Uhr hatte man mir ausgezogen. Die Tür ging auf und die Mutter von Victoria kam herein und brachte ein Tablett mit Teller und etwas Dampfendem. Es roch sehr lecker, als sie es auf den kleinen Tisch stellte. „Heute Nachmittag müssten Sie mal zwei Stunden allein sein. Wir wollten noch mal zu meinem Mann ins Krankenhaus. Morgen habe ich kein Auto mehr, dann ist Victoria wieder weg. Können wir Sie allein lassen?" Sie wartete etwas: „Nun, Wölfchen ist ja bei Ihnen." Als sie zur Tür ging: „Guten Appetit!" Kurze Zeit später kam sie wieder und legte mir meine Kleider aufs Bett: „Sie sind inzwischen trocken. Für den Fall, dass Sie spazieren gehen möchten." Lachend ging sie raus.

Ich hörte, dass sie wegfuhren. Victoria war nicht nochmals hier bei mir gewesen. Vielleicht wollte sie ihrer Mutter nicht einen Anlass geben zu grübeln. Wie auch immer, ich dachte darüber nach aufzustehen, um zu testen, wie weit es noch beim normalen Verhalten schmerzen und stören könnte.

Ich setzte mich auf die Bettkante, und Wölfchen dachte, dass ich jetzt aufstehen würde – er lief zur Tür. Doch ich nahm die Gitarre und spielte alles vergessend wie hypnotisiert. Dabei spürte ich, dass sich etwas tat in mir. Mein Gemüt wurde entspannter, und ich sah mein Leben plötzlich aus einer anderen Position. Ich hatte eigentlich immer vor Augen: was wäre wenn! Aber, vielleicht sollte ich mal alles gelassener sehen. Könnte das überhaupt funktionieren? Würde ich dabei nicht am Charakter herumbasteln? Zumindest wollte ich mehr Ausgeglichenheit. Obwohl ich als Maler schon sehr, wie es mir schien, in dieser Richtung mein Leben erlebte. Könnte zu viel Gelassenheit auch schaden? War das überhaupt zurzeit wichtig? Ich ließ diese philosophischen Gedanken fürs erste Mal außer Acht, damit könnte ich mich auch später auseinandersetzen.

Am Fenster bemerkte ich plötzlich den Schatten einer kleinen Person, die dort vorbeiging. Auch Wölfchen bemerkte es und schaute hin mit einem leichten Knurren. Vielleicht waren es die Nachbarn. Ich machte mir keine Gedanken mehr darüber, obwohl es noch eine Rolle spielen sollte.

Ich verspürte ein dringendes Bedürfnis und stand auf, beugte und streckte mich, um vielleicht zu spüren, wo und wie es noch schmerzte. Es war sehr heftig, und die Atmung fiel mir äußerst schwer, als ich im Zimmer hin und herging. Nichts mit Zelten! Also hierbleiben. Als ich aus dem Bad kam, das offensichtlich angebaut war an das kleine Cottage, warf ich einen Blick nach draußen zum Wasser. Die Sonne schien und es war windstill. Vielleicht sollte ich doch mal rausgehen.

So zog ich meine frischgewaschenen Kleider an, nahm meinen Skizzenblock, die Gitarre und gab Wölfchen einen Wink, dass es raus geht, und er machte alle Türen auf. Dann probierte ich unter Schmerzen meine ersten Schritte draußen. Es war schlimm. Wölfchen raste los und freute sich über den unverhofften Spaziergang. Ich wollte zum Boot, um zu sehen, was mit den Krebsen und dem Netz inzwischen passiert war.

Das Boot war aufs Land gezogen, die Krebse waren weg, und das Netz lag zusammengelegt im Boot. Irgendjemand hatte sich dem Ganzen angenommen. Ich setzte mich in einige Entfernung von den Booten an die Uferkante und zeichnete die Schatten und das Ufer. Es faszinierte mich, das zu Papier zu bringen, und es würden wieder wunderbare Bilder im Atelier entstehen, das war sicher.

Es fiel mir plötzlich ein, dass ich gerade im Boot eine hochglänzende Metallkiste gesehen hatte. Was sollte die dort? Sie passte überhaupt nicht zu den anderen

Utensilien. Ich wollte sie noch mal genauer ansehen und ging zum Boot. Sie war weg! Hatte ich geträumt? Nein, da war eine Kiste! Was ist jetzt schon wieder passiert? Ich hatte aber niemand bemerkt, der sich hier am Boot zu schaffen machte, während ich ständig das Boot beim Zeichnen im Auge hatte. War ich kurze Zeit weggetreten, dass ich es nicht bemerkte? Wölfchen lag neben mir die ganze Zeit, er hatte also auch nichts bemerkt. Nun, es war mir gerade egal. Etwas weiter draußen zum Wasser hin setzte ich mich auf einen Stein und spielte auf der Gitarre.

Es war schon eine Zeit vergangen, als ich mich dann von der Musik und den heimwehähnlichen Gedanken trennte und mich wieder der Realität widmete. So stand ich auf und begab mich unter Schmerzen wieder zum Haus. Doch, als ich in die Nähe des Hauses kam, sah ich etwas hinter dem Haus, das meine Aufmerksamkeit weckte. Eine kleine Person stand direkt neben dem Anbau. Sie sah merkwürdig aus. Nicht menschenähnlich, würde ich sagen. Keine Haare, aber Arme, dünne, und anstelle der Beine besaß sie nur einen langen, grünlichbraunen Körper. Keine Kleider!

Wölfchen raste sofort zu der Person, doch die war blitzschnell verschwunden. Als ich dann um die Ecke sah, um mich zu vergewissern, dass diese Person weg war, sah ich sie weit hinten auf einem Steinhaufen sitzen. Als ich mich dann in ihre Richtung bewegte, befand ich mich in einem gleißenden Licht, und alles um mich herum war für einen Moment nicht mehr sichtbar. Ein Schock ging durch mich durch und durch, und ein wunderbares Gefühl durchströmte mich. Dann war alles wieder wie vorher, dachte ich. Die Person war weg. So ging ich zurück zur Haustür, Wölfchen raste schon vor mir her. Wie ich dann ins Haus ging, bemerkte ich, dass mir nichts mehr wehtat. Ich tastete meine Rippen ab und machte die komischsten Verrenkungen - nichts war zu spüren. Auf der Bettkante überlegte ich dann, was das alles wieder mal zu bedeuten hätte, doch ich fand keinen Hinweis auf irgendeine Erklärung.

Jetzt, wo ich das schreibe, fällt mir ein, dass ich so etwas Ähnliches vor ein paar Jahren schon mal erlebt hatte: Ich war in den Bergen mit dem Auto unterwegs und fuhr die Serpentine am Großglockner hinunter. Damals, noch etwas unkundig mit dem neuen Auto, hatte ich viel gebremst auf der abschüssigen, steilen Straße, anstatt mit der Motorbremse zu agieren. So war auf der langen Serpentine schon vorprogrammiert, dass irgendwann die Bremse nicht mehr funktionierten würde. Das weiß ich heute, und so kam es dann, dass ich mit hoher Geschwindigkeit auf die nächste Kurve zuraste, und die Fußbremse funktionierte nicht mehr! Wie ein Verrückter trat ich immer wieder auf die Bremse. Ich sah mich schon unten, tausend Meter tiefer, im Käfertal aufschlagen. Doch dann gab es einen Blitz, wie eben, und ich befand mich auf dem nächsten kleinen Parkplatz weiter unten, als jemand an die Scheibe klopfte. Es war ein Helfer der Straßenwacht. „Kann ich ihnen helfen?"

Jetzt war wieder eine merkwürdige Situation passiert. Warum? Es sah so aus, als ob ich heute Abend mit Victoria mitfahren sollte, kam mir der Gedanke. Auch da wieder: warum? Ich lag mit den Kleidern auf dem Bett und ließ alles Revue passieren. Das glaubt mir natürlich wieder keiner, so eine verrückte Geschichte! Der Aufenthalt in Schottland hatte also einen anderen Aspekt, als ich die ganze Zeit wahrnehmen konnte. Keine reine Studienfahrt, eher etwas, das mein Leben, mein zukünftiges Leben, total verändern sollte. Wölfchen lag neben mir im Bett und ich kraulte ihn in einer Weise, die ihm gut tat und die mir irgendwie die Tränen in die Augen trieb. Melancholisch waren die Lieder, die ich im Liegen auf der Gitarre spielte, was das Ganze nicht besser machte.

Dann spitzte Wölfchen die Ohren – wenn man das bei Hängeohren so nennen kann – und sprang vom Bett. Gleich darauf stürmte Victoria ins Zimmer: „Hallo, Papa geht es wieder besser. Voraussichtlich kann er morgen heim." Sie sah mich an und war scheinbar selbst überrascht über ihr forsches Auftreten und sah mir an, dass ich noch nicht ganz dem Überschwang folgen konnte, den sie mitbrachte. „Ist was?", war dann die Frage, die ich schon erwartet hatte. Wölfchen warf sie fast um, so fest drückte er sich an sie. „Lass mich", rief sie in seine Richtung und kam dann zu mir. „Du bist ja angezogen!" Erstaunt schaute sie an mir hinunter. Ich war immer noch nicht in der Lage, irgendetwas zu erwidern und sah ihr nur in die wunderschönen Augen. Wieder dieses geheimnisvolle Flackern.

Dieses Wahrnehmen der inneren Lebensfarbe und den wie Worte gesprochenen Blicken, die mich berührten, als ob eine Feder über meine Seele streichen würde, konnte ich kaum standhalten. Hier war Liebe im Spiel. So etwas hatte ich noch nie erlebt. Als könnte ich hören, was sie fühlte, so durchdrängten ihre Gedanken meine Haut. Ich …

Die Tür ging nach einem zögerlichen Klopfen auf und die Mutter kam herein mit etwas Süßem auf einem Teller: „Für den Patienten, damit die Lebensgeister wieder zurückkommen." Auch sie war erstaunt, dass ich bereits angezogen war. „Haben Sie noch starke Schmerzen?" Ich verneinte und dachte mir, dass ich vielleicht die Situation ausnutzen sollte und stellte die Frage nach dem Wegfahren von Victoria: „Wann fährst du weg nach Thurso?" Sie sah mich an und dann ihre Mutter: „Was meinst du, ist er schon wieder soweit, dass er mitfahren könnte?" Die Mutter schüttelte den Kopf: „Hier würde es ihm besser gehen – glaube ich." Victoria lächelte: „Ich glaube auch. Bleib doch noch ein paar Tage, dann kannst du deine Tour weitermachen." Sie wollte mich nicht dabeihaben. Gründe?

„Dann werden wir uns nicht wiedersehen", war meine etwas trotzige Antwort, denn ich würde liebend gern mitfahren an diesen See, von dem sie sprach. Außerdem wäre ich noch eine kurze Zeit mit ihr zusammen – toll. Doch werde ich es respektieren, wenn sie das Thema heftig angehen sollte.

„Ich war draußen am Boot und muss sagen, dass ich ohne weiteres auch weiterfahren könnte. Ich will doch niemand zur Last fallen. Es war schon genug, was sie für mich getan haben", sagte ich zu Victorias Mutter. „Und vielleicht sollte ich mit dem Rad in eine andere Richtung fahren, dann das Rad irgendwo abstellen und ganz runter bis nach New Castle trampen, um dann mit dem Schiff nach Deutschland zu kommen. Die Zeit wird mir eh schon zu knapp. Ich brauche ja schon einige Tage bis nach England und bis ich dann zu Hause bin, vergehen bestimmt noch ein paar Tage." Nach einer Weile fügte ich noch hinzu: „Dann schlage ich mir Skye aus dem Kopf und mache mich nach Hause." Die beiden sagten nichts, aber fieberhaft wurde gedacht, das war zu bemerken. „Ich packe dann zusammen und verschwinde."

Alles wurde im Rucksack und in einer Tasche verstaut und ich wollte mich verabschieden. Victorias Mutter stand noch immer mit den Plätzchen im Zimmer und war sprachlos über die plötzliche Wende und wusste nicht, was sie sagen sollte. Dann sah ich eine Regung bei Victoria. Sie sah ihre Mutter an und schob sie dann zur Tür: „Lass mich mal mit ihm allein."

Sie setzte sich aufs Bett: „Komm, setz dich doch auch mal hier hin." Sie tippte mit der Hand auf die Bettdecke. Ich tat wie sie sagte. „Wir kennen uns erst ein paar … Stunden, und trotzdem muss ich dir sagen, dass ich gefühlsmäßig der Meinung bin, dass wir uns schon lange kennen – ich weiß nicht wie es dir geht. Und ich möchte eigentlich immer mit dir zusammen sein. Das fiel mir gestern und heute im Krankenhaus auf. Da hätte ich dich gern dabeigehabt. Nicht, dass ich nicht allein zurechtkäme, es war eher so ein merkwürdiges Gefühl der Einsamkeit, das mich beschlich. Als wäre ich nur die Hälfte von mir – merkwürdig, ganz merkwürdig." Sie stockte einen Moment: „Ich weiß wirklich nicht, was ich dazu sagen soll. Wie ist es, wenn du weg bist? Gewöhne ich mich schnell an den Umstand? Wenn man es so sieht, dann war das Ganze nur eine schicksalhafte Situation – mehr nicht. Aber, ist es so? Du hast zwei gebrochene Rippen und musst hier bleiben, während ich für ein paar Tage weg bin. Schon das ist verrückt. Was passiert, wenn ich nachher wegfahre in mein Zimmer in Thurso. Bist du dann noch da, wenn ich wiederkomme? Wenn nicht, was geschieht dann? Natürlich kommt bestimmt wieder irgendjemand, mit dem ich zusammen wäre. Sollte dann alles vergessen sein? Wie verhält sich die Sache mit dir? Was fühlst du, wenn du mich siehst?"

Ich hatte einen Kloß im Hals und konnte nichts im Moment sagen. Hoffentlich fasst sie das Zögern jetzt nicht falsch auf. Es kam mir der Gedanke, nach der Gitarre zu greifen und ich meinte nur: „Das, was ich für dich empfinde, kann ich nicht in Worte fassen", und spielte eine Musik, die genau meine momentanen Gefühle wiedergab. Ich war selbst überrascht, wie toll sich das anhörte. Sie senkte den Kopf und weinte. „Ich hab so etwas noch nicht erlebt", schluchzte sie leise. „Was ist das nur?" Ich stellte die Gitarre nebenhin und nahm sie in den Arm, streichelte sie und küsste sie auf ihre Tränen. Dann konnte sie sich nicht mehr zurückhalten, küsste mich wild und ungestüm und drückte mich, dass mir die Luft wegblieb. „Ich hätte gern mehr, doch hier geht das nicht, die Mutti." Auch ich war in einem Zustand des übermäßigen Wohlbefindens – wenn man das so verharmlosen wollte.

Wölfchen öffnete sich die Tür und Victoria zuckte wieder zusammen. „Komm, lass uns rausgehen", ließ ich verlauten. „Ja kannst du denn?" „Ich bin fit …" „Kommt, ich habe den Tisch gedeckt." Victorias Mutter rief uns in die Realität zurück.

Nach dem Essen kam dann langsam die Frage auf, wann fährt Victoria, und fahre ich mit? Wenn ja, wie geht es danach weiter? Mein Rad würde ich hier lassen – ich brauch es ja nicht mehr. Käme ich nochmals hier ins Haus, nach der Tour? „Ich fahre so in einer Stunde." Dann traf mich ein Blick, der mich fast vom Sockel hieb. Es war eher ein verlangender Blick: „Fährst du mit?" „Ja", war meine knappe, aber bestimmende Antwort. Ein Lächeln flog über ihr Gesicht. „Gut, dann haben wir noch eine Stunde Zeit. Willst du Wölfchen dabeihaben?" „Auf jeden Fall." Sie holte die Hundeleine und gab sie mir. Wölfchen bemerkte es und wurde schon unruhig. Victoria erläuterte ihren Plan, den sie scheinbar schon etwas länger gefasst hatte. „Dann machen wir's so: Du müsstest am Loch Watten bis Samstag aushalten, dann habe ich Urlaub. Ich käme dann wieder auf dem Rückweg vorbei und würde euch beide wieder mitnehmen. Von hier aus könnten wir dann, wenn du willst, zusammen nach Skye fahren." Es war ein Moment still in der Küche: „Was willst du eigentlich auf Skye?" Tja, was wollte ich eigentlich dort? „Es gibt da so eine Geschichte, hm …, die vor Jahrhunderten begann und dort enden sollte. Ich wollte sehen, ob es noch irgendwelche Relikte oder Nachkommen jener Menschen dort gibt. Aber ich glaube, dass ich nicht fündig werde, denn ich weiß nur ungenau, wo ich suchen müsste. Außerdem ist das Ganze mit viel Anstrengung und Zeit verbunden, es muss also nicht sein." Victoria sah mich an und lächelte. Dieses Lächeln! Ich könnte verrückt werden.

„Ich habe ab Samstag zwei Wochen Urlaub. Was denkst du, wie lange du noch hier in Schottland bleiben könntest?" Ich rechnete fieberhaft nach, kam aber nur auf eine Woche; die Heimreise dauerte schon mehrere Tage. Dabei hatte ich schon eine Woche drangehängt. „Also, diese und nächste Woche habe ich noch eingeplant, dann muss ich weg." Victoria sah auf den Boden und sagte nichts. Dann: „Mutti, du könntest ihm noch was zum Essen einpacken für die nächsten Tage. Auch für Wölfchen!" Ich hatte zwar ein vorläufiges Bild im Kopf, wie alles ablaufen könnte, aber das würde sich bestimmt noch ändern, so wie ich Victoria einschätzte. Was die Zukunft bringen würde oder bringen könnte, darüber machte ich mir jetzt keine Gedanken, dazu hätte ich später noch Zeit. Irgendwie freute ich mich auf die Tage am See und mit Victoria. Aber was kommt danach?, nein, denke nicht dran! Ich rief mich zurück in die Wirklichkeit. Wölfchen saß an der Tür und wedelte mit seinem Schwanz über den Boden. Er ahnte schon, dass es etwas Neues zu erleben gab. „Wir werden dann am Freitagabend wieder hier sein, Mutti. Dann werden wir sehen, wo wir hinfahren", und zu mir schauend meinte sie weiter „wenn du dann noch möchtest und dein Reisefieber noch nicht aufgebraucht ist." Sie sah mich an und meine Seele rotierte. „Sehen wir mal", war alles, was ich noch herausbrachte. „Glauben Sie denn, dass Sie die Zeit durchstehen, so allein mit den Schmerzen?" Ihre Mutter war immer noch der Meinung, dass ich unmöglich mitfahren könnte, doch stoppte sie nicht meinen Willen, mit Victoria zu fahren. Alles war im Auto verstaut, auch die Gitarre und Wölfchen. Dann ging es los. Ihre Mutter winkte noch, und dann begann für mich wieder eine neue Geschichte, die, wie sich noch herausstellen sollte, mein Leben noch mehr veränderte, in eine Richtung, die ich nie für möglich gehalten hätte. Wobei ich mich fragte, was mit all den anderen Menschen geschieht, die nicht solche Erlebnisse hatten. Wie lebten sie ihren Lebensweg? Oder, hätte ich das alles überhaupt gebraucht, diese ganzen Umstände? Könnte man nicht ein Leben führen ohne all diese Aufregungen?

Die Fahrt bot eher ein trostloses Bild, da man weithin nur eine steinige Graswüste mit einigen Hecken als

Unterbrechung sehen konnte. Oft gab es Vertiefungen in der Landschaft, die total mit irgendwelchen Sumpfpflanzen durchwachsen waren, die im Wasser standen. Wollgras, Heidekraut, Farne und Moose wechselten sich ab.

Es wurde bereits etwas dunkler, wobei es hier eigentlich niemals eine richtig schwarze Nacht geben würde, da man sich schon sehr weit in Richtung Polarkreis bewegte. Der Himmel war rot, dunkelrot. Victoria war sehr gesprächig auf der Hinfahrt. Richtig gelöst kam sie mir vor. „Glaubst du, dass ich dich allein lassen kann?", sagte sie scherzhaft. „Natürlich wär's mir lieber, du wärst hier dabei. Aber, ich habe schon oft alleine irgendwo in der Wildnis verbracht. Doch es würde mich freuen, mit dir für eine gewisse Zeit allein zu sein. Weißt du, ich hab jetzt schon Sehnsucht nach dir, obwohl du noch nicht weg bist. Du bist so ein hübsches und phantastisches Mädchen, und ich könnte dir ununterbrochen sagen: ‚Ich möchte mein Leben mit dir verbringen.' Begreifen kann ich es nicht, wo wir uns doch erst seit Stunden kennen, aber es ist so. Mein Gefühl zu dir ist so stark, dass ich es dir jetzt sagen muss: Ich liebe dich. Es klingt schon irgendwie abgedroschen, doch es musste jetzt raus."

Eigentlich war ich erschrocken über das, was ich gerade sagte, denn ich hatte so was schon mal gesagt, vor einem Jahr. Doch das Ergebnis war fatal: jene wollte dann mit mir nichts mehr zu tun haben. Jetzt habe ich mich wieder weit vorgewagt. Wie würde Victoria das aufnehmen? Sie sagte nichts! Auch während der restlichen Fahrzeit bis zu dem See, oder wie man hier sagt: Loch. War sie scheinbar schockiert über diese Antwort, oder haderte sie mit ihrer Meinung? Ich bereute bereits meine forsche Bemerkung und sagte dann, als wir schon ein Stück über die Wiese gefahren waren: „Musst entschuldigen, dass ich das alles gesagt habe, aber mir war danach." Wieder keine Reaktion.

Mittlerweile hatten wir unser Ziel erreicht und standen am Loch Watten, das nicht weit von der Straße nach Thurso wie eine riesige Pfütze im Gras lag. Es war ein eher schmaler aber langer See. Am Ufer lagen dicke Steine, die das Bild, das sich uns bot, interessant gestalteten. Wölfchen fand die neue Umgebung ebenfalls toll, er raste über die aus Gestrüpp, Schilf und Gras bestehende Einöde.

Wir luden das Zelt und die anderen Sachen ab. Das unkomplizierte Zelt baute ich etwas weiter weg vom See auf. Ich sah, wie Victoria die Decken im Zelt ausbreitete und dann zum Auto ging. Sie stand da und war hübsch anzusehen in ihrer dreiviertellangen hellen Hose. Darüber trug sie ein kariertes Hemd, das sie offen über der Hose trug. In der Silhouette vor dem roten Himmel konnte man gut ihre Proportionen erkennen. Eine tolle Figur, mit mehr als man erwartet. Sie sah zu mir und blieb immer noch stumm.

Ich ging ein paar Schritte auf sie zu, dann kam sie zu mir, schlang ihre Arme um mich und weinte heftig.

Ihre Zuneigung forderte mich heraus, und ich streichelte sie. Dann griff ich in ihr volles Haar und küsste sie ungestüm und leidenschaftlich. Sie erwiderte es fast unbeherrscht und wild. Noch während wir uns küssten, zog sie mich ins Zelt. Ihr Hemd und alles andere hatte sie ausgezogen, schnappte mich und wir flogen auf die Decken. Was jetzt folgte, ist leicht zu erraten.

Später lagen wir nackt auf den Decken im Zelt und schauten hinaus auf den See und zum Sonnenuntergang. Unsere Haut glänzte rot wie der Himmel, und wir entspannten uns von der plötzlichen und heftigen Beschäftigung miteinander. Auch jetzt war sie nicht gesprächig. Irgendetwas beschäftigte sie.

Ich erzählte mit ihr, während sie sich anzog. Doch kein Wort kam über ihre schönen, vollen Lippen. Irgendwie hatte ich sie mit meinen Worten getroffen, und wie es aussah, sehr heftig. Ich hätte mich ohrfeigen können. Doch, ich war ehrlich, sagte ich mir.

Victoria verabschiedete sich kaum. Ein kurzes Knuddeln mit dem Hund und ein zögerliches Winken, und dann war sie mit ihrem schönen Auto weg. Sie rief noch aus dem Fenster: „Bis Freitag!", dann fuhr sie sehr schnell in den Abend davon.

Ich stand da mit der Hundeleine in der Hand wie abgefertigt und fühlte mich eher verlassen. Würde es wenigstens am Freitag besser sein? Ich verstand sie nicht. Warum sagte sie nicht einfach, dass das alles dummes

Zeug sei, anstatt mich in einer gigantischen Ungewissheit zu lassen? Sie musste doch auch merken, dass es mir wehtat, wie sie sich verhalten hatte. Außerdem musste sie sich jetzt die Tage damit herumschlagen mit großen Zweifeln, ob es richtig war so zu handeln, und was die eigentliche Begründung darstellte in ihrem Gefühl, das sie förmlich dazu zwang, sich mir gegenüber so zu verhalten. Eigentlich war sie doch ein lebenslustiger Mensch. Wie konnte es dazu kommen, dass sie fast fremde Charakterzüge aufwies? Es musste etwas in ihr hochgekommen sein, was sie erlebt hatte und das einen ganz anderen Verlauf nahm, als sie es vielleicht erwartet hatte.

Nun, ich verkroch mich ins Zelt mit Wölfchen, ließ aber den Eingang offen. Bei Wölfchen entfernte ich die Hundeleine und er legte sich dich an mich heran. Ein tolles Gefühl mit einem Tier zusammen zu sein. Es dauerte auch nicht lange und wir schliefen beide fest ein.

Plötzlich, gegen Morgen, knurrte er kurz und raste aus dem Zelt mit großer Geschwindigkeit irgendwo hin. Als ich den Kopf aus dem Zelt streckte, sah ich gerade noch, wie er zum See rannte und dort etwas Dunkles anvisierte, das er dann, wie es schien, anfallen wollte. Doch dazu kam es nicht. Das dunkle Etwas lief und sprang dann in den See. Er sprang nicht hinterher, sondern trottete langsam wieder zurück, indem er immer wieder stehenblieb und zurückschaute. Was war das? Sollte hier in dem See etwas leben, das man nicht

kannte? Ein Seehund war es nicht, dafür lief es zu schnell und war zu groß. Nun, das wollte ich auf sich selbst beruhen lassen und mir weiter keine Gedanken mehr darüber machen. Dafür bedrückte mich die Haltung von Victoria sehr. Ich konnte kaum an was anderes denken.

Später, nachdem wir beide gefrühstückt hatten, der Hund und ich, nahm ich meine Mal- und Zeichenutensilien und Wölfchen, um ein Stück um den See herumzugehen. Hier wollte ich einen geeigneten Platz finden, um Skizzen und Aquarelle direkt am Wasser anzufertigen. Es hatte mir schon immer Freude bereitet, draußen in der Natur zu malen. Diese Perspektive gefiel mir am besten. Das Licht war ideal, um den Glanz und die Farbe des Bodens im Wasser genau zu erkennen. Das Wasser fiel nur wenig ab zur Mitte hin. Es war eher ein flacher See und eiskalt. Doch das war egal, denn ich wollte ihn malen und nicht drin baden.

Es ergab sich, dass ich eine ideale Stelle gefunden hatte. Allerdings war ich bestimmt schon einen Kilometer um den See herumgegangen. Das Suchen ist meist das zeitraubendste an den Arbeiten, denn nicht jede Stelle ist geeignet für ein ausgefeiltes Bild, und hier hatte ich Zeit.

Dort legte ich dann eine Decke auf die Wiese - wenn man das hier so nennen wollte - und setzte mich auf einen etwas höheren Stein. Eine perfekte Stelle, um das Ufer zu betrachten. Dann hörte ich nicht weit von mir im Wasser ein Aufklatschen. Das Wasser spritzte bis zu mir und die Wellen rollten ebenfalls hier ans Ufer. Etwas Großes musste es gewesen sein. auch Wölfchen, der es sich inzwischen auf der Decke gemütlich gemacht hatte, sprang auf und schaute zu der Stelle im Wasser. Doch war es scheinbar noch nicht interessant genug, dass er sich damit beschäftigte, denn er legte sich wieder in gesamter Länge auf die Decke. Noch mehrmals hörte ich dieses Aufklatschen, allerdings weiter entfernt. Das Ende des Sees war von hier nicht zu erkennen – es müssten mehrere Kilometer sein, schätzte ich.

Ein paar Stunden später lag ich auch auf der Decke, stierte in den Himmel und dachte darüber nach, warum ich nichts mehr spürte, dort, wo gestern noch ein dicker Verband zeigte, dass etwas kaputt war. Allerdings lag ich auf dem kleineren Rest der Decke, den mir der Hund übrig gelassen hatte. Um uns etwas zum Essen zu gönnen, machten wir uns wieder auf den Weg zurück zum Zelt. Auf der Straße, die hier vorbeiführte, kamen nur sehr wenige Autos vorbei, und von irgendwo her vernahm man die Geräusche der Bahn. Das Wetter war allerdings toll. Die Sonne schien aus allen Knopflöchern, wie man so schön sagt.

Am Abend setzte ich mich ans Wasser und machte dort zwischen den Steinen ein Feuer, das mir am Anfang durch den Qualm die aufdringlichen Mücken fernhielt. Mit der Gitarre war ich nach ein paar Minuten in einer anderen Welt. Ich vergaß alles um mich her, auch den merkwürdigen Zwist zwischen Victoria und mir, der eigentlich keiner war.

Ich spielte mich in eine wunderbare Welt hinein und dankte Gott, dass alles so gut verlaufen war bisher. Wie sollte es weitergehen? Wieder zwängte sich die Geschichte mit Victoria in mein Bewusstsein. Sie war eigentlich ein toller Mensch. So eine Freundin hatte ich schon lange gesucht – unbewusst. Doch dieses Verhalten, das sie gerade an den Tag legte, mag ich nicht. Dann lieber keine Freundin. Ich mag es nun mal, wenn man über alles redet oder reden kann. Nun, wenn sie wiederkommt, und ihr Verhalten hat sich nicht geändert, dann fahre ich heim. Vielleicht ist das auch nur ein Gefühl, das ich im Augenblick hatte und das bestimmt abhängig war von meiner jetzigen Stimmung, und das sich bestimmt ändern würde, wenn sie hier wäre, aber ich nahm mir vor, es ihr zu sagen.

In der Nacht wachte ich auf durch ein Geräusch. Wölfchen rührte sich nicht. Es roch stark nach Fisch und Algen wie auf einem Fischmarkt. Ich streckte den Kopf aus dem Zelt, um zu sehen, was es war, das mich geweckt hatte. So leicht erschrecke ich nicht, doch dieser Anblick ließ mir das Blut in den Adern erstarren!

Es ist schwer zu beschreiben, was da zu sehen war, vor allem, wenn schon viel Zeit vergangen war und ich mich jetzt, wo ich das alles schreibe, an alle Einzelheiten erinnern musste.

In dem diffusen Licht des Sonnenaufgangs konnte ich etwas Merkwürdiges erkennen. Zwischen dem Zelt und dem See lag ein …, ja was war es? Es war ein Tier, das ist sicher. Groß, ein paar Meter lang, wuchtig und glänzend lag es da. Ein Schwanz wie von einem Krokodil, und auf dem Rücken, der gefleckt war wie ein Leopard, waren mehrere Reihen von Verdickungen, wie Knorpelstränge. Der Kopf, soweit ich ihn von der Seite erkennen konnte, hatte die Ähnlichkeit mit dem eines Kaimans – mit großen Nüstern und einem Schädel, der die Augen hervorstehen ließ. Es hatte vorne kurze und hinten längere Beine mit Flossen, an denen sich lange und kräftige Krallen befanden. Die konnte ich genau sehen, da es sich hier irgendwie gemütlich gemacht und das eine Bein lang ausgestreckt hatte. Es besaß keine Schuppen, sondern eine Haut, schrumpelig und zerfurcht.

Ich suchte leise im Zelt nach dem Fotoapparat. Als ich ihn dann fand, und ich ein Bild hätte machen können, drehte es den wuchtigen Kopf heftig hin und her und rutschte leise und ohne Wellen zu bereiten ins Wasser und verschwand. Um eine Aufnahme zu machen mit diesem vorsintflutlichen Apparat war es auch viel zu dunkel. Das hier, das glaubt mir wieder keiner! Wie verrückt schaute ich auf den See, um vielleicht etwas zu entdecken, was mir eine weitere Entschlüsselung des geheimnisvollen Wesens offenbarte. Doch es blieb alles still.

Der nächste Tag war der Tag, an dem es wieder zurückging - oder weiter. Noch bevor es wirklich hell wurde, hatte ich schon den Kocher angeworfen und mir einen Kaffee gemacht. Ich saß am See und wartete auf den Tag und was er mir bringen würde. Ein paar Meter weit watete ich in den See und unternahm wieder in eiskaltem Wasser einen Akt der Reinigung. Es hatte was von Selbstkasteiung. Doch danach fühlte ich mich wohler. Wölfchen schaute nur zu und traute sich nicht ins Wasser. Danach lagen wir beide auf der Decke und schauten auf den See hinaus, der an diesem Morgen ausgesprochen still schien. Wir hatten ja noch den ganzen Tag vor uns, bis Victoria uns wieder abholen würde.

Nach dem Frühstück nahm ich mir vor, die letzten Skizzen zu machen. Diesmal war es nicht die Landschaft, sondern Wölfchen, der ein paar Sitzungen über sich ergehen lassen musste, was ihm überhaupt nichts ausmachte, da er sowieso herumsaß und scheinbar aufs Frauchen wartete.

Ich war noch nicht angezogen und saß auf einem Stein, die Füße im Wasser mit einem Becher Kaffee in der Hand, als ein größeres Auto die Straße entlang fuhr. Es machte in meiner Nähe etwas langsamer und bog auf die Wiese zu mir ein. Ich konnte erkennen, dass es ein Mercury war mit einem Holzkarosserieaufbau – wie ihn Victoria fuhr. Um sie nicht zu brüskieren, zog ich mir schnell das Handtuch um. Ich wusste nicht, wie sie darauf reagieren würde, wenn ich in diesem Augenblick nackt vor ihr stehe.

Sie hielt kurz vor dem Zelt an und stieg aus. Wölfchen warf sie fast um, als er sie in seiner stürmischen Art begrüßte. Sie trug andere Kleider: eine weiße Bluse, einen dunkelblauen, etwas kürzeren Rock und Schuhe mit höheren Absätzen. Sie war schön wie immer. Das lange Haar fiel ihr über die Schulter und sie wurde zu einem Engel… Vergessen war die Heimreise! Doch wollte ich hören, wie sie sich seit Dienstag verändert hatte.

„Darf ich näherkommen?" Victoria rief zu mir herüber. „Na klar, warum nicht?" Was da auf mich zukam war kein Mensch in meiner Vorstellung. Dieses Wesen hatte mit einem Menschen nur wenig gemeinsam.

Sie schwebte förmlich zu mir. All das nahm ich nur mit meinem Gefühl war. Dann kam die Ernüchterung: „Pack deinen Kram zusammen, wir fahren dann." Das war Victoria! Wo blieb die Begrüßung? Sie kam näher, noch näher und … fiel mir um den Hals. „Hallo. Ich möchte mich entschuldigen. Es war blöd von mir. Hoffentlich war es nicht sehr schlimm, als ich weg war. Für mich war es aber sehr schlimm. Ich konnte mich kaum auf meine Arbeit konzentrieren. Gott sei Dank gab uns der Chef früher frei und so bin ich hier."

Ich war platt. Das hatte ich nicht erwartet. Sie ging ein paar Schritte weg und schien sich zu beruhigen. „Beeindruckend war es allemal", sagte ich überrascht. „Die paar Tage hatte ich Zeit zu grübeln. Es kam nichts Gutes dabei heraus, glaub mir – ich hatte geplant heimzufahren, wirklich heim zu fahren." Das letzte Wort war noch nicht über meine Lippen gekommen, da stürzte sie sich wieder auf mich und küsste mich wild und ungestüm. Bei dem ganzen Gerangel fiel mein Handtuch herunter und sie betrachtete mich studierend, dann begann sie sich auszuziehen und sprang ins eiskalte Wasser. Ich sprang hinterher und versuchte sie in dem knietiefen Wasser einzuholen. Sie war keine Schwimmerin, wie ich erkennen konnte, und ich packte sie am Bauch, um sie festzuhalten. Aber sie zappelte und spritzte wie wild um sich und befand sich plötzlich in tieferem Wasser, das sie erschreckte und sie daraufhin Wasser schluckte. Panik kam auf und sie klatschte wie wild um sich. Ich schwamm zu ihr und zog sie, während sie

weiter strampelte und anfing zu schreien und zu husten, zu den Steinen an Land. Sie taumelte aus dem Wasser, klammerte sich an mich und sah mich mit großen Augen an. Ihre langen Haare klebten an ihrer Brust und sie bemerkte ihre Nacktheit kaum, so aufgeregt war sie. Mich durchlief ein gutes Gefühl, als ich sie so nackt sah und zog sie ins Zelt. Es waren kaum Sekunden vergangen, und wir waren noch nicht am Zelt, da klatschte es heftig hinter uns am Ufer. Damit hatte ich nicht mehr gerechnet und auch schon wieder vergessen, dass da noch jemand im Wasser war: jenes Wesen, das ich vorher, in der Nacht, beobachtet hatte. Mein Gott, was wäre geschehen, wenn wir noch im Wasser gewesen wären? Mir lief es kalt den Rücken hinunter. Victoria erschrak so heftig, dass sie aufschrie und ihre Hände vor den Mund nahm. Noch einen Moment konnte man den hornigen Rücken im flachen Wasser sehen, dann tauchte es weg, ohne großartig Wellen zu machen.

Wir lagen im Zelt und die Welt wurde wieder besser mit jeder Minute. Doch Victoria saß der Schrecken so tief, dass sie nach einer Weile sagte: „Musst entschuldigen, aber ich bin total durcheinander." Sie sah aus dem Zelt und meinte kurz: „Komm, lass uns wegfahren." Daraufhin zog sie sich vor dem Zelt an und schaute zu mir, der sich kaum beruhigen konnte, vor Aufregung – allerdings nicht wegen des Monsters! Was blieb mir anderes übrig, als sich ebenfalls fertig zu machen für die Heimfahrt. Schade! Auf der Fahrt nach Hause redete sie kaum, nur Belangloses.

Wölfchen hatte es sich auf der Rückbank gemütlich gemacht; scheinbar kannte er solche Fahrten. Als wir zu Hause am Cottage ankamen, sagte sie bestimmend: „Du kannst deine Sachen im Auto lassen, es geht eh gleich weiter." Und den Kopf zu mir gewendet: „Natürlich nur, wenn du willst!" Daraufhin trug sie ihre Taschen ins Haus und Wölfchen folgte ihr freudig. In der Küche saß ihr Vater auf seiner Bank hinter dem Tisch. Der Vorhang war wieder zurückgezogen, und er war scheinbar wieder fit. „Hallo" rief er und kam zu mir. „Ich kam noch nicht dazu und möchte mich ganz, ganz herzlich bedanken. Es ist nicht so meine Sache, aber diesmal ist es nötig, dass ich dir mitteile, dass ich mich darüber freue, wieder hier zu sein. Ohne dich wäre das nicht mehr möglich gewesen. Gott hat dich geschickt, glaub mir." Dann setzte er sich wieder hinter den Tisch und schaute verstohlen und nachdenklich aus dem Fenster. Victoria erzählte nichts von ihrem Abenteuer im Wasser.

„Machen wir doch erst mal Frühstück." Victorias Mutter war wieder sehr freundlich aufgelegt, dabei stellte sie den Tee auf den Tisch und lächelte ihren Mann liebevoll an. Victoria kam aus ihrem Zimmer mit zwei dicken Taschen. „Ich hoffe, dass ich nichts vergessen habe", murmelte sie laut und trug sie ins Auto. Während des Frühstücks fragte dann die Mutter: „Wo geht's denn eigentlich hin?" Zuerst kam keine Antwort. Victoria sah mich an und wartete bestimmt auf eine Antwort von mir. Doch Skye hatte sie mir irgendwie ausgeredet. „Es ist dein Urlaub", sagte ich kleinlaut. „Nach mir musst du dich nicht richten. Meine Zeit in Schottland ist sowieso nächste Woche abgelaufen. Und, …ich bin doch nur Gast. Außerdem habe ich keine Ahnung, wo es hier oben etwas Besonderes zu erleben gibt. Also, du kannst wählen." Die Mutter sah uns abwechselnd an, sagte aber nichts. Sie wollte scheinbar unsere Stimmung ausloten. Nun, ich würde mitfahren, egal wohin. Es gäbe noch mal ein Erlebnis, doch dann würde ich wieder heimfahren. Ich hatte das Gefühl, dass meine Liebe zu Victoria nicht so erwidert wurde, wie ich es mir gewünscht hätte. Vielleicht setze ich zu viel voraus, und vielleicht ist das schon das Optimale, was ich von Victoria erwarten durfte. Außerdem hatte ich mich ja in ihr Leben eingemischt. Was ich nicht wusste, aber irgendwie ahnte, … bestimmt hatte sie einen Freund, … vielleicht auch jetzt zu dieser Zeit. So ein hübsches Mädchen hatte bestimmt nicht nur einen Verehrer. Was mische ich mich auch hier ein. Nur, weil ich irgendwie vom Schicksal zu ihr geführt wurde, heißt das noch lange nicht, dass ich auch hier bleiben sollte. Ich rief mich zur Räson.

„Weißt du, Victoria, ich glaube, dass ich schon zu lange hier bin." Ich schaute etwas verwirrt auf die Uhr, wobei das nur eine Ersatzbewegung war, eine, die mit der Zeit zu tun hatte. „Vielleicht sollte ich mich auf den Heimweg machen. Dann kannst du auch hinfahren wo du möchtest. Ich habe das Gefühl, dass ich ein Anhängsel bin und dich in deinen eigenen Entscheidungen störe." Ich war platt darüber, dass ich so etwas gesagt hatte. Victoria hielt mitten im Kauen inne, dreht den Kopf zu mir und schaute mich an, als hätte ich mich gerade in ein Monster verwandelt. Ihre Eltern waren scheinbar nicht der Meinung dessen, was ich gerade sagte und beide holten tief Luft, um etwas zu sagen, doch Victoria änderte die Situation dadurch, dass sie die Gabel hinwarf und hinauslief. Was habe ich jetzt wieder angerichtet?

Ich lief hinterher, und draußen an ihrem Auto blieb sie stehen und schaute auf die See. War sie jetzt wütend oder traurig? „Victoria, es war meine Meinung, die sich in mir zurechtgemacht hatte nach den letzten Stunden. Ich war traurig, doch du hattest es nicht bemerkt. Ist ja auch nicht schlimm. Ich habe vielleicht übersehen, dass du ... einen Freund hast. Ich habe einfach vorausgesetzt, dass du keinen Freund hast und mich irgendwie aufgedrängt. Vielleicht hattet ihr sogar etwas geplant für einen gemeinsamen Urlaub. Es tut mir leid, wenn ich dich in eine Situation gebracht habe, die dir unangenehm ist. Was hat dich jetzt so hart getroffen?"

Victoria sah mich nicht an. Man merkte, dass sie fieberhaft über etwas nachdachte. „Sprichst du noch mit mir?", sagte ich leise hinter ihr. Sie muckste sich nicht. Was hatte sie getroffen? Ich ging zurück in die Küche und setzte mich wieder an den Tisch und aß weiter. „Victoria ist sehr impulsiv. Da haben wir auch schon so unsere Erfahrungen gemacht." Ihre Mutter wollte irgendetwas zur Beruhigung der Situation beitragen.

Dann hörte ich, wie sie das Auto startete und gleich darauf wegfuhr. Ich ging raus um nach ihr zu sehen, und da sah ich meine Sachen am Haus stehen, meine Taschen und Zeichenutensilien. Sie hatte alles ausgeladen, selbst die Gitarre hatte sie aus dem Auto genommen. Was das alles für mich hieß, war klar! Ich fahre jetzt endgültig weiter – oder besser gesagt, nach Hause. Was war nur los mit ihr?

So holte ich mein Fahrrad aus dem Schuppen und lud alles drauf. Die Eltern von Victoria kamen aus dem Haus und waren ebenfalls überrascht darüber, dass meine Sachen ausgeladen und einfach hingestellt wurden. So kannten sie ihre Tochter noch nicht, erklärten sie mir. Doch für mich stand fest, dass ich wegfahre, und zwar gleich, dann fällt es nicht so schwer sich loszureißen. Wer weiß denn, wann Victoria wieder auftaucht und was dann noch passieren würde? Also verabschiedete ich mich von ihren Eltern, wobei mir der Vater fest die Hand drückte und mir alles Gute wünschte und dass ich mal wieder vorbeischauen sollte. Es war eine furchtbare Situation. Von Wölfchen sah ich nichts. „Wollen Sie die Gitarre nicht mitnehmen?" Ich hatte gehofft sie mitnehmen zu können, doch gehörte sie nicht mir. „Sie gehört Victoria. Vielleicht legt sie Wert drauf und möchte sie gerne behalten." „Nehmen Sie das Ding nur mit, wir schenken es ihnen. Mit Victoria werden wir schon fertig. Sie stand sowieso schon ewig herum; war nur Dekoration im Zimmer." Ihr Vater reichte sie mir, und ich freute mich wie verrückt. Ich dankte, hängte sie mir um und fuhr los. Eigentlich wusste ich nicht wohin im ersten Augenblick, doch dann war mir klar, dass ich an der Ostküste runter musste, wieder zurück, wo ich auch herkam, bis nach England zu einem bestimmten Hafen, wo ich mit der Fähre die Insel verlassen konnte.

Ich fuhr in die Stadt und besorgte mir für die nächsten Tage Proviant. Dann ging es weiter die Küste entlang in Richtung Inverness. Doch gegen Abend war ich noch nicht sehr weit gekommen und überlegte mir, wo und wie ich übernachten sollte. Irgendwo kam ein Bach aus der Wildnis und schlängelte sich unter einer kleinen Brücke hindurch zur See. Dort unten könnte man für eine Nacht bleiben. Ich fuhr von der Brücke hinunter auf die Wiese, dort wollte ich mein Zelt hinstellen. Die Abendsonne schien warm, und das Licht reichte aus, damit ich noch etwas sah beim Zeltaufbau. Und zwischendurch machte es mir unbändige Freude, auf der Gitarre zu spielen. Von der Brücke aus schauten ab und zu einige Leute, die gerade vorbeikamen, meinem Tun zu. Einer kam zu mir und fragte, ob ich nicht lieber bei ihm in der Scheune übernachten wollte, das Wetter würde umschlagen, sagte er noch und zeigte auf eine dunkle Linie ganz hinten am Himmel. Ich bedankte mich, wollte aber hier bleiben. Ich liebte es wenn es regnete und man im Zelt saß. Als Erstes machte ich ein paar schnelle Skizzen von der Brücke und dem Bach, und auf dem Benzinkocher sprudelte nach kurzer Zeit das Wasser für eine Suppe, und dazu aß ich Brot mit gutem Cheddar-Käse, der meiner Meinung nach nirgends besser schmeckt, als hier in Schottland! Der Himmel verdunkelte sich zusehends, und ich schaffte alles ins Zelt, was nicht nass werden sollte. Doch bis es anfing heftig zu stürmen, saß ich mit der Gitarre am Bach und hing meinen Gefühlen nach. Ich spielte mich in eine Melancholie und begriff immer noch nicht, wie es kam, dass es mit Victoria aus ist. Ob man sich wieder sehen würde? Ich spürte förmlich ihre Haut, als ich über die Gitarre strich und sah das Strahlen ihrer Augen vor mir, die sehr viel von ihrer Seele zeigten und die etwas Übersinnliches besaßen. Ich suchte die Zeichnung von Victoria aus der Ruine. Es traf mich wie ein Schlag, als ich sie so vor mir sah. Diese gigantische Ähnlichkeit …! Oder war es dieselbe und man hielt mich nur zum Narren? Wer sollte das aber tun?

Ich legte die Zeichnung zurück ins Zelt, so konnte ich mir Victoria immer ansehen – oder sollte ich sie wegpacken? Nun, ich wollte sie immer wieder ansehen. Eigentlich wollte ich ihre Haare und ihre Hand in meinem Gesicht fühlen, ihre warme Haut und ihren Atem spüren. Ihr ungeschminktes Gesicht mit ein paar Sommersprossen löste bei mir eine Freude aus, die ich nur noch aus einer Erinnerung kannte, so wie ich sie das letzte Mal als Kind empfunden hatte, als ich mit einem Nachbarmädchen nicht weit vom Haus beim Schlittenfahren mit ihr auf einem Schlitten saß und den Berg hinunterfuhr. Ich weiß noch, es war ein seltsames Gefühl, wie Angst und Freude zur gleichen Zeit, gepaart mit etwas, das aus dem Inneren kam, einer unbekannten Gemütsbewegung. Das Mädchen und ihre Eltern zogen weg – ich sah sie nie wieder, und dieses Gefühl hatte ich auch seit dem nie mehr – bis jetzt.

Man kann es sich nicht erklären, warum diese Situationen uns immer wieder zu schaffen machen. Es ist so eine verlassene Freude. Sie hängt irgendwo greifbar, aber man kann sie trotzdem nicht fassen.

Es fing an zu regnen und es donnerte bereits verhalten. Ich legte mich ins Zelt und schaute hinaus aufs Wasser, das unweit von dieser Wiese immer heftiger gegen die Böschung brandete. Als ich mich nach Schottland auf den Weg machte, hätte ich nicht gedacht, dass ich einmal in diese Situation käme. Zuerst wochenlang alleine kreuz und quer durchs Land, dann wieder Menschen um mich herum, dann wieder alleine. Doch das würde sich bald ändern. Ich schätzte, dass ich in vier bis fünf Tagen zu Hause wäre und überlegte, ob ich nicht mit der Bahn zurück fahren sollte bis zum Hafen, bis zur Fähre. Irgendwie freute ich mich schon, alle Freunde wiederzusehen und auch auf die Arbeit im Atelier. Diese neuen Sachen auszuarbeiten – das wäre fantastisch!

So dachte ich noch eine Weile, dann war ich eingeschlafen. Durch heftigen Donner wurde ich wach. Es war schon dunkel, und ich schlüpfte in meinen Schlafsack, wo ich aber auch gleich wieder einschlief.

Am nächsten Morgen schien bereits die Sonne, als ich vors Zelt trat. Die Wiese war noch nass und der Bach war schon so breit, dass er fast über die Ufer trat. Herrlich in der Sonne zu sitzen und zu frühstücken. Der Kaffee dampfte und irgendjemand rief mir noch etwas zu, als er mit dem Fahrrad über die Brücke fuhr. Ich winkte zurück und war irgendwie glücklich. Den Gedanken an Victoria hatte ich verdrängt. Jetzt wollte ich mich nur noch auf die Heimreise konzentrieren

Ich holte die Karte hervor und suchte erst mal die Stelle, wo ich mich gerade aufhielt. Nun, von hier musste ich noch eine weite Strecke mit dem Rad zurücklegen, bis ich mit der Bahn weiterfahren würde, denn ich hatte mir vorgenommen, bis nach Inverness zu radeln, um dann mit der Bahn nach Newcastle zu fahren und von dort den Rest der Strecke nach Hamburg mit der Fähre zurücklegen. Doch die Strecke nach Inverness schien mir zu anstrengend mit diesem Fahrrad, das für solche Touren absolut nicht geeignet war. Also den nächsten Bahnhof ansteuern. Das schien mir logisch. In Dunbeath, so nannte sich der Ort, war der nächste Bahnhof. Aber auch dorthin musste man noch ein gutes Stück strampeln, doch das musste halt sein. Die Straße dorthin lief an der Küste entlang – dort waren keine Berge zu erwarten – ein Glück.

In der aufgehenden Sonne baute ich das Zelt ab und packte alles in den Gepäckkorb am Fahrrad. Und als ich mir gerade die Gitarre umhängen wollte, fuhr ein kleiner Schock in mich: Wölfchen stand plötzlich vor mir und freute sich riesig, so, dass er sich an mir hochstellte: ein Riese gegen mich.

Auf der Brücke stand ein Auto. Der Wagen von Victoria! Sie stand am Geländer und schaute zu mir herunter. Als hätte Gott einen Engel geschickt, so kam es mir vor. Aber auch wie ein Schlag in die Magengrube. Ich hatte heute noch nicht an sie gedacht – die Ablenkung tat bereits ihre Wirkung. Doch jetzt? Ich stand da und war nicht in der Lage zu winken. Zu tief hatte sie ihre Abneigung mir gegenüber gezeigt. Ich hatte nicht mit dieser, jetzigen Situation gerechnet. So wandte ich den Kopf wieder weg und kraulte Wölfchen – verlegen! Dann nahm ich mein Fahrrad und drückte es hoch zur Straße, immer noch an meinem Vorhaben festhaltend, zur nächsten Bahnstation zu fahren.

Sie lehnte immer noch an der Brückenmauer, die Hände verschränkt und beobachtete mich. Sagte aber kein Wort, nicht mal guten Morgen. Ich sah sie an und nickte, wobei ich ein furchtbares Gefühl hatte. Eigentlich wäre ich sofort zu ihr hingerannt und sie umarmt und gedrückt, aber die Situation trieb mich in eine gewisse Halsstarrigkeit, die das verhinderte. Das Gefühl nicht zu ihr zu gehen, war stärker. Leider, muss ich sagen.

Solche Situationen hatte ich schon öfters erlebt. Es ist kaum zu glauben, dass man sich dann solchen schlechten Gefühlen unterwirft. Warum handelt man so? Vielleicht ist es der aufmüpfige Wille – „Jetzt soll sie erst mal sehen wie das ist, wenn man jemand so behandelte wie sie mich! Eigentlich war ich nicht mehr ärgerlich über das Vergangene, und jetzt baute ich wieder so etwas in diese Richtung gehend auf. Schlimm! Die Einsicht kam allerdings zu spät, ich war schon zu weit in die „jetzt nichts wie weg"-Situation eingebunden.

Wölfchen stand unschlüssig zwischen uns und sah mal zu ihr, mal zu mir. Ich winkte kurz, schwang mich aufs Rad und fuhr los - blödsinniger Weise.

Hinter mir hörte ich gleich darauf die Autotür zuschlagen und den Motor anlaufen und – wie sie wegfuhr, zurück! Ich radelte mit einem seltsamen Gefühl im Bauch weiter die Straße entlang, auf der kaum Verkehr war. Unglücklich, wütend auf mich und unschlüssig war ich unterwegs. Alles war plötzlich sinnlos geworden, selbst die Heimfahrt. Sollte ich mich freuen darüber, dass es geklappt hatte mit dem Zeigen meiner Abneigung ihr gegenüber? Ich war eher betrübt darüber, dass ich mein liebstes Wesen, das ich zurzeit kannte, so behandelt hatte. Also, was ist das Ergebnis dieser Gedanken? Zurückfahren, egal wie lang und mühsam das jetzt auch wäre? Ja! Ich drehte um und fuhr zurück. Selbst, wenn ich wieder eine Abfuhr bekäme, hätte ich vor mir selbst wieder Achtung und es wäre alles abgegolten.

Ich fuhr an dem Zeltplatz vorbei und weiter zurück und wollte zu dem Cottage, in dem mein Engel wohnte. Es war sonnig und windstill, was in dieser Konstellation selten vorkam. Die See war glatt und brachte das Blau des Himmels so richtig hervor. Ich war guter Dinge und strampelte mit einer eher kleinen Übersetzung die das Fahrrad besaß, die Straße entlang. Victoria war sicher schon zu Hause und hatte mich abgehakt.

So fuhr ich einen Hügel hoch, das heißt, ich stieg ab und schob mein Rad die kurze Strecke. Überanstrengen wollte ich mich nicht, sondern doch noch einen gewissen Spaß bei der Sache haben. Oben angekommen rollte ich hinunter zu einer Reihe von Hecken, Ginster, der hier eine große Fläche in eine gelbe Farbe tauchte. Herrlich anzusehen. Dazwischen, direkt an der Straße, war ein dunkler Punkt auszumachen, dem ich mich jetzt näherte.

Was war ich erstaunt, als ich den Wagen von Victoria erkannte. Was war los? Ich hielt an, stellte das Rad ab und schaute ins Auto, aber sie war nicht da – auch kein Hund. An einem Graben, wo wenig von dem furchtbar stacheligen Zeug wuchs, stelzte ich zum Rand der Küste, wo ich sie vermutete.

Ich hatte Recht. Dort sah ich sie am felsigen Ufer sitzen. Sie hatte sich mit einem Arm um Wölfchen geklammert, den Kopf an ihn gelehnt, und als ich näher kam hörte ich sie mit Wölfchen reden und dabei schluchzen. Ich blieb stehen. Und wieder bemerkte ich ein Gefühl, als hätte ich etwas Verbotenes getan. Wölfchen drehte den Kopf in meine Richtung und raste dann zu mir. Victoria trocknete schnell ihre

Tränen und war überrascht, jemand hier zu sehen – vor allem den, den sie wohl am wenigsten hier erwartet hätte. Sie hatte ihre Jacke ausgezogen und stand nun in einer engen karierten Bluse und einer dunkelgrünen Hose vor mir und kam sich etwas hilflos vor. Ihre Augen waren rot und sie griff sich verlegen in die Haare. Dabei sah sie mich an, als wollte sie gleich wieder losheulen. Ich hatte einen Klos im Hals, und mir ging es nicht besser. Langsam kam sie auf mich zu, und ich war nicht in der Lage, mich zu bewegen. Was da auf mich zukam, so hatte ich das Gefühl, war kein Mensch. Etwas übernatürlich Strahlendes - wie eine Vision – stand sie da vor mir. Ihre langen und dunkelroten Haare leuchteten in der Morgensonne, und der Ausdruck in ihrem Gesicht hatte immer noch etwas Geheimnisvolles, Schönes, das man mit keinem anderen Mädchen vergleichen konnte. Mir wurde der Satz bewusst, der bei Künstlern kursiert, der besagt: „Es gibt nichts Schönes, ohne etwas Seltsames in ihren Proportionen."

Nur ein paar Schritte entfernt stand sie vor mir, wartete einen Moment und kam dann angerannt, warf sich mir wieder um den Hals, drückte mich und weinte wieder heftig. Ich erwiderte ihre Gefühle und küsste sie ungestüm. Dann, nach dieser Begrüßung, sagte sie endlich mal etwas, während sie mir durch die Haare fuhr: „Hallo, mein Lieber. Ich habe dir viel zu erzählen. Wollen wir uns ins Auto setzen?" Sie zeigte zur Straße. Ich ging wie in Hypnose mit ihr, legte den Arm um sie und irgendwie überkam es mich und ich drückte sie mit ihrem weichen Busen an mich, streichelte ihr Gesicht und griff in ihr volles Haar. So blieben wir eine Weile im Graben stehen, bis sich ein Dorn vom Ginster in mich bohrte und ich zusammenzuckte. Wir lachten, als ich mir das Ding wieder herauszog. Es sind furchtbare Stacheln, mit denen diese Pflanze ausgestattet ist, und es haben bestimmt schon viele damit unangenehme Bekanntschaft gemacht.

Victoria öffnete die Türen am Auto, ließ Wölfchen auf die Rückbank und auch ich setzte mich neben sie in ungewohnter Weise auf den rechten Sitz. „Möchtest du fahren?", lachte sie wieder. Was für ein tolles Lachen, und die Gelassenheit in ihrer Stimme, auch wenn sie heftige Worte sprach – das alles faszinierte mich. „Ich bin noch nie links gefahren, außer mit dem Fahrrad. Es wäre aber ein Versuch wert", gab ich zur Antwort. Kurze Zeit ließ ich sie in dem Gedanken, dass ich es gern einmal versuchen wollte, doch sie meinte nur: „Los, dann fahr mal, aber wohin?" „Nein, nein. Du bist hier zu Hause und beherrschst es bestimmt besser als ich."

Dann lehnte sie sich zurück, schaute an die Decke im Auto, als wollte sie nach Flecken Ausschau halten. Ich beobachtete sie intensiv, was mir einen Gefühlsschauer nach dem anderen bescherte. „Es gibt viel zu erzählen oder zu berichten. Ich weiß gar nicht, wo ich anfangen soll. Vielleicht dort, wo ich dich – wie du glaubst – im Stich gelassen hätte?" Ein Blick traf mich wie ein Schlag. Dieses fantastische Gesicht …!

Herrlich, ich konnte gar nicht genug kriegen, sie anzuschauen. „Ja, war es nicht so?" Ich spielte den Empörten und sah zum Fenster hinaus. „Ach, das glaubst du wirklich, wo wir doch schon …?", meinte sie und sah weg.

„So was hatte ich schon öfter erlebt. Es ist schwer, es in diesem Moment anders zu sehen. Wie war es denn zu verstehen?" Auf die Antwort war ich gespannt. „Wie soll ich's sagen? Sei nicht sauer, wenn ich dir jetzt etwas sage, ja?" Ich nickte gezwungen. „Also." Sie zwang sich dazu, sachlich zu antworten. "Ich habe einen Freund, doch …" Weiter kam sie nicht, als ich ihr ins Wort fiel: „Aha, ich dachte es mir schon." „Mein Gott, lass mich doch mal ausreden." Ihr Blick sprach Bände und war bestimmend. Ich blieb ruhig. „Also noch mal …! Als ich von zu Hause wegfuhr und deine Sachen aus dem Auto nahm, fuhr ich zu ihm. Er wohnt dort, wo ich arbeite, in der gleichen Stadt. Ich wollte mit ihm Schluss machen, weil ich ihn schon mehrfach sah mit einem anderen Mädchen. Er gab auch offen zu, als ich ihn ansprach, dass er noch ein anderes Mädchen kennt, mit dem er eine intensive Beziehung hätte. Das war nichts für mich. Jetzt war Schluss mit diesen Kapriolen. Ich hatte ihm meine Meinung gesagt und Schluss gemacht. Er war eh so ein Angeber. Seine Eltern hatten viel Geld, und ich muss zugeben, das hatte mich etwas gereizt. Jetzt kann er's mit der anderen ausgeben. Ich bin froh, dass ich so weit bin. Die Sachen von dir hatte ich aus dem Auto getan, damit er sie nicht sieht und keine dummen

Fragen stellen sollte. Ich hatte mich kurz vorher durchgerungen, dass ich nur mit dir zusammen sein wollte. Was meinst du, was mir meine Eltern erzählten, als ich zurückkam. Vor allem, was war ich geschockt, als ich sah, dass du weg warst. Doch jetzt bin ich sehr froh darüber, dass du bei mir bist." Sie kam näher und schmiegte sich an mich. Es tat mir gut, so nahe wieder bei ihr zu sein.

„Wie ist es jetzt mit deinem Urlaub? Hattet ihr einen gemeinsamen Urlaub geplant, du und der andere?" Sie blieb halb auf mir liegen und meinte nur: „Eigentlich nicht. Doch lass uns von etwas anderem reden, zum Beispiel – wo wolltest du denn überhaupt hin? Hätte ich dich nicht zufällig gesehen, dann wäre die Geschichte beendet gewesen mit uns, oder?" Ich überlegte nicht lange: „Ja, sie war eigentlich beendet. Versetze dich doch mal in meine Lage." Nach einer Pause erklärte ich ihr: „Deine Eltern haben mir die Gitarre geschenkt. Nicht dass du meinst, ich hätte sie einfach mitgenommen." „Das ist schon gut so. Ich werde es wohl nie lernen."

Nach einem ausdauernden Gespräch über meine, ihre und vielleicht unsere Zukunft, waren wir an dem Punkt angelangt, wo sich die Frage stellte, würden wir gemeinsam in den, in ihren, Urlaub fahren oder nicht? Und wohin?

Als hätte sie meine Gedanken erraten, fragte sie: „Würdest du mit mir wegfahren für acht oder vierzehn

Tage? Irgendwohin. Es muss nicht weit weg sein. Wir könnten gleich starten. Ich habe alles dabei, und ich glaube, Wölfchen hätte auch nichts dagegen." Ich freute mich darüber, dass sie fragte und außerdem der Gedanke, dass Wölfchen dabei wäre. „Wollen wir zelten oder irgendwo in einem Zimmer übernachten?", fragte ich zurück. „Ich würde sagen, mal so, mal so, wie wir gerade drauf sind. Mit dem Hund wird es wohl nicht immer möglich sein ein Zimmer zu bekommen."

Ich rechnete kurz nach. „Acht Tage wären vielleicht noch drin. Dann muss ich mich aber auf den Weg machen. Von hier aus würde die Heimreise ungefähr vier Tage dauern. Hättest du eine Idee, wo wir hinkönnten? Ich kenne hier nichts, was ich gern mal sehen möchte." Sie überlegte kurz und erwähnte dann Skye. Doch die Zeit würde nicht ausreichen, dort ausgiebig einen wenigstens etwas erfüllten Urlaub zu genießen. Und das Suchen nach der Stelle, wo der Musiker und die Victoria aus dem Schloss vielleicht gewohnt hätten, habe ich längst aufgegeben.

Also, Skye und der Westen von Schottland ist nicht mehr drin. Aber …, bestimmt gibt es noch eine interessante Stelle im östlichen Schottland. „Vielleicht müssen wir gar nicht weit fahren, um etwas Schönes zu erleben." Victoria überlegte und meinte dann: „Warst du schon mal an einem Steinkreis?" Davon hatte ich schon gehört und auch Bilder gesehen, konnte mir aber keinen Reim auf den Wert dieser Anlagen machen. „Wo gibt es denn einen? Ist es weit weg?" „Eigentlich gibt es übers ganze Land verstreut irgendwelche Steine, die eine Bedeutung haben, aber es gibt im Grunde genommen nur zwei Kreise von Bedeutung in Schottland.

Da ist der eine auf der Insel Lewis, ganz im Westen oben, und der andere befindet sich auf den Orkneys. Das ist nicht allzu weit von hier. Ich war schon mehrmals dort, von Berufs wegen." Nach einer Pause: „Und wenn wir ein Stück weiterfahren, kommen wir auf die Straße, die direkt nach Scrabster führt, dort können wir die Autofähre nehmen nach Stromness auf den Orkneys. Kennst du nicht? Macht nichts, ich kenne mich gut dort aus. Ich arbeite in der Nähe. Nicht weit davon entfernt liegt der Steinkreis. Er nennt sich ‚Ring of Brodgar'. Wobei es dort in der Nähe mehrere gibt, aber der ist vollständiger und weit bekannter als die anderen."

Ich hatte vergessen, dass sie ja mit Reisen zu tun hatte und natürlich viel zu berichten wusste. „Interessieren würde mich das schon. Wenn du mit mir die Zeit verbringen möchtest, ich wäre bereit. Allerdings müsste ich spätestens am Sonntag, Ende nächster Woche, in New Castle sein, von dort geht die Fähre nach Hamburg. Und es wird dann ein weiter Weg sein, von dort oben bis dort unten. Da bin ich bestimmt den ganzen Tag unterwegs, um mit dem Zug dorthin zu kommen.

Doch bis dahin haben wir noch eine Woche für uns." Ich verstaute mein Fahrrad im großen Kofferraum, und dann widmete ich mich wieder Victoria. Sie krallte sich an mir fest, und es wurde mehr daraus.

Die Straße nach Norden hatten wir bald erreicht, und es ging schnurstracks an den äußersten Festlandspunkt Schottlands. Wir waren etwas mehr als eine Stunde unterwegs bis in die Stadt, in der Victoria arbeitete, Thurso. Sie zeigte mir das Haus: „Siehst du, da in dem Haus befindet sich das Reisebüro, meine Arbeit." Es machte wie alle Häuser hier einen eher massiven, aber ausgewaschenen Eindruck, trotz der Sonne, die gerade an einem wolkenlosen Himmel ihr Bestes gab. Was mich verwunderte: es gab hier Bäume, allerdings nur hinter Mauern und Gartenzäunen.

„Gefällt dir deine Arbeit?", fragte ich. „Ich glaube, das ist genau das Richtige. Ich bin oft unterwegs und erlebe viel. Habe mit Menschen zu tun und verdiene auch noch sehr gut." Sie sah irgendwie glücklich aus. „Außerdem bekam ich von meinem Chef vor ein paar Monaten dieses Auto – fast geschenkt! Er weiß, was er an mir hat. Wir verstehen uns gut. Auch mit den anderen Mitarbeiterinnen verstehe ich mich sehr gut. Dieses Betriebsklima wollte ich nicht eintauschen mit irgendeiner anderen Büro- oder Fabrikarbeit, selbst, wenn ich doppelt so viel verdienen würde." Sie sah mich irgendwie fragend an. „Du musst dir keine

Gedanken machen, der Chef ist schon älter und für mich außer Reichweite." Sie lächelte und schaute wieder auf die Straße.

„Wie ist das mit dir? Ich glaube, dass ich nicht fragen muss, ob dir deine Arbeit Spaß macht. Malst du jeden Tag in deinem Atelier?" Ich musste nicht überlegen: „Eigentlich ja, auch wenn es manchmal eher wenig ist. Das hängt davon ab, wie dringlich eine Sache ist oder wie kompliziert. Oft bin ich auch draußen in der Natur, um zu malen. Dort entstehen die eindrucksvollsten Gemälde. Ich werde auch schon mal eingeladen, um irgendein Portrait in der Wohnung des Kunden zu malen. Das ist meistens eine verrückte Sache, bis das Bild fertig ist. Es entstand eine kleine Pause: „Du müsstest mal in mein Atelier schauen. Oder mal eine Ausstellung mitmachen. Fantastisch! Es ist natürlich nicht jedermanns Sache. Man sollte schon ein bisschen Kunstinteresse mitbringen. Womöglich werde ich eine Ausstellung machen nur mit Schottlandbildern. Diese Landschaft ist faszinierend. Auch hier oben. Dieses Licht!" Victoria sagte nichts. Vielleicht war es auch verrückt von mir, einen Moment so aus dem Nähkästchen zu plaudern. Wir fuhren aus der Stadt noch ein Stück weiter, bis zu dem Hafenstädtchen, in dem die Fähre zu den Orkneys ablegen würde, nach Scrabster.

Victoria war nicht mehr bei ihren Eltern zu Hause vorbeigefahren, war mir aufgefallen. Es hätte auf dem Weg gelegen – ein kleiner Umweg. Doch, bestimmt

waren sie es gewohnt, dass sie selbständig handelt und irgendetwas unternimmt, ohne zu fragen, einfach so! Nun, ich hatte es ja auch schon erlebt. In der Zukunft sollte ich darauf gefasst sein.

Victoria machte noch eine kleine Tour durch das betriebsame Städtchen. Es vermittelte mir einen sonderbaren Eindruck. Einen Urlaubsort stellte ich mir anders vor. Graue Steinfassaden, hie und da eine helle Fassade, die schon lange keine Farbe mehr gesehen hatte, kleine Geschäfte, viele Karren und viele Menschen auf der Straße. Eine eher unnahbare Stadt, die wohl in erster Linie vom Fischfang lebte. Alles drehte sich hier um den Hafen, obwohl ich auch hier einige Bäume in den Gärten sah und davon ausgehen sollte, dass es auch noch etwas anderes gab außer Fischfang.

Wir mussten noch eine Stunde warten, bis die Fähre uns zu den Inseln bringen würde. Doch bis es so weit war, gab es im Hafen viel zu bestaunen, und die Betriebsamkeit all dieser Menschen faszinierte mich genauso wie die Einsamkeit, von der ich in den letzten Tagen viel mitbekam. „Fahr doch mal zu den Jungs da vorne, die mit dem Karren", sagte ich und zeigte zu den Kindern, die einen übervollen Karren zogen, der mit allerlei undefinierbarem Kram vollgepackt war. Sie hielt an und ich sprang aus dem Auto, holte das Fahrrad und stellte es neben hin. Als die Jungs hier vorbeikamen, rief ich einen herüber und vermachte ihm das Rad. Natürlich konnte er das kaum glauben, aber mit eindrucksvollen Gesten machte ich ihm klar, dass es ab jetzt ihm gehörte, dann waren wir auch schon wieder weg. Victoria sagte nichts zu der ganzen Sache.

Nun, ab jetzt war ich auf sie und ihr Auto angewiesen. Keine Fahrt mehr in die Highlands mit dem Rad wie geplant ...!

Es war schon ein merkwürdiges Gefühl mit dem Auto in das aufgerissene Maul der Fähre zu fahren, das dann später zuklappte, als wollte es alles verschlingen. Vom Deck aus konnte man heute bei schönem Wetter erleben, wie wir uns aus dem Hafen entfernten, der blauen und ruhigen See zustrebten und so langsam den Orkneys näherkamen. Schroffe Felsen, die in einem Rot strahlten, waren das erste, was wir zu sehen bekamen. Absolut malerisch war der einsame, steil aus dem Wasser ragende Felsen „Old Man of Hoy". Leider hatte ich meine Zeichenutensilien im Auto zurückgelassen. Doch bestimmt könnte ich auf der Rückfahrt einige Skizzen machen. Die Fähre zog eine Schleife um die Insel Hoy nach Stromness auf der Insel Mainland. Hier endete die Seereise.

„Bist du daran interessiert, mal einen Abstecher nach Kirkwall zu machen? Es ist die Hauptstadt hier auf den Inseln. Ich finde es sehr schön dort, immer, wenn ich dort hinkomme - und das ist oft im Jahr - freue ich mich, durch die Stadt zu schlendern." Natürlich interessierte mich die Welt hier oben. Die karge Landschaft mit ihren fantastischen Farben, die Freude ebenso ausstrahlten wie Depressionen. Dieses, oftmals als Widerspruch angesehen, war es, was ich wiedergeben wollte in meinen Bildern.

Viele verzwickte Gässchen gingen von der nicht enden wollenden Straße in Stromness ab, die teilweise so eng war, dass wir dachten, nicht mit dem Auto durchzukommen. Vor allem die beiden letzten alten Häuser in der Straße waren so dicht beieinander, dass wir die Spiegel zurückklappen mussten. Überhaupt stellten wir eine Seltenheit dar – ein Auto, das nichts mit dem Fischfang zu tun hatte.

Kirkwall war wirklich eine recht nette Stadt. Mit der großen Kirche und den Parks, die ebenfalls viele große und alte Bäume aufzuweisen hatten. Die rote Magnuskirche wollte ich mir aber dennoch ansehen, und so hielt sie an, und ich ging allein in die Kirche. Hier herrschte eine wunderbare Atmosphäre. Nur kurz blieb ich allerdings in der tollen, aber dunklen Kathedrale.

Wir fuhren weiter. Victoria hatte ein kleines Restaurant im Blick und wir steuerten darauf zu. Und zu meiner Überraschung war es ein gemütliches Pub. Ich war hin und hergerissen, so gut gefiel mir die Atmosphäre in diesen Räumlichkeiten. Die edle Ausstattung war genau nach meinem Geschmack. „Du hast ein Händchen für Überraschungen, das muss man dir lassen", erwähnte ich aus der Freude heraus, mal wieder etwas zu erleben, das nichts mit Geistern oder Ähnlichem zu tun hatte. Nachdem wir die Köstlichkeiten des Hauses

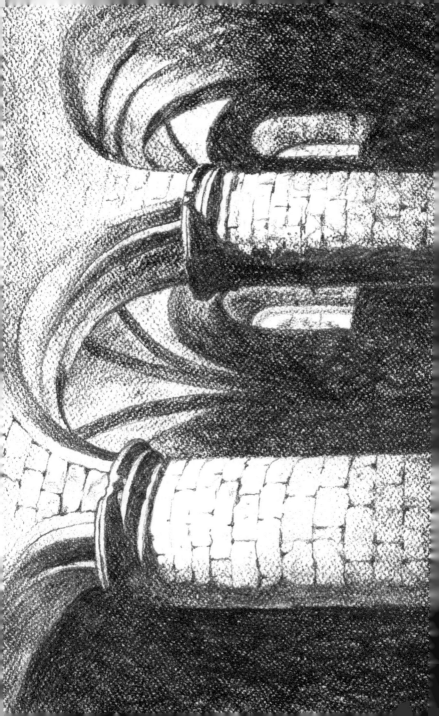

verspeist und ein wirklich gutes Gespräch dabei geführt hatten, setzten wir uns ins Auto und besprachen unser weiteres Ziel. „Es gibt noch viel zu sehen hier auf den Inseln. Doch heute wird das nichts mehr. Es wird schon langsam dunkel. Lass uns zum Steinkreis fahren, dort kann und darf man zelten. Oder möchtest du lieber hier in einem Hotel übernachten? Doch, es wird so sein, dass man hier nicht mit dem Hund ein Zimmer bekommt. Außerdem kann man am Kreis einen wunderbaren Sonnenuntergang erleben. So was siehst du nie wieder." Sie wusste gar nicht, wie recht sie damit behielt, wie sich noch herausstellen sollte.

Dann war es festgelegt, dass wir zelten würden, denn sie warf den Motor an und wir fuhren mit hoher Geschwindigkeit zur anderen Seite der Insel. Auf einem Landstreifen, der im Wasser zu liegen schien, befand sich der Ring of Brodgar, der Steinkreis, mit einem großen Durchmesser. Die meisten Steine schienen noch da zu sein. Als wir ankamen waren noch ein paar Touristen da, die im Kreis an den Steinen vorbeiliefen – andächtig wie in einer Kirche. Was empfanden diese Menschen dabei? Zwei saßen in der Mitte im Heidekraut, das hier bereits blühte. Es musste eine Faszination von den Steinen ausgehen, die ich allerdings noch nicht wahrnehmen konnte – noch nicht, aber es sollte noch kommen!

Etwas später, als sich die Touristen, oder vielleicht auch Esoteriker, von dieser historischen Stätte zurückgezogen hatten, war die Sonne bereits tief am Wasser angekommen. Es war wirklich ein atemberaubender Augenblick, hier zwischen den Steinen die dunkelrote Sonne in einem orangefarbenen Himmel zu sehen, die sich dann allmählich ins Wasser senkte und den Steinen einen unwirklichen Schein gab. Jetzt sah ich die Steine bereits mit einem anderen Interesse an. Es war eine besondere Gesteinsart mit vielen grünlichen Einschlüssen, die jetzt wie Perlen leuchteten. Ich kam langsam ins meditieren.

„Da unten, nicht weit vom Wasser, dort könnten wir das Zelt aufbauen. Sollen wir?", rief Victoria und riss mich aus meinen Gedanken. Nun, wir bauten das Zelt auf, packten alle unsere Sachen hinein und bereiteten unsere Schlafsäcke vor. Auch für Wölfchen hatten wir einen Platz reserviert. Außerdem gab es zuerst mal etwas Leckeres für ihn zu futtern. Ich fand, dass er inzwischen eine wichtige Verbindung zwischen uns darstellte.

„Darf ich mal deine Zeichnungen durchsehen, die du bis jetzt in Schottland angefertigt hast?" Sie hatte bereits die Mappen und Skizzenblöcke in der Hand und setzte sich draußen ans Zelt. Als sie ein paar Seiten angesehen hatte, fiel ihr das Bild von Victoria im Schloss, das Portrait, das ich in den Ruinen angefertigt hatte, in die Hände. „Wann hattest du das gezeichnet? Ich finde, dass ich hier drauf gut aussehe." Ich stockte einen Moment und gab dann zurück: „Dazu muss ich dir eine Geschichte erzählen. Allerdings wirst du sie nicht glauben, so unbegreiflich ist sie. Doch ich hatte sie erlebt, in den Ruinen, dort, in der Nähe von eurem

Haus. Ich hoffe, du hast keine Angst vor Geistergeschichten." Sie schüttelte ungläubig den Kopf und sah mich an, als hätte sie gerade eine Erscheinung.

Also, jetzt war es soweit, jetzt würde sie erfahren, wie das war in den Ruinen. Ich erzählte ihr alles, bis ins kleinste Detail. Ich beobachtete sie, während ich erzählte. Sie vergaß zeitweise das Atmen und sah mich irgendwie angstvoll und doch interessiert an. Dann, als ich fertig war, legte sie die Zeichnungen zusammen, schlang die Arme um mich und küsste mich mit einer unglaublichen Erregung, so dass mir fast der Atem wegblieb. Dann sah sie mir in die Augen und meinte: „Dich lass ich nicht mehr los. Diese Geschichte ist für mich wie ein Hinweis, dass wir irgendwie zusammengehören."

„Wollen wir was essen?", meinte ich, um ihre Aufregung etwas zu dämpfen. „Ja, ich hab noch etwas Feines als Überraschung." Das Licht über dem Wasser und am Ring hatte bereits soweit abgenommen, dass man nur noch wenig erkennen konnte, und doch wollte ich noch mal zu den Steinen. Irgendwie faszinierten sie mich. „Ich gehe noch mal kurz rüber zum Ring", rief ich ihr zu und ging auf die Anhöhe zu den Steinen. „Warte, ich komme mit", hörte ich aus dem Zelt. Doch ich ging schon los, langsam übers Gras zu dem ersten Stein, den ich erreichte. Hier fuhr ich mit der Hand die merkwürdigen Rillen im Gestein nach und berührte abwechselnd die glänzenden, in dem wenigen Licht grün schimmernden Einschlüsse. Danach stellte ich mich mit dem Rücken an ihn, um noch etwas vom fantastischen Sonnenuntergang zu erhaschen. Ein leises, helles Brummen ertönte irgendwo hier in meiner Nähe. Ich dachte mir nichts dabei. Victoria kam auch über die Weide, wo auch am Abend noch Schafe grasten, zu mir herüber. „Konntest du nicht warten", hörte ich sie rufen, als sie noch ein paar Meter von mir weg war. Dann sah ich sie wie durchsichtig und …, weg war sie.

Ich stand wie angewurzelt noch am Stein, während es plötzlich um mich herum heller Tag wurde. Der Himmel hatte sich zugezogen und es begann zu nieseln. Keine Victoria, kein Hund, kein Zelt, kein Auto. Alles war weg oder … noch nicht da! Wieder so eine Zeitreise. Was empfindet jetzt Victoria? Sie hatte ja noch nie so etwas erlebt. Was musste sie jetzt denken, wo ich so plötzlich vor ihren Augen verschwand? Was haben wir für ein Jahr oder Tag? Ich machte den Anorak zu und stellte den Kragen hoch. Wohin jetzt? Irgendwie logisch war es jetzt, unter die Menschen zu gehen. Also auf zum Hafen.

Ich hatte schon ein paar Stunden zu gehen, bis ich in den Hafen von Stromness kam. Einige Kutter lagen hier an der Kaimauer und zu meiner Verwunderung auch ein Kriegsschiff. Es sah aus, als sei es ein Geleitoder vielleicht ein Torpedoboot. So genau kannte ich mich da nicht aus. Jedenfalls erinnerte mich das Schiff an den letzten Krieg. Vor dem Schiff auf dem Kai war ein Menschenauflauf. Es sah aus, als würde man die

Matrosen verabschieden. Nicht weit von dem ersten Kutter stand eine Bank an der Kaimauer. Ein alter Mann mit Wollmütze und Pullover saß darauf. Ich wollte mehr über die Zeit erfahren und setzte mich neben ihn. „Hallo, was ist denn dort los?", war meine Frage an den Fischer. Wie mir schien, gehörte er zu dem Kutter, denn direkt neben ihm stapelten sich die Reusen. „"Die stören alles. Wegen denen konnten die andere Fischer heute nicht anlegen und müssen draußen warten, bis sie wieder weg sind. Dort werden die Soldaten verabschiedet, die endlich den Krieg hinter sich haben. Gott sei Dank ist der Krieg jetzt vorbei. Das Jahr 45 wird wohl in die Geschichte eingehen." Aha, 1945 schrieben wir.

Es fing an, stärker zu regnen, und der alte Fischer wollte aufstehen, doch er hatte Mühe, sich zu stellen und hielt sich für einen Moment an mir fest. „Kann ich Ihnen helfen?", fragte ich ihn. „Ja, wenn Sie mir bitte den Karren dort holen wollten." Er zeige in die Richtung, wo eine Menschentraube laut ihre Söhne oder Väter in Empfang nahm. Dort stand weiter hinten ein zweirädriger Karren. Ich zog meinen Anorak aus, legte ihn dem Alten um die Schulter und ging zu dem Karren. So schob ich mich durch die Menge der vielen Menschen, die vor Wiedersehensfreude mich kaum wahrnahmen. Gerade, als ich nach dem Karren greifen wollte, beobachtete ich, wie Kinder, unbeobachtet von den Eltern, Nachlaufen spielten. Eines der Kinder, ein kleines Mädchen, stolperte über eine Menge Seile die dort lagen, verfing sich und stürzte zwischen Kaimauer und Kriegsschiff hinunter ins Wasser. Niemand hatte es bemerkt. Ich rannte zu der Stellte und rief die Menschen an, die mir im Weg standen. Dann sprang ich in die Tiefe, wo das Mädchen ohnmächtig auf dem Wasser trieb. Es war anscheinend mit dem Kopf auf die schwere Kette geschlagen, die im Wasser hing. Ich war geschockt, wie kalt das Wasser war und schwamm schnell zu ihm hin, griff es und entfernte mich aus der Nähe des Schiffs.

Unweit der starken Trossen befand sich eine Steintreppe in der Mauer, die, zwar stark mit Moos und Algen bewachsen, doch die rettende Stelle war, um das Kind hinaufzubringen.

Inzwischen hatten sich etliche der Leute am Rande der Kaimauer angesammelt, und ich hörte eine Frau rufen: „Patti! Patti!", und als ich endlich auf den rutschigen Stufen oben ankam, nahm man mir sofort das Kind aus den Armen, und sie bemühten sich um das Mädchen, damit es, wie ich dann sah, wieder zu sich kam. „Patti, was machst du denn für Sachen?" Und gleich darauf kam noch ein Matrose, der leicht hinkte, und nahm das Mädchen auf den Arm.

Ich zog es vor zu gehen. In dem allgemeinen Aufruhr, nahm man nicht wahr, dass ich wegging. Ich wollte den Karren holen und zurückgehen, aber er war nicht mehr da. Auch der Alte Fischer war weg. Meinen Anorak hatte er über die Bank gehängt. In den nassen Klamotten fühlte ich mich nicht wohl und zog mein

Hemd aus, um es auszudrehen. Mit der Hose, nun, das würde sich schon geben, dachte ich, wir haben ja bereits Mai. Doch, wo sollte ich jetzt hin? Hinter mir war man immer noch mit dem kleinen Mädchen beschäftigt, das man inzwischen aufs Schiff transportierte. Ich machte mich aus dem Staub, damit mich nicht auch noch dieser Rummel erreichte.

Nachdem ich mir das Wasser aus den Schuhen gekippt hatte, schlug ich den Weg in die Stadt ein. Doch, was sollte ich dort? Ich hatte nichts dabei, kein Geld – was mich allerdings auch nichts genutzt hätte. Nur das Medaillon hatte ich immer noch in der Tasche. Ich sah es mir nochmals an. Mich fröstelte es etwas. Also, was bleibt? Vielleicht sollte ich zurückgehen zum Kreis und probieren, ob ich nicht wieder zurückkommen kann. Ehrlichgesagt, ich hatte wenig Hoffnung. Doch hier irgendwo herumhängen in einer sinnlosen Zeit, das war auch nicht das Wahre. Was würde ich tun, wenn der Hunger so groß werden sollte, dass man auch auf dumme Gedanken käme?

So entschloss ich mich, wieder zurückzugehen. Stunden dauerte es, bis ich wieder dort ankam. Meine Kleider waren fast trocken durch den Wind, der mir ständig entgegenströmte. Als ich näher kam, beobachtete ich einen Mann, der ständig im Ring hin und her ging. Ich kam näher und wartete erst mal ab. Er hatte einige Zettel in der Hand und ging von dem einem zum anderen Stein, abwechselnd mal diesen berührend oder mal einen anderen. Ich stand an einem Stein und hielt mich leicht erschöpft an ihm fest, um diesen Fremden besser beobachten zu können. Es war ein älterer Mann in einem Trenchcoat.

„Würden Sie bitte die Hand von dem Stein nehmen!?" So rief er mir zu und kam zu mir. „Darf ich mich vorstellen, ich bin Oliver Past und befasse mich schon viele Jahre mit den Steinkreisen. Dieser hier hat es mir besonders angetan." Ich stellte mich ebenfalls vor und teilte ihm mein Vorhaben mit. Er sah mich verdutzt an und dann begann eine Erklärung, warum man nicht an die Steine fassen sollte. „Dazu muss ich Ihnen sagen, dass dies keine Steine sind. Bestimmt halten Sie mich für verrückt, denn jeder sieht doch, dass das Steine sind. Nun, es verhält sich anders. Diese sogenannten Steine wurden vor circa fünf tausend Jahren hier aufgestellt, und zwar von den Menschen, die vor langer Zeit als andere Wesen in diese Dimension kamen, die menschliche Form und Art angenommen hatten und feststellen mussten, dass sie nicht mehr von hier wegkonnten. Sie besaßen allerdings viele Fähigkeiten, von denen wir alle nur träumen können. So zum Beispiel das Heben und Befördern dieser Steine. Außerdem standen sie noch im Kontakt mit den Wesen aus der anderen Dimension, wo sie einst herkamen. Diese schickten etwas hierher, was man dann in eine andere Form brachte, damit es sichtbar wurde und somit auch genutzt werden konnte: die Steine! Sie hatten nicht nur die Aufgabe, wie es die Wissenschaftler oder Archäologen sehen, als Kalender, sondern in der Hauptsache als Berater und in heilender und helfender Funktion.

Inzwischen kennt niemand mehr die Formel, um diese Wesen anzusprechen." Er zeigte auf die Steine ohne hinzusehen. „Alles ist vergessen und weg aus dem Gedächtnis der Menschheit. Nur eine Handvoll Menschen kümmert sich weltweit noch intensiv um diese alten Geschichten und die Bedeutung dieser Kultur."

Er machte einen tiefen Atemzug und fuhr fort: „Ich habe inzwischen einiges herausgefunden, was man vielleicht mit einer Sensation bezeichnen könnte, doch es glaubt niemand." Wieder stockte das Gespräch, und er sah mich irgendwie an, als hätte man ihm gerade Prügel angedroht. „Doch möchte ich Ihnen gern behilflich sein, denn das, was Sie vorhaben, ist möglich. Ich beschreibe Ihnen jetzt mal, was Sie tun müssen. Wenn Sie mir bitte folgen würden."

So ging er voraus zum Mittelpunkt des Rings. Dort war eine Stelle, wo kein Gras oder Heidekraut wuchs. Ein Zeichen, dass die Touristen oder Besucher dieses Kultzentrums auch schon oft hier eine Zeit in der Mitte des Kreises verbrachten - wissentlich oder unwissentlich der Geheimnisse, dieser Stätte. „Setzen Sie sich hier hin." Er zeigte nicht auf die kahle Stelle, sondern einen Meter weiter auf die Wiese. „Der Mittelpunkt ist nicht dort, wo alle sich hinsetzen, sondern hier. Das ist wichtig." Er setzte sich neben mich ins Gras und erklärte mir, was ich jetzt denken sollte. „Stellen Sie eine Frage. Nicht an mich, sondern an die." Er zeigte in die Runde. „Am besten laut, und Sie werden sofort Antwort bekommen. Allerdings nicht

hörbar für mich, sondern nur für Sie. Einst konnten alle hören, welche Antwort gegeben wurde, das geht heute nicht mehr. Die Antwort auf Ihre Frage erfolgt nur in Ihrem Kopf, aber auch recht laut." Ich sah ihn unsicher an und er meinte: „Machen Sie's ruhig, es klappt." Dann begann ich laut mit der Frage: „Wer war der alte Fischer am Hafen?" Ich horchte in mich hinein, doch das erste, was ich vernahm, war ein feines Brummen. Dann hörte ich wirklich in mir jemand sprechen: „Dieser Mann war der Alte aus den Ruinen, der im Schaukelstuhl. Er hatte es veranlasst, dass du dort hinkommst. Es war sehr wichtig. Wenn du nicht dort gewesen wärst, gäbe es keine Victoria und keine Liebe für dich. Da es von uns ausgesprochen wurde, dass du mit ihr zusammen kommen sollst, musste es geschehen. Dein Vorhaben wird gelingen." Dann hörte ich nichts mehr, außer dem feinen Summen.

Er hatte bemerkt, dass das Gespräch beendet war und meinte: „Dieses Brummen, das Sie gerade hören, entsteht durch hohe Frequenzen, die wiederum von den Schwingungen all dieser Steine herrühren. Sie stehen jetzt gerade mit der anderen Dimension in Kontakt. Man beobachtet Sie mit Argusaugen. Wenn Sie jetzt die Regel beachten, sind Sie gleich dort, wo sie hin möchten." Wir standen auf, aus der nassen Wiese und gingen aus dem Ring. „Suchen Sie sich ein paar kleine Steine, so sechs oder sieben Stück, und stecken Sie die in ihre Hosentasche. Dann gehen Sie zu dem Monolithen, an dem Sie die Zeit verlassen hatten. Dort legen Sie den größten dieser Steine hin, direkt an den Menhir." Das tat ich dann, obwohl ich darüber nachdachte, warum er gerade so verschiedene Worte für die schiefen Steine benutzte. „Danach gehen Sie jeweils weiter in der Zahl, wie das Jahr ist, in dem Sie ankommen wollen. Also einen Stein oder Monolithen weiter bei der Zahl eins und legen dort einen anderen kleinen Stein hin. Für die Neun dann neun Steine weiter und sofort." Pause! „Es gibt auch noch andere Systeme." Er sah mich an, als wollte er fragen, wie und ob ich es verstanden hätte. „Man kann auch Ortsveränderungen vornehmen." Er war jetzt in seinem Element. Das wollte ich alles nicht, sondern ganz einfach zurück zu Victoria - ganz einfach ...!

„Also, ich werde das mit den Steinen probieren", sagte ich zu ihm. Er war etwas aufgeregt. „Ich habe noch nie gesehen, wie es jemand durchgeführt hatte. Alles war bisher nur Theorie. Jetzt bin ich gespannt." Also Versuchskaninchen! Wie konnte er so sicher sein? Egal, ich mach's. Was, wenn ich wieder woanders hingerate? Nun, dann mache ich mir darüber Gedanken, wenn's passiert. Jetzt probiere ich's, sagte ich zu mir.

Außerhalb des Rings, wo der Boden etwas abfiel, lagen die Steine, die ich benötigte und tat, wie er es mir erklärte. Er beobachtete mich genau dabei, sagte aber nichts. Dann kam der letzte Stein. Ich legte ihn hin und ..., nichts passierte. „Das hab ich mir gedacht", war die Reaktion vom Steinkreis-Fachmann. „Hab' ich was falsch gemacht?" „Nein, sie müssen jetzt noch zurückgehen zu dem ersten Stein und ihn berühren, dann war's das." Also, ich ging zurück und berührte den Stein, und es wurde dunkel um mich. Nun, das hatte schon mal geklappt! Dann wurde es wieder etwas heller, und ich stand noch immer an dem Stein und sah, dass im Osten bereits die Sonne aufging. Ich muss sagen, dass ich nicht sonderlich überrascht war, und dass mir das Schauspiel mehr wie eine Kinovorstellung vorkam. Da hatte ich schon andere Dinge erlebt. Was sagte die „Stimme" noch? Es gäbe Victoria nicht, wenn …! Warum nicht? Ich schaute in die Runde und musste feststellen, dass das Zelt wieder dort stand, das Auto ebenfalls. Der eine Teil des Zelteingangs war zurückgeschlagen. Victoria musste hier sein. Ich freute mich und ging schnell hinunter zum Zelt, das in der Nähe des Wassers aufgebaut war, um sie zu begrüßen.

Ich hatte noch nicht richtig den Weg, die paar Meter, eingeschlagen, da schaute ein Kopf aus dem Zelt, und gleich darauf schoss auch schon Wölfchen wie eine Rakete zu mir, sprang an mir hoch und jaulte. Natürlich war das ein Signal für Victoria. Sie schaute ebenfalls aus dem Zelt, rannte barfuß und halb nackt mir entgegen und klammerte sich schreiend an mich. So was hatte ich noch nie erlebt, dass ein Mensch mich so gemocht hatte, selbst meine Mutter hatte es nie so gezeigt. Ein göttliches Gefühl des Zusammengehörens löste auch in mir einen gewaltigen Druck, der sich die ganze Zeit angestaut hatte, und ich weinte ebenfalls, auch vor Freude, dass ich wieder hier in dieser Zeit und bei Victoria war. Wölfchen störte uns und raste freudig umher. „Erzähle, los, was hast du erlebt, wo warst du?" Nach dem ich den dicken Kloß im Hals runtergeschluckt hatte, schilderte ich ihr die aktuelle Situation und die Erlebnisse. Ich zog andere Sachen an, wobei ich den Eindruck hatte, dass alles wieder trocken war, nach dem Sprung ins Wasser. Doch währenddessen tat Victoria das gleiche. Sie zog ihren Schlafanzugteil aus, und es ergab sich, dass Victoria besonders schön aussah, nackt in dem einfallenden Morgenlicht …!

Wir schauten aus dem Zelt, doch dort hatte sich inzwischen die Sonne verzogen. Eine große schwarze Wolke sagte für den Tag nichts Gutes voraus. „Was meinst du, sollten wir tun?", fragte Victoria, „sollen wir hier bleiben, oder etwas unternehmen?" Ich überlegte, und … „Ich hab's!", fuhr sie zwischen meine Überlegungen, „wir fahren wieder nach Kirkwall. Dorthin, wo wir schon mal waren und machen dort ein fürstliches Frühstück. Dort gibt es alles, was man sich wünscht. Außerdem darf ich dort auch Wölfchen mitbringen. Die kennen mich schon und ihn. Ich war auch schon sehr oft mit Gästen hier. Was meinst du?" Da gab es nichts zu überlegen für mich. Ab, dort hin, bevor der Regen losbricht! Zu berichten gäbe es jetzt nur, dass wir alles ins Auto verfrachteten, nach Kirkwall fuhren, ein tolles Frühstück erlebten, und dass es inzwischen heftig regnete. Irgendwie ein warmer

Regen. Gerade, als wir gehen wollten, brachte uns der Kellner einen Zettel. Darauf stand: „Bitte, besuche die Ruine hier nebenan." Sonst nichts! Der Kellner wollte mir zeigen, wer ihm den Zettel gereicht hatte, doch jener Schreiber saß nicht mehr an seinem Tisch. Was sollte das wieder. Das galt bestimmt mir, dachte ich. Aber, wo ist hier eine Ruine? „Weißt du, wo hier in der Nähe eine Ruine ist?" Ich sah zu Victoria. „Ja, bei der St. Magnus-Kathedrale, wo du gestern warst. Dort ist der Palast eines Grafen, die Schloss-Ruine von dem Tyrannen „Black Patrick", und direkt dabei ist auch die Ruine des Bischofspalasts. Ich könnte dir jetzt viel darüber erzählen, du weißt, das ist mein Job." Sie sah mich an, als erwarte sie eine Antwort, aber ich war beim Grübeln, was das wohl wieder zu bedeuten hätte. Wer war dieser Schreiber?

Jetzt hielt mich nichts mehr in dem Pub, und wir verließen den wirklich gemütlichen Gastraum. Draußen regnete es in Strömen. Schnell ins Auto und um die Ecke, dann sah ich bereits die rote Kirche und direkt dahinter die Ruine.

„Ich nehme an, dass ich alleine dort hingehen sollte. Warte hier, Liebes. Bin bestimmt gleich zurück." Sie sah mich ungläubig an und meinte nur: „Wenn du in einer halben Stunde nicht da bist, dann weiß ich, dass es wieder länger dauern wird. Das mache ich nicht mehr mit, denk' dran!" Das war deutlich. Sie sah aus dem Fenster und wartete eigentlich darauf, dass ich gehen würde.

Es regnete wie aus Eimern. Ich lief rüber in die Ruine, die von beachtlichem Ausmaß auch jetzt noch eine gewisse Bedrohung ausstrahlte. In der benachbarten Bischofsresidenz sah es nicht besser aus. Doch hier in den Ruinen war es besser, als in den anderen, wo ich die sonderbaren Erlebnisse hatte, man musste wenigstens nicht über Dreck- und Steinhaufen klettern, um ins Innere zu gelangen. Innen gab es saubere Böden. Steinplatten waren hier noch sauber verfugt und die Wände ragten noch bis oben zum fehlenden Dach. Nirgends konnte man sich unterstellen. Als ich durch einen ehemaligen Eingang schritt, war dort der Kreuzgang. Hier regnete es nicht hin, hier blieb ich und wartete auf das, was mir wieder mal bevorstand - ich rechnete mit allem.

In diesem düsteren Gang stand ich mit dem Rücken an der Wand und schaute entspannend durch das Fenster, das mit einem Gitter versehen war, hinaus auf den ehemaligen Garten. Gerade, als ich mich entschloss, wieder zurückzugehen, weil ich dachte, dass die halbe Stunde gleich vorbei sei, erschien ein großer Mann in einem schwarzen Mantel – den Kragen hochgestellt und mit einem schwarzen großkrempigen Hut, den er weit ins Gesicht gezogen hatte. Er stellte sich vor mich, mit dem Rücken zum Fenster. So erkannte ich nur eine schwarze Silhouette und nicht das Gesicht. Er begann sofort mir eine Mitteilung zu machen, wobei er auf den Boden sah: „Damit das wahr wird, was einst gesagt wurde, müsst ihr nach Skye. Dort erwartet euch eure Zukunft. Erinnere dich an die Worte des

Musikers: ‚Im Süden von Skye, in der Nähe von Armadale, direkt am Wasser besitze ich ein kleines Cottage.'" Dann drehte er sich um und schritt durch den Torbogen in einen anderen Raum. Ich lief hinterher, um zu fragen, wann das Ganze stattfinden sollte, wo ich doch bald zurück nach Hause müsste. Doch in dem angrenzenden Raum war niemand, obwohl es keinen anderen Ausgang gab. Nun, diese Verwirrspielchen kannte ich bereits. Obwohl ich gerne gewusst hätte, wer sich hinter all dem geheimnisvollen Tun verbarg.

Jetzt schnell zurück zu Victoria, bevor sie verrücktspielt und wegfährt. Der Motor lief schon, und ich hörte bereits den unruhigen Fuß von Victoria auf dem Gaspedal. Worauf man sich bei Victoria verlassen konnte, war ihre Impulsivität. „Oh, du bist ja schon da!", rief sie mir zu, als ich die Tür öffnete. „Wie war's, hast du mit Drachen gekämpft oder einen Engel gesehen?" Ihre Ironie war nicht zu überbieten. Ich sagte nichts. Etwas später kam dann so etwas wie eine Rechtfertigung: „Entschuldige, aber ich war voll Angst um dich. Ich meinte es nicht so, wie es gerade rüberkam." Dann gab sie mir einen Schubs, lachte und fuhr einfach los, ohne, dass wir vorher irgendeinen Zielort ausgemacht hatten. „Wo wollen wir überhaupt hin?", war die Frage, als hätte sie meine Gedanken gelesen.

Nachdem ich ihr von der Begegnung erzählt hatte, und dass mir jetzt wieder die Insel Skye im Kopf herumginge, obwohl ich nur noch ein paar Tage hier bleiben

konnte, war ich gespannt darauf, wie sie reagieren würde. „Ich hab's ja gleich gesagt: Skye!", kam direkt zurück. „Würdest du hinfahren, heute, eh …, jetzt?", fragte ich halblaut und schaute sie nicht an, es hätte sein können, dass Blicke doch töten könnten. Sie antwortete nicht, sondern fuhr, nachdem wir bereits ein Stück zurückgelegt hatten, links ran, schaltete den Motor aus und schaute mir ernst ins Gesicht. Ich ahnte nichts Gutes und war darauf gefasst, dass sie sagen könnte: ‚Wie wär's, wenn du die Autotür von *außen* zumachen würdest?' Aber es kam anders.

„Also, jetzt möchte ich etwas wissen, und überleg dir genau, was du darauf antwortest: Möchtest du mit mir immer zusammen sein – für immer und alle Zeiten!? Wir sind gerade im richtigen Alter, eine große Auswahl wird sich wohl nicht mehr finden lassen. Ich mag dich, und ich liebe dich und würde gern mit dir durchs Leben ziehen, durch alles was im Guten oder im Schlechten auf uns wartet." Victoria schaute mit Tränen in den Augen aus dem Fenster. „Ich habe mir diese Frage genau überlegt." Sie machte eine kleine Pause: „Was war denn schon mein bisheriges Leben?! Ich hatte nichts, was auf eine interessante und lebenswerte Zukunft hindeutete. Alles war so normal, als hätte man plötzlich das Leben der Nachbarn angenommen. Trostlos war es schon immer hier bei uns. Man hatte nur das Überleben im Auge. Es gab keine Höhepunkte oder eine Zielvorstellung. Alles drehte sich im Kreis und es ging immer nur ums Durchhalten. Kaum eine Freude hier am Ende der Welt. Immer nur schlechtes Wetter und Fische, Fische, Fische. Du bist der, mit dem ich ein Leben in der Zukunft leben könnte, das nicht nur interessant werden könnte, sondern auch voll Liebe wäre. Das weiß ich, das weiß ich ganz genau. Meine Liebe könnte ich dir garantieren. Und mit dir Kinder zu haben, das stelle ich mir auch toll vor. Also, wenn unser Schicksal sich in Skye erfüllen sollte, aus welchem Grund auch immer, dann lass uns hinfahren und erzähle mir nicht immer davon, dass du nach Hause musst. Bei mir ist dein Zuhause! Wollen wir es wagen?"

Ich war platt. Das war wie in der Kirche vor dem Altar am Hochzeitstag. Alles sagte sie in einer leisen Stimme, die aber Entschlossenheit ausdrückte, und alles surrte durch meinen Kopf. Was ist die richtige Antwort? Sie weinte wieder. Ich zog sie zu mir rüber und drückte sie fest, nahm sie in den Arm und flüsterte ihr ins Ohr: „Alles das möchte ich auch." Und etwas lauter sagte ich: „Lass uns dann nach Skye fahren. Übrigens: Ich verspreche dir, dass ich nicht mehr davon rede, dass ich nach Hause möchte, denn ich möchte hier bleiben – hier bei dir. Egal was auch kommt. Ich bin sicher, es wird ein schönes Leben mit dir." Dann gab ich ihr zwei sanfte Küsse auf die Augen und strich ihr durch die langen Haare.

Mit dieser Reaktion von Victoria hätte ich nicht gerechnet. Ich war froh, dass diese Frage zwischen uns geklärt war. Dann strahlten ihre Augen, und ich hatte den Eindruck, dass sie einen festen Entschluss gefasst hatte für die Zukunft und auch darüber glücklich war. „Werfen wir doch unser Schicksal zusammen und machen das Beste daraus." Sie lachte wieder, warf den Motor an und fuhr los: „Auf nach Skye!", rief sie, schaltete das Radio an und fuhr mit hoher Geschwindigkeit nach Stromness, damit wir, wie sich herausstellte, gerade noch die Fähre erreichen konnten.

Danach ging es schnurstracks zur Insel Skye, das heißt, dass wir vielleicht 300 Kilometer zurückzulegen hatten, also mindestens vier Stunden, so dachten wir. Die Strecke, die wir in der Karte ausgewählt hatten und nicht wie heute dem Navi überließen, führte auch durch die Highlands. Der Regen wurde weniger, nur dicke Wolken hingen zeitweise noch tief in den Tälern, die der Romantik aber nicht entbehrten. Dann, ein gutes Stück an der Nordsee vorbei, und irgendwann waren wir auf einer Straße, die nach Strathpeffer führte. Dort allerdings machten wir eine Pause und sahen uns den ehemals gehobenen und stark besuchten Kurort etwas genauer an. Das alte Badehaus stand noch und man spürte überall das Flair der alten Kurstadt, wo einst die Kurgäste mit Pferdekutschen durch das Städtchen fuhren und die Damen mit ihren Sonnenschirmchen flanierten. Wir genossen auch die Gemütlichkeit bei diesem echten schottischen Wetter in einem Restaurant und vergnügten uns bei leckeren Spezialitäten. Schon mehr als die Hälfte der Strecke hatten wir bereits zurückgelegt und nahmen uns Zeit, den Rest auch heute noch zu bewältigen. Von Strathpeffer mussten wir weiter nach dem Westen

Schottlands, wo ich eigentlich schon immer hinwollte. An der Straße, die wir jetzt befuhren, stand dann plötzlich ein Schild, wo man sich entscheiden musste: Gairloch oder Kyle of Lochalsh, links oder rechts. Das Letztere war unser Ziel, denn dort ging es mit der Fähre rüber nach Skye. Heute kann man über eine Brücke die Insel erreichen.

Während der Fahrt unterhielten wir uns nochmals darüber, was im Hafen von Stromness passiert war. Als ich sagte, dass die Mutter des Mädchens vor lauter Aufregung immer „Patti" rief, sah mich Victoria merkwürdig an, sie fuhr neben hin und schaltete den Motor aus. Was ist jetzt passiert? „Wie sagtest du, Patti?" Sie sah mich irgendwie komisch an. „Was ist daran so merkwürdig, dass es dich aufregt?" Ich stutzte. „Was ist an dem Namen Patti so interessant?" Sie sah zum Fenster hinaus, und man merkte, dass sie fieberhaft nachdachte. „Weißt du, mein anderer Vorname ist Patricia." Sie schwieg einen Moment: „Als Kind rief mich meine Mutter immer Patti!" Wieder eine Pause. „Später, als ich schon zur Schule ging, erzählte sie mir, dass ich irgendwo in einem Hafen, als wir meinen Vater nach dem Krieg abgeholt hätten, ins Wasser gefallen sei und ein Fremder mich herausgeholt hätte. Siehst du diese Narbe hier?" Sie zeigte auf eine Stelle unter den Haaren, wo ehemals eine größere Wunde gewesen sein musste, „das ist ein Überbleibsel von damals. Ich war gerade fünf Jahre alt. Der Mann, der ins Wasser gesprungen sei, wäre gleich wieder verschwunden, und sie konnte die

Adresse des Mannes nicht ausfindig machen, um sich zu bedanken. Sie hatte alles versucht."

Ich muss sagen, dass mich das umgehauen hatte. Ich war sprachlos. So hockten wir eine Zeit lang still nebeneinander und dachten in alle Himmelsrichtungen. ‚*Das* war also Victoria!' Mein Gott, was hat das alles zu bedeuten? Sie warf sich wieder an mich und sah etwas entgeistert zum teilweise blauen Himmel, ohne ihn wahrzunehmen.

Hinter uns auf der Rückbank tat sich was. Wölfchen streckte sich und reckte seinen Kopf zu uns nach vorne. Das war der Moment, wo es hieß: „Komm lass uns rausgehen, ich muss mal." Doch das war nicht der eigentliche Grund für diese unvorhergesehene Pause, sondern es war ein idealer Ausgleich nach der Erkenntnis, die mir in die Knochen fuhr. So staksten wir durchs hohe Gras und versuchten etwas von der Situation wegzukommen, die uns doch in merkwürdiger Weise geschockt hatte. Dabei war es doch etwas Tolles, was da geschehen war. Trotzdem ging es irgendwie in seltsam eigenartiger Weise durch unsere Köpfe. ‚Ich hatte Victoria damals gerettet!' Wahnsinn! Was ging Victoria durch den Kopf? Ich konnte es nicht erraten. Mitten auf der Wiese drehte sie sich um, kam auf mich zu, drückte mich heftig und meinte: „Danke." Dann rannte sie mit Wölfchen umher und war wie ausgewechselt, fröhlich und gut gelaunt. So kannte ich sie, und so liebte ich Victoria. Wir fuhren weiter, und zeitweise sang sie mit der Musik im Radio.

Sie so zu sehen war ein wirklich tolles Gefühl. Die Landschaft links und rechts der Straße war wunderschön. Hier gab es wieder viele Bäume, deren ich in letzter Zeit entbehren musste. Anders als im Norden Schottlands, wo alles eher dürr und braun aussah, vom Wind struppig zurückgelassen wurde und Bäume nur selten zu sehen waren, meist nur in Parks oder Gärten. Hier gibt es wieder Wald, und leuchtende Wiesenblumen zeigten eine andere Vegetation. Blaue Glockenblumen, Mohn und Azaleen standen auf allen Wiesen, und Schmetterlinge taumelten über den Wiesenteppich.

Die Berge ragten links und rechts von uns bis in die Wolken. Malerische Bilder erschienen in ständig wechselnden Farben, und das Licht mit seinen Wolken-Durchbrüchen setzte orange Tupfer vor uns auf die Hügel und machte alles noch reizvoller, was sich in meinen Skizzen, die während der Fahrt entstanden, wiederspiegelte. Überhaupt war diese Gegend wieder eine Aufmunterung für mein Interesse an der Malerei, das in den letzten Tagen sehr gelitten hatte. Es wurde verdrängt durch allerlei gefühlsbetonte Eingriffe in mein Unterbewusstsein, das sich damit beschäftigte, viele auf mich eindringende Ungereimtheiten zu sortieren und Prioritäten zu setzen. Endlich war ich wieder frei. Frei!?

Das Nachhausefahren hatte ich nicht nur verdrängt, sondern aufgegeben. Dazu musste ich aber noch meine Freunde benachrichtigen, die zurzeit die

Schlüssel vom Haus hatten, damit sie Bescheid wussten. Es gab da noch einiges zu klären, damit nichts in Unordnung geraten sollte. Irgendjemand sollte sich dann um alles kümmern, bis ich wieder mal vorbeikomme. So betrachtete ich ab jetzt mein Haus und Atelier als Zweitwohnung, wobei noch nicht einmal feststand, wo wir beide überhaupt bleiben sollten, hier auf Skye. Victoria war aber so begeistert von der Idee, dass sich etwas tun würde, dass ich ebenfalls überzeugt wurde, dass alles so kommt, wie sie es sich vorgestellt hatte.

„Wie hast du dir das überhaupt vorgestellt, Victoria, wie es jetzt weitergehen sollte, wenn wir drüben sind?" Lächelnd sagte sie in einem lustigen Ton: „Es wird sich was ergeben. Du wirst sehen, dass man auch hier leben kann." Darauf wollte ich natürlich nichts mehr sagen.

Bei der Überfahrt von Kyle of Lochalsh zur Insel Skye drückte uns der Kassierer einige Prospekte der verschiedensten Hotels in die Hand. Ich dachte noch, wenn alle Stricke reißen, dann kann man immer noch dort unterkommen, doch an erster Stelle stand das Zelt. Zwar primitiv, aber für eine kurze Übernachtung könnte man natürlich irgendwo in der Gemarkung das Zelt schon aufschlagen, Wölfchen würde sich bestimmt freuen. Ein Prospekt zeigte dazu einige Ausflugsziele, die mir doch sehr interessant vorkamen. Da wurde zum Beispiel ein Park vorgestellt mit den seltensten Bäumen und Pflanzen aus dem Süden von

Europa; oder die Cuillins, das Bergmasiv von Skye mit dem Loch Coruisk; oder die Quiraing Klippen, die, wie hier beschrieben, einst von den MacDonalds als Versteck für gestohlenes Vieh genutzt wurden. Die verschiedenen Castles waren aufgeführt sowie Museen und einige Routen, um die Insel besser kennen zu lernen. Ein Castle fiel mir ins Auge: Duntulm Castle! Eigentlich eine Ruine, aber was dabei stand war das Ausschlaggebende: hier sollte es noch spuken, nachts! Nun, wer weiß? Reizen würde es mich schon.

„Wo müssen wir hin? Hast du eine Ahnung, wo diese Stelle sein soll, die der, wie sagtest du noch, der Musiker erwähnte?" Victoria riss mich aus meinen Gedanken. „Tja, soviel ich weiß, sollte es bei Armadale sein, im Süden der Insel – vielleicht vierzig, fünfzig Kilometer von hier." Wir orientierten uns auf der Karte und fuhren dann zu der kleinen Halbinsel Sleat, wo ganz im Süden das Cottage des Musikers sein sollte – wenn das überhaupt noch alles so war, wie es erzählt wurde. Zumindest konnte ich mich daran erinnern, dass es am Wasser stehen sollte – was auch immer das heißen könnte. Hier war ein anderes Wetter. Dunkle Wolken hingen tief über der Insel, und es begann zu regnen. Inzwischen, so könnte man sagen, war ich an die Wechselhaftigkeit des Wetters gewöhnt. Nach kurzer Zeit unterlag man wirklich dem Eindruck, als hätte sich der Regen gründlich darauf vorbereitet, seine Aufgabe zu seiner Zufriedenheit zu erledigen und hätte nicht die Absicht gleich aufzuhören, ehe er nicht alles, Berge, Straßen, Häuser einer gründlichen Abwaschung unterzogen hätte. Doch, je mehr wir uns dem sogenannten Ziel näherten, blitzte die Sonne wieder aus dem Dunkel der Wolken, und hier waren die Straßen trocken. Je weiter wir nach Süden fuhren, wurde das Wetter besser. Blauer Himmel und ruhiges Wasser. Überall ragten Felsen aus dem Atlantik, der hier an der Seite von Skye mit dem Golfstrom eine wärmere Wetterlage erzeugte. Zum Teil liefen die Felsen weit ins Meer hinein, besaßen hie und da einige verkrüppelte Tannen und glänzten durch die ständige Brandung. Eine bizarre Welt. Einen Sandstrand gab es hier nicht. Wir fuhren nach Armadale, und ich muss sagen, dass man von der Straße her nicht erkennen konnte, wo ein einsames Cottage stehen sollte, das den Vorstellungen entsprechen würde. Es gab viele sogenannte einsame Cottages, doch welches könnte es sein? Die Stadt gab mir nicht das, was ich erhoffte. Es war, als hätte man auf den Weihnachtsmann gewartet, und es kam statt dessen ein Mann im schwarzen Anzug. Wir fuhren wieder zurück. Beim ersten Cottage fuhren wir von der Straße ab, um einmal nachzufragen, wie alt dieses Häuschen vielleicht wäre. Das war bestimmt die falsche Frage, doch, nach was sollte man schon fragen? Zwischen den Felsen schlängelte sich ein Weg zu dem alten Cottage, vor dem einige Netze aufgespannt waren. Nicht weit davon dümpelten zwei Fischerboote in der felsigen Brandung. Vor dem Haus saß ein alter Mann und flickte die Netze und neben ihm stand ein jüngerer, der auch direkt auf uns zu kam, als man uns sah. Ich erklärte ihm, dass wir auf der Suche seien nach den Vorfahren von Victoria. Etwas Besseres fiel mir nicht ein. Daraufhin erkundigte er sich nach dem Namen. Tja, welchen könnte man nennen? Victoria half mit dem Namen ihrer Familie. Er überlegte und schüttelte den Kopf, nachdem er auch den Alten gefragt hatte. Das konnte ja nichts bringen.

Weiter ging es zum nächsten. Doch Victoria meinte, dass es schon zu spät sei und wir doch morgen weitermachen sollten. „Lass uns hier irgendwo übernachten. Irgendwo in einem Hotel, die auch Hunde mögen." Das war eine gute Idee, wo wir eigentlich ziemlich kaputt waren und es bereits anfing dunkel zu werden. Nach dem wir ein Stück gefahren waren, stand dann plötzlich ein weißes Schild von einem Hotel an der Abfahrt zu einem Waldstück. Man konnte das Haus nicht sehen hinter den Bäumen. Wir machten langsam und bogen ab auf die schmale Straße zum Hotel. „Hoffentlich mögen die Hunde." Victoria sah irgendwie genervt aus. Als wir um die Kurve zu der Einfahrt des Hotels einbogen, konnten wir das Haus sehen, das sich hinter einer großen Wiese erstreckte. Es war ein langes Gebäude, mit vielen kleinen Vorbauten und Gauben. Das Hervorstechendste waren die vielen Fenster, die zum Teil bis zum Boden reichten. Links und rechts von dem großen Haus, hatte man je einen etwas kleineren Anbau im gleichen Stil drangesetzt. An der Einfahrt zu diesem Landhaus, befanden sich zwei dicke Säulen mit einem metallenen Wappenschild. Links und rechts von dem Weg war ein dichter Wald aus Laubbäumen, der das Grundstück einrahmte. Viele Laternen erhellten bereits den Platz vor dem Haus, als wir anhielten. Auch Wölfchen sprang mit uns aus dem Auto, raste irgendwo hin, bellte und kam dann wieder zurück gerast. Etwas, das er selten veranstaltete.

Wir gingen durch den Eingang in eine große Halle an den Empfangs-Tresen, um zu fragen, ob man Wölfchen mit aufs Zimmer nehmen dürfte. Es war niemand da. Kurze Zeit später erschien eine ältere Frau, die sich entschuldigte dafür, dass nicht gleich jemand zur Verfügung stand. Sie trug ein dunkelgrünes Kostüm, und ihre grauen Haare hatte sie kunstvoll zur Seite gezogen und zu einem Knoten zusammengesteckt. Sie war eine elegante Erscheinung. „Die Leute sind schon nach Hause. Wir hatten heute nicht mehr mit einem Gast gerechnet." Als erstes fragten wir, wie es dann wäre, ob ein Hund stören würde. „Aber natürlich können Sie Ihren Hund mit aufs Zimmer nehmen." Sie sah nach Wölfchen und meinte: „Was für ein schöner Hund. Kann man ihn streicheln?" Victoria und Wölfchen ließen es zu. Die alte Frau erklärte uns, wo man das Auto hinter dem Haus parken konnte. Sie war sehr nett und fragte auch gleich, ob wir noch etwas essen möchten. Ich hatte einen Bärenhunger und auch Victoria war nicht abgeneigt, etwas gegen ihren Hunger zu tun. „Kommen Sie mit." Sie ging voran in ein benachbartes großes Zimmer, das in viktorianischem Stil eingerichtet war. Gemütlicher ging es nicht. Teppiche, Bilder und dicke Gardinen, ein gusseiserner Ofen sowie eine lange Tafel mit wunderbaren Accessoires auf den Sideboards. Hier fühlte ich mich gleich wohl.

Victoria zog einen Stuhl hervor und setzte sich irgendwie erschöpft hin. Die alte Frau erwähnte, dass sie etwas für uns zum Essen richten wollte und ging weg. Es dauerte nicht lange, und ein alter Mann kam mit einem Tablett, das voll mit leckeren Sachen war, die dazu auch noch fantastisch dufteten. „Hallo, ich hoffe, dass Sie damit zufrieden sind. Die Küche ist erst morgen wieder besetzt." Er stellte es ab und verließ den Raum. Doch gleich darauf kam er wieder und fragte, ob er Tee machen sollte. Es tat mir etwas leid, dass wir die alten Leute noch mal nötigen mussten, aber ein Tee war auch nicht zu verachten. Aber dann kam er noch mal und stellte Wölfchen eine Schüssel mit Fleischresten hin. „Es ist die Erinnerung an unseren Liebling, der vor acht Tagen gestorben ist. Sechzehn Jahre wurde er alt. Es war ein Schäferhund. Ein lieber Kerl. Doch, so was können wir nicht ändern. Wenn die Zeit gekommen ist, dann müssen wir stillhalten." Er ging langsam hinaus und schaute sich nicht mehr um.

Wir schauten zu Wölfchen, der genüsslich aus der Schüssel schleckte, und jeder hing seinen Gedanken nach, die den Hund betrafen. Nach dem Essen ging es uns wieder etwas besser, und man zeigte uns das Zimmer, das im Erdgeschoss lag und einen Zugang zur Terrasse hatte. Doch an diesem Abend war Schlafen angesagt. Am nächsten Morgen schien die Sonne bereits ins Zimmer, das ein Fenster bis zum Boden besaß. Die Terrassentür war offen und Victoria stand im Bademantel draußen am Tisch. Neben ihr saß Wölfchen, und sie kraulte ohne hinzusehen seinen

Kopf. Irgendwie war sie in Gedanken versunken. Ich gesellte mich dazu und sie klammerte sich an mich, ohne ein Wort zu sagen - einfach so. Hinter der großen Terrasse erstreckte sich eine Wiese, die sich weit in dem dichten Wald verlief. Neben uns auf der Terrasse saßen schon andere Hotelbesucher und waren dabei ihr Frühstück zu genießen. Es war sehr ruhig hier, und der Wald schickte seine Romantik herüber und ließ uns Zeit, über alles, was so in den letzten Tagen geschehen ist, nachzudenken.

Wir ließen die Zeit verstreichen, obwohl wir weiter suchen wollten nach dem einsamen Cottage, das vielleicht verfallen irgendwo am Wasser auf uns wartete. Doch wir hatten alle Zeit der Welt. Wir machten uns fertig nach einem tollen Frühstück, das von einem Mädchen serviert wurde. Die alten Leute waren nicht zu sehen. Auch am Tresen wurden wir von einer jungen Dame bedient.

Als wir dann aus dem Haus gingen, hatte ich das Bedürfnis, mir die tolle Fassade des Hauses näher anzusehen, und ich ging bis zum Ende des Landhauses, um es besser fotografieren zu können. Hier am Ende des Hauses war ein Anbau im gleichen Stil, in dem sich gerade die Tür öffnete und die alte Frau herauskam. „Wollen Sie schon weg?", war die Frage, als sie Victoria auf dem Platz mit den Taschen und dem Hund stehen sah. „Wir sind auf der Suche nach einem alten Cottage. Und vielleicht haben wir Glück und finden es heute." Sie schaute mich nachdenklich an und fragte dann leise: „Hätten Sie noch einen Moment Zeit, ich möchte Ihnen etwas zeigen." So saßen wir dann ein paar Minuten später bei ihr in ihrem Wohnzimmer. Fotos auf einer Anrichte zeigten nur den Schäferhund. Bei vielen anderen Leuten, die Bilder aufstellten, sah man die Kinder oder Enkel, doch hier war nur der Hund Gegenstand der Erinnerung. „Wir hatten keine Kinder. Unser Brownie war unser Ein und Alles. Jetzt haben wir niemand mehr." Sie weinte und ging weg.

Was machten wir hier? Was wollte sie uns zeigen? Waren es die Hotelbesitzer? Dieses Zimmer, in dem ich mich jetzt genauer umschaute, war sehr gemütlich eingerichtet. Viele Erinnerungsstücke hingen an den Wänden und standen im Zimmer herum. Ein großes Gemälde von einem Castle hing an der Wand. Musikinstrumente waren ebenso vorhanden wie Figuren aus Bronze, die zum Teil auf klassischen Sockeln ein Kunstverständnis bescheinigten. Eine alte Bibel lag aufgeschlagen auf einem Tischchen. Warmes Licht drang ins Zimmer und brachte eine gemütliche Stille mit, und von weit her konnte man das Geläut einer Kirche vernehmen.

Sie kam mit ihrem Mann wieder, und sie setzten sich zu uns, nachdem sie jedem noch ein Glas Tee eingeschenkt hatte. „Warum suchen Sie dieses Cottage?", fragte er, und sah gespannt zu mir. „Es ist eine lange Geschichte, und ich weiß nicht, ob es Sie interessiert. Ich möchte Sie auch nicht langweilen. „Nein, erzählen Sie, wenn Sie Zeit haben. Wir sind für alles offen, denn wir haben ebenfalls Zeit. Sie müssen sich vorstellen, die Langeweile versucht immer wieder in unser Leben einzugreifen, und wir tun alles, damit es nicht geschieht.

Also, erzählen Sie." Gespannt sah er uns an, und seine Frau lächelte, wobei sie wieder sehr jugendlich aussah - eigentlich ein glücklicher Moment.

Victoria sagte nichts, sie wartete ab, was sich hier wohl ergeben würde. Ich erzählte ihm und seiner Frau, was ich erlebt hatte, aber so, als hätte ich es geträumt und ließ dabei nichts aus. Wie könnte man das alles glauben?

Als ich fertig war mit meiner geheimnisvollen Geschichte, sahen sich die beiden an und verließen zusammen das Zimmer. Victoria streichelte mich und sah mich dabei sehr liebevoll an. Stille war ein Moment lang im Zimmer eingetreten. Wölfchen lag unter dem Tisch und schnaufte – vielleicht schlief er.

Kurze Zeit später erschienen sie wieder und brachten etwas mit. Es waren zwei Bilderrahmen, in denen Schriftstücke halbwegs konserviert eingerahmt waren. Der Alte setzte sich neben mich und die Frau reichte mir den ersten Bilderrahmen. Hier war auf einem uralten Papier, an dem schon ein paar Stücke fehlten, eingerissen und die Tinte zum Teil verwischt war, ein handgeschriebenes Dokument verfasst:

URKUNDE

*Hiermit schenke ich mein Haus bei Armadale,
in dem ich mit meinem Mann
viele Jahre glücklich lebte
dem ewigen Freund,
der aus einer anderen Zeit zu mir kam
und mein qualvolles Leben beendete.*

*Dieses Haus soll Dir gehören,
denn du hast mein Leben und
das von meinem Mann vor dem Tod gerettet.
Deine Hilfe war das Glück unserer Ehe.*

*Sollte das Haus zu jenem Zeitpunkt
unter anderen Besitzumständen
nicht veräußerbar sein,
so soll das Dokument ein Dankeschön sein für
Deine Hilfe und Deinen Rat,
der uns ein wunderbares Leben zuteilwerden ließ.*

In Liebe und großer Dankbarkeit Victoria Sinclair.

Darunter stand das Datum: August, 1710! Und die Unterschrift von ihr und dem, der das geschrieben hatte, mit einem zerbrochenen Siegel.

Mich traf der Schlag. So etwas hatte ich nicht erwartet. Wie benommen schaute ich an die Wand, an der auch noch eine Laute hing, die Erinnerung an den Musiker, ihren Mann. „Wir haben noch etwas. Das gehört dazu. Es ist ein Brief, ein persönliches Gespräch von ihr zu Ihnen", sagte leise die alte Dame und reichte mir den anderen Bilderrahmen. Er war kaum lesbar. Die Tinte war verblasst und verwischt. „Mein Mann hatte sich mal mit dem Brief beschäftigt und alles ins Reine geschrieben." Sie drehte den Rahmen um, und auf der Rückseite war ein weißes Blatt aufgeklebt, das den Text des Briefes enthielt, sauber lesbar:

„Lieber Freund! Es ist mir ein Bedürfnis, einen letzten Brief an Dich zu schreiben. Ich bin jetzt in einem Alter, wo man nicht mehr viel erwarten kann und lebe nun allein hier im Cottage, seit ich vor ein paar Jahren meinen Mann verlor. Kinder hatten wir keine. Man hatte mich schon als junges Mädchen verflucht, dass ich nie Kinder bekommen sollte, was sich auch bewahrheitete.

Den Rat von Dir hatten wir beherzigt. Ich ging weg mit dem Lautenspieler, und wir hatten viele Jahre in Liebe und Zufriedenheit gelebt, ohne großen Besitz. Wir zogen durch Schottland und die Musik war unser Leben.

Wir beide hatten uns nur eine kurze Zeit gesehen, doch brannte meine Liebe zu Dir bis zum heutigen Tag, wie ein Feuer in der Kälte. Ich wollte nicht von dieser Welt gehen, ohne Dir das mitzuteilen. Gott ist mein treuer Begleiter gewesen, mein Leben lang, und ich möchte und hoffe, dass Dich der Brief noch erreicht, weit in der anderen Zeit. Vielleicht kann er da oben etwas dazu beitragen. Ich grüße Dich, und die Liebe nehme ich mit, dorthin, wo es nur Liebe gibt. Vielleicht kann ich sie weitergeben an eine andere Frau, die sie dann mit Dir genauso erleben soll wie ich. So wünsche ich Dir in Deiner Zukunft alles Gute und eine Liebe, die nicht veränderbar ist und ein ganzes Leben anhält. Sei glücklich. Victoria."

Dann stand da noch zu lesen: *„Vielleicht besitzt Du noch das schwarz-weiße Amulett mit dem Frauenkopf, das ich Dir zum Andenken mitgegeben hatte. Es könnte als Beweis gelten, wenn man danach fragt. Außerdem habe ich noch die Skizze von mir, die Du noch kurz vor Deinem Weggehen angefertigt hattest, hinzugefügt."* Diese kleine Skizze war ebenfalls in den Rahmen mit eingefügt. Hier war Victoria noch gut zu erkennen.

Tränen standen mir in den Augen, und ich konnte nichts reden, ein dicker Klos saß wieder im Hals fest, als ich in meiner Seitentasche nach dem Amulett suchte und es dann aus der Tasche zog. Alle sahen es sich an. Für mich waren gerade mal ein paar Tage vergangen, während bei Victoria aus dem Schloss ein ganzes Leben und über zweihundert Jahre verstrichen waren. Der Alte legte seine Hand auf meinen Arm und gab somit zu verstehen, dass er meinen jetzigen Zustand verstehen kann. Ich stand auf und hatte das Bedürfnis, mich bewegen zu müssen. Die Suche nach dem Cottage war wohl vorbei. Doch, wo war es? Als hätte er meine Frage erkannt, antwortete der Alte:

„Die Suche nach dem Häuschen könnt ihr jetzt aufgeben. Das Cottage, das ihr sucht, stand hier auf diesem Grund und Boden. Bei den Ausgrabungen für das Fundament, fand man eine kleine Metallschachtel mit diesen Briefen. Seit zwanzig Jahren hängen sie hier an der Wand. Wir hätten nie gedacht, dass einmal jemand kommen würde, den das betrifft. Ich bin mehr als überrascht. Vor allem, was die Ähnlichkeit Ihrer ... Freundin oder Frau betrifft mit diesem Bild." Seine Frau fragte dann noch, ob ich diese Schriftstücke haben möchte. Doch ich war so irritiert, dass ich nichts mehr begriff oder zuordnen konnte. „Lass uns fahren, Victoria. Ich bin fertig." Dann ging ich zur Tür und trat auf den Flur.

Die Sonne schien hell und aufmunternd in diesen langen Flur, der ins Hotel führte. Das Leben geht weiter, dachte ich, aber wie? Meine Gedanken rasten wie verrückt und mir wurde schwindlig. Die Suche beendet, kein Cottage – also, wohin jetzt? Sollte ich doch nach Deutschland zurück und Victoria zu ihren Eltern? Jetzt hatten wir doch einen tollen Anfang gemacht in unserer Eigenständigkeit, jetzt müsste man auch weitermachen. Vielleicht sollten wir eine Wohnung suchen und uns auf ein ganz normales Leben einstellen. Man müsste darüber reden, Victoria und ich.

Ich hielt mich an einem Türpfosten fest und versuchte erst mal tief zu atmen und mir bewusst zu machen, wo ich war. In einem Landhaus! Was suchte ich noch hier? Langsam ging ich weiter zum Ausgang. Ich schwankte und hätte nie gedacht, dass mich das so mitnehmen würde, bevor ich diese Briefe las. Victoria blieb noch zurück und redete mit den alten Leuten. Dann kam sie hinterhergerannt und hielt mich fest in ihren Armen. Sie hakte sich unter und so gingen wir raus auf den Platz und blieben eine Weile dort stehen. „Ich hole mal das Auto", flüsterte sie und wollte gerade hinters Haus, um das abgestellte Auto wieder zu einem weiteren Ausflug – wer weiß wohin – zu holen, als Wölfchen wieder zurückraste. Die alten Leute standen an der Tür und riefen uns zu, dass wir doch mal warten sollten.

Wölfchen sprang an ihnen hoch und sie freuten sich darüber, dass sie wieder einen Hund streicheln konnten. Victoria hakte sich wieder in meinen Arm, und wir gingen zurück zu den beiden Alten, die lächelnd an der Tür des Anbaues standen. „Möchten Sie nicht noch ein paar Tage hier bleiben als unsere Gäste. Machen Sie sich doch noch ein paar schöne Tage. Wir würden uns freuen, wollen aber nicht aufdringlich erscheinen, obwohl wir es gerne mit dem Hund zu tun haben. Wir sind jetzt schon ganz in ihn verliebt. Wenn es Ihnen recht ist." Ich sah Victoria an und sie mich. Es war wie eine Übereinstimmung. „Ja", meinte Victoria, „wir bleiben gerne noch ein paar Tage. Es ist sehr schön hier. Und Wölfchen können Sie so oft zu sich holen, wie Sie möchten."

Wir brachten wieder unsere Taschen zurück ins Zimmer, in dem wir auch die letzte Nacht verbracht hatten, das jetzt von der Sonne total durchflutet wurde. „Hier könnte ich wohnen", waren die Worte von Victoria, als sie die Terrassentür öffnete. Wölfchen schoss hinaus und raste auf der langen Terrasse zurück zu den alten Leuten. Ihm gefiel diese Bekanntschaft ebenfalls. Ich ließ mich aufs Bett fallen, schloss die Augen und ließ alles Revue passieren. Was erlebte ich seit ein paar Wochen, hier, weit von zu Hause. Wo ist eigentlich mein Zuhause? Es war immer dort, wo meine Mutter wohnte, aber seit dem tödlichen Unfall, war ich die meiste Zeit alleine im Haus. Jetzt wollte ich aber mit Victoria ein Zuhause haben. Ein toller Gedanke, aber wo? Irgendwo in einer großen Stadt, vielleicht Edinburgh, dort könnte man etwas aufbauen, so dass man ein Leben in der Kunst weiterführen, und Victoria ebenfalls ihren Beruf weiter ausüben könnte. Ich sah mich im Atelier stehen und Victoria draußen mit den Kindern im Garten herumtollen. *Dann hörte ich die Sirene und sah mich als Kind mit Handschuhen und dicker Wollmütze an der Hand meiner Mutter durch den Schnee in den Luftschutzkeller rennen, während dessen schon die ersten Bomben fielen ...*

Ich war eingeschlafen.
Kalt war es und es schneite, als wir aus dem unheimlichen Luftschutzkeller wieder auf die Straße traten. Der erste Blick fiel auf unser Haus und das der Nachbarin. Die beiden Häuser waren aneinander gebaut und standen hier ganz in der Nähe. Jetzt war das Haus der Nachbarin weg, und unser Haus stand nur noch zur Hälfte und ganz schief ohne Dach. Und ich höre

noch den Schrei unserer Nachbarin, den ich nie vergessen sollte, als sie ebenfalls aus dem Keller kommend zu ihrem Haus schaute. Dort, wo vorher noch zwei Pferde standen und zwei Kutschen untergebracht waren und das Wohnhaus darüber gebaut war, dort war nur noch ein tiefes Loch. Die Wand zu unserem Haus war weg und lag zum Teil in unserem Wohnzimmer. Da die Bombardierung im Januar 1945 stattfand, lag unter den Trümmern auch noch der Weihnachtsbaum und schaute mit der Spitze unter den Mauerresten hervor. Ein paar Glöckchen und Kugeln hatten es geschafft, zu überleben. Meine Mutter hatte sie eingesammelt und aufgehoben, und jedes Jahr hingen sie an Weihnachten am Tannenbaum.

Die Schwierigkeiten, die dann kamen, kann ich kaum schildern. Wir standen auf der Straße, im wahrsten Sinne des Wortes - meine Mutter, Omi, Opa und ich – wohin jetzt? Ins Haus konnten wir nicht, es konnte jeden Moment zusammenstürzen.

Mich hatte man in einen Karren gesetzt, und dann ging es durch einen fürchterlichen Schneesturm einige Kilometer in ein Nachbardorf zu meiner Tante, in der Hoffnung, dass alle wenigstens ein paar Tage dort verbringen könnten. Doch der Hass unter den Menschen ist so groß, das selbst ich als Vierjähriger es zu spüren bekam. Meine Mutter und mich wollte man nicht aufnehmen. Man nahm uns aus einem für mich bis heute unerfindlichen Grund nicht auf! Daraufhin blieben auch meine Oma und Opa nicht dort. Wieder zurück, in der Dunkelheit und im Schneesturm. **Die Hölle ist nicht nur heiß!** *Diese Nacht verbrachten wir am alten Haus in einem winzigen Höfchen, und ein paar Decken, die man unter Lebensgefahr noch aus dem Haus geholt hatte, hielten uns in dieser Nacht am Leben.*

Hier könnte ich jetzt noch mehr erzählen, jetzt, über siebzig Jahre später, jetzt, wo es mir an nichts mehr fehlt und eine Liebe mein Leben in einer Weise verschönert hatte, wie es kaum vorstellbar ist.

Ich glaube, ich werde die Geschichte aufschreiben.

Als ich aufwachte, war Victoria weg. Wölfchen auch. Ein Zettel lag neben mir: „Bin rüber zu den alten Leuten. Bin gleich wieder da." Was sie wohl zu bereden hatte? Es dauerte etwas länger, bis sie wieder über die Terrasse ins Zimmer kam. „Ich hatte da so eine Idee. Deshalb war ich drüben. Für den Fall, dass wir hier irgendwo in der Nähe wohnen würden, könnte ich doch hier im Hotel arbeiten. Ich fragte die Alten, ob das möglich wäre. Sofort, war ihre Antwort. Hier vorne am Empfang, wenn ich das wollte. Stell dir vor. Jetzt brauchen wir nur noch irgendwo eine Wohnung. Lass uns doch morgen mal nach Armadale fahren, das ist ja hier um die Ecke, möglicherweise ergibt sich was

– fürs erste, vielleicht eine kleine Wohnung. Was meinst du?" Ich stimmte ihr zu, obwohl ich Bedenken hegte, die meine Wenigkeit betrafen. Die sprach ich aber nicht aus. Victoria war in einer freudigen Stimmung, und die wollte ich nicht vermiesen. Was sollte aus meiner Malerei werden? Aufgeben geht nicht, ich habe jetzt schon Entzugserscheinungen.

Wir saßen draußen in der Sonne, es war herrlich hier zwischen den Tannenwäldern und den gepflegten Wiesen. Wir sahen die alten Leute am Ende der Terrasse, wie sie mit Wölfchen herumtollten, wenn man das Beschäftigen mit dem großen Hund so nennen möchte. Man hatte den Eindruck, dass sie sich freuten und wieder richtig auflebten. Was würde geschehen, wenn wir in den nächsten Tagen weggingen und Wölfchen mitnehmen? Daran möchte ich lieber nicht denken.

Ich döste in der Sonne und dachte darüber nach, dass es ja erst Anfang Juni sei und wir noch einen herrlichen Sommer erleben könnten, egal wo. Dann hörte ich Wölfchen über die Terrasse rasen, zu uns herüber. Als ich den Kopf drehte, um zu sehen, was er gerade so macht, sah ich, dass die beiden Alten ebenfalls zu uns herüberkamen. Sie setzten sich zu uns an den Tisch und schauten uns an, als wollten sie eine unangenehme Botschaft überbringen. Was könnte es sein? Ich hatte in den letzten Tagen schon viele Hiobsbotschaften erhalten, oft sogar durch eigene Entscheidungen. Wir sagten nichts und warteten gespannt ab. Sie begann zaghaft mit dem Gespräch: „Also, wir haben miteinander geredet und möchten euch – ich darf doch euch sagen? - einen Vorschlag machen." Sie war sichtlich nervös, fuhr sich mit der Hand durch die grauen Haare, schaute aber Victoria in die Augen. Ihr Mann war gefasster und sagte weiter: „Wenn ihr also … wollt, dann könnt ihr für immer hier bleiben", kleine Pause …, „hier auf der anderen Seite des Hauses haben wir noch einen Anbau, wie ihr sicher schon gesehen habt, genau wie dieser, der eigentlich leer steht. Nur ab und zu übernachten dort die Leute, die hier beschäftigt sind, wenn es mal länger geht, in der Hauptsaison oder an Festtagen. Wir wollen auch nichts dafür, weil …, wir stehen ein Bisschen in eurer Schuld – so sehen wir das halt." Beide beobachteten unsere Reaktion.

Und wieder schlug der Blitz bei mir ein. Victoria schrie auf und knuddelte beide herzlich. „Lasst uns doch mal hingehen". Er zog die Schlüssel dabei aus der Tasche, und wir machten uns ans andere Ende des Landhauses.

Der Anbau war groß und bestand aus Erdgeschoss und dem ersten Stock, also ein Stockwerk weniger als das Haupthaus. Wir schauten in alle Räume und waren wie verzaubert. So was konnte kein Zufall sein, so ein Glück, dachte ich. Eine große Eingangshalle, gefliest und so viele schöne, sonnige Räume, die meisten mit Teppichböden ausgelegt. Auch ein Telefon stand hier, etwas, das in dieser Zeit nicht selbstverständlich war. Das Wohnzimmer hatte einen Erker, der nach der

Seite von einer großen Wiese umgeben war, auf der eine ausladende Weide stand. Einen Raum hatte ich bereits in Gedanken als Atelier ausgewählt. Auch oben, im ersten Stock, flutete das Sonnenlicht durch die hohen Fenster herein. In diesem Haus hätten wir unendlich viel Platz. Warum hatten wir so viel Glück? *Es wunderte mich außerdem, dass sie keine Vorbehalte hatten, wo wir doch nicht verheiratet waren. Das war auch nicht selbstverständlich zur damaligen Zeit.*

Was war der Hintergedanke von den alten Leuten – oder gab es keinen und es war reine Sympathie und guter Wille - und eine Botschaft aus einer anderen Zeit, die sich jetzt erfüllte? Nun, ich hatte wieder mal Vorbehalte. Irgendwie hatte ich mir im Leben diese unangenehme Sache angeeignet. Vielleicht als Kind in den Kriegs- und Nachkriegswirren. Ich fand die Alten auch sehr nett, irgendwo waren es liebe Menschen, die auch Liebe erfahren sollten. Doch sie hatten keine Kinder, und von Freunden oder Verwandten hatten sie noch nichts erzählt. Vielleicht sind sie einsam. Es wäre doch auch für uns eine tolle Aufgabe, ihnen das Leben zu verschönern, in dem wir uns ihnen annehmen und mit ihnen das alles hier zu einem tollen Stückchen Erde machen, wo man sich so richtig wohlfühlt und gut aufgehoben ist bis zum Ende unserer Zeit.

Es waren sieben Zimmer. Zum Teil waren sie schon möbliert. Wir könnten also direkt einziehen, doch sollten wir nichts überstürzen. So freudig hatte ich Victoria schon lange nicht mehr gesehen. Immer wieder kam sie zu mir und küsste und drückte mich abwechselnd mit den Alten.

Beim anschließenden Gespräch draußen auf der Terrasse, zu dem die beiden alten Leute heiße Scones mit Himbeermarmelade und einen wunderbaren schottischen Whisky mit herüberbrachten, sorgten die bezaubernden Besitzer dieses schönen Landhauses für einen gemütlichen Nachmittag. Es wurde viel besprochen, über die zukünftige Arbeit von Victoria, und wie man vielleicht mein künstlerisches Können mit einbeziehen könnte. Bezüglich dessen gab es fantastische Ideen. Auch über Verträge und Abmachungen, die zum Teil auf Verlässlichkeit und eigene Initiativen beruhten, wurde gesprochen.

Später, als wir wieder im Zimmer waren, sagte Victoria leise zu mir: „Ich habe das Gefühl, dass die beiden glücklich darüber waren, dass wir zugesagt haben. Sie haben ja auch erzählt, dass sie ihre Freunde schon beerdigt hätten, und dass niemand mehr geblieben sei, im Hinblick auf Freundschaft. Nachbarn gibt es hier ebenfalls keine. Die einzigen, mit denen sie sich noch intensiv unterhalten, sind die Leute, die hier arbeiten. Wenn wir hier wohnen sollten, dann können wir doch öfter mal mit ihnen irgendwohin fahren. Oder auch eine Schiffstour machen. Wir sollten sie unbedingt mit in unser Leben einbeziehen. Wölfchen hat schon den Anfang gemacht." Victoria war in Euphorie. "Wie siehst du denn das Ganze. Ich hab's ja gleich gesagt, auf Skye ergibt sich etwas, der Gedanke war richtig."

Als ich gerade erzählen wollte, wie toll alles sich entwickelt hätte, warf sie dazwischen: „Ich könnte mir keinen schöneren Platz zum Leben vorstellen." Dann schaute sie mich an und meinte kurz: „Du sagst ja gar nichts!" Das war Victoria, so kannte und so liebte ich sie, und ich glaube, dass ich jemand um mich haben sollte, der mich mitreißt, praktisch und mit seinen Ideen, bevor ich mich verkrümele in meinen Gefühlen, etwas, das ich immer wieder versuchte. Natürlich erklärte ich ihr, dass ich vor Freude kaum noch denken könnte, über die Situation und deren Ergebnisse.

Es war immer noch Sommer, obwohl es schon September war. In diesem Jahr hielt er sich besonders lang, doch sah man schon hie und da gelbe Blätter an den Bäumen. Ein wunderschönes Farbenspiel, wenn die Sonne durchfiel. Schwarze Vögel kreisten über der Wiese, und vom Meer, das sich allgemein hier eher ruhig verhält, hörte man das Tosen der Brandung und die Möwen kreischen. Es zeigte sich von Süden her schlechtes Wetter an.

Seit ein paar Monaten wohnten wir hier, und ich hatte dieses Haus inzwischen liebgewonnen, genauso wie die alten Leute. Victoria schien die Arbeit am Empfang Spaß zu machen, und Wölfchen war die meiste Zeit bei den lieben älteren Leuten. Doch ich hatte noch

immer nicht zur Malerei zurückgefunden. Es war nicht die richtige Umgebung im Haus. Irgendetwas störte mich. Eigentlich hatte ich alles, was man so in einem Atelier braucht, aber …, etwas hinderte mich am Malen. Und dabei war ich fast süchtig aufs Malen. Kleine Aquarelle entstanden, aber das war's auch schon. In letzter Zeit dachte ich viel an mein Atelier in Deutschland. Das war etwas anders. Wie es wohl dort jetzt aussah? Die Freunde hatte ich benachrichtigt und ihnen erklärt, dass ich so schnell nicht zurückkomme, und dass ich hier mit einer Freundin leben möchte, und so, wie es aussieht, für immer! Ich werde noch einen ausführlichen Brief schreiben. *Heute hat man Handys, und alles geht ruckzuck.*

So schlenderte ich an diesem Morgen hinter dem Haus durch die angrenzenden Wäldchen, die immer wieder von Wiesen umgeben waren, die sich nach oben zu einem felsigen und bewaldeten Hügel zogen. Auf einer kleinen, versteckten Wiese, am Rande eines Tannenwaldes, entdeckte ich ein größeres Gartenhaus. Es hatte fast die Größe eines Cottages. Viele Fenster befanden sich auf der einen Seite, die nach Süden voll im Sonnenlicht lag. Ich schaute durch die über die Jahre durch Staub halbblindgewordenen Scheiben in den Raum, in dem ein paar Stühle, ein Tisch und ein Chaiselonge standen, und in einem Regal war allerlei Porzellan untergebracht. Unberechtigterweise probierte ich an der Tür. Sie war abgeschlossen. Es machte den Eindruck, als hätte sich schon lange kein Fuß mehr hierher verirrt. Kein Pfad zeigte den Weg hierher. Selbst vor dem Eingang war alles zugewachsen. Nicht weit weg sickerte eine Quelle durchs Gras, das hier kaum von den wenigen Schafen, die überall auf den Wiesen standen, gemäht wurde. Hier gab es noch Butterblumen und Gänseblümchen. Einige Hecken waren verwuchert und verdeckten fast die Rückwand des Häuschens. Sie wuchsen nicht senkrecht nach oben, sondern bogen sich dem Licht entgegen, dass nur wenig auf dieser Seite durch die Zweige der dichten Bäume vordringen konnte. Eine herrliche Ecke. Sie war nur zu entdecken, wenn man nach ihr suchte.

Ich erzählte Victoria davon, und sie meinte sofort: „Wäre das nicht geeignet für ein Atelier?" Den Gedanken hatte ich auch schon, wollte es aber nicht aussprechen, da ich das wunderbare Gefühl nicht überreizen dürfte, das wir zurzeit besaßen. Eigentlich wollte ich doch keine Wünsche äußern, wo wir doch schon mehr bekamen als wir je erwartet hatten. Trotzdem reizte mich der Gedanke, dort ein Atelier zu haben. Ich verschwieg vorerst die Überlegung bei den älteren Leuten, wenn wir uns täglich trafen. Tee und Gedankenaustausch hatte sich eingebürgert und war eine gute Sache geworden. Viel Inspiration dabei hatte bereits für Veränderungen gesorgt, die auch den Gästen mehr Vorteile boten.

So ergab sich eines Tages ein Gespräch mit dem alten Herrn: „Was macht eigentlich die Malerei?" Nun, ich erzählte ihm, dass mich irgendetwas stören würde, so dass ich mich nicht so entfalten könnte, wie ich es gern möchte. „Der Raum ist schon o.k., aber in einem Atelier sollte man abgeschottet sein." Und ich erzählte ihm von meinem Atelier in Deutschland und welche Möglichkeiten man dadurch hervorrufen konnte. „Würde es etwas ausmachen, ein paar Meter zu laufen, dann würde ich Ihnen gerne etwas zeigen, was vielleicht in Frage kommen könnte?" Ich ahnte natürlich schon, dass es das Gartenhaus sein musste. Trotzdem sagte ich nichts.

Wir gingen in die Richtung, die ich auch entlangspaziert war. So kamen wir an das Gartenhaus, aber …, wir gingen daran vorbei! Mir war vorher nicht aufgefallen, dass der Weg, zwar total zugewachsen, noch ein gutes Stück durch die Bäume weiterging. Dann erschien auf einer Lichtung eine Mauer. Sie stammte von einem Cottage, das man bis auf diese Mauer abgerissen hatte – es befand sich noch ein Fenster in dieser Wand. Auf der anderen Seite hatte man zwischenzeitlich einen größeren Schuppen angebaut. Davor war ein großes Segelboot auf einem Gestell aufgestellt, als sollte es repariert werden. Es war ein altes Segelboot, voll Schrammen und einem zerbrochenen Mast. Daneben lagen und standen Kisten, Bretter und allerlei Werkzeug, das inzwischen verrostet seinen Geist aufgegeben hatte. Alles war hoch mit Gras und Hecken überwachsen, als wäre man schon Jahre nicht mehr hier gewesen. „Das könnte man alles entfernen und Fenster in den Schuppen machen, dann wäre das ein brauchbarer Raum", meinte er, als er die Tür des

Schuppens vom Hängeschloss befreite. Man hätte ohne weiteres einen Flohmarkt damit bestücken können, was alles hier gelagert war. „Das könnte alles weg." Dann stutzte er, denn unter all dem Gerümpel stand ein Schaukelpferd, das den Eindruck vermittelte, dass es mal viel benutzt wurde. Er zerrte es unter den anderen Dingen hervor und trug es raus ins Licht. Zärtlich strich er über das stark ramponierte Holztier. „Das ist das Schaukelpferd meines Bruders, und das", er zeigte auf das Segelboot, „das ist der Grund, warum ich es noch hier bei mir habe." Er ging drum herum und besah es sich nochmals genau. Dann sah er mich streng an, zeigte auf das Boot und sprach leise vor sich hin: „Damit sind mein Vater und mein Bruder ums Leben gekommen. Es ist schon eine Ewigkeit her, sechsundfünfzig Jahre werden es, aber ich habe das Gefühl, als wäre es erst gestern geschehen. Da drin ist noch mehr, das mich an die Geschichte erinnert." So stand er da und schaute auf die offene Tür, als würde er jemand erwarten, der jeden Moment herauskommen könnte. Irgendwie wirkte er hilflos. „Ich möchte Ihre Erinnerungen nicht zerstören. Lassen Sie doch alles so, wie es schon immer war. Es gibt etwas, das sich besser dafür eignen würde", warf ich ein. „Ja? Gibt es etwas hier, das besser geeignet ist als der Schuppen? Wobei ich schon froh wäre, wenn das alles weg käme. Was hängt man immer noch an den alten Geschichten. Sie bringen nur schlechte Gedanken. Man hat nichts davon. Jetzt, wo ich alt bin, drängen viele solcher Geschichten nach oben ins Gedächtnis und man möchte sie einfach aussprechen. Doch wem sollte ich sie erzählen? Niemand interessiert sich dafür, niemand." Mit der rechten Hand winkte er ab. „Was hatten Sie gesehen, was sich besser eignen könnte?" Er hatte sich wieder gefasst.

Gemeinsam gingen wir zurück und kamen gleich darauf an dem Gartenhaus vorbei, das voll im Sonnenlicht lag. „Ah, ich verstehe." Er schloss es umständlich auf und wir gingen ein Stück hinein. „Wenn das Ihre Vorstellung ist, das lässt sich machen." Von innen gesehen erschien das Gartenhaus recht geräumig; ideal! „Ich würde das auch alles rüberschaffen in den Schuppen, wenn's recht ist." So wollte ich das Gespräch noch untermauern. Kurz überlegte er, dann gab er mir die beiden Schlüssel. „Hier, machen Sie es so, ich werde wohl nicht mehr hier her kommen." Dann grinste er und sagte: „Oder darf ich Sie ab und zu mal bei Ihrer Malerei stören?" Natürlich durfte er, das war doch keine Frage.

Das war's. Ich war überglücklich. Jetzt konnte ich beginnen. Am Tag danach war ich damit beschäftigt, alles zu ordnen. Raus aus dem Schuppen und Gartenhaus und ordentlich wieder einräumen. Bei all diesen Sachen fand ich auch noch eine Schneekugel. Es war ein Castle, das beim Schütteln im Schnee versank. Sie fand einen Platz in dem Regal, das ich im Gartenhaus an der Wand hängen ließ.

Es war ein geräumiges Atelier, das hier entstand. Einen Ofen ließe sich auch noch installieren, wenn die kalte Jahreszeit kommen würde. Zwei Gartenstühle und den Tisch wollte ich hier weiter benutzen. Ich setzte mich ans Fenster und schaute verträumt auf die Wiese, die jetzt gerade von den Schafen bearbeitet wurde. Hier in der Ruhe konnte ich wieder aufleben, malen, bis der Arzt kommt!, wie man so schön sagt. Ich las mal in irgendeiner Zeitung den Satz, der mir jetzt wieder vor den Augen erschien: ‚In den Gärten der Stille wuchern die Träume'. Das war es, was ich brauchte. Stille!

Victoria freute sich ebenfalls mit mir darüber, dass ich endlich ein Aufgabengebiet gefunden hatte, das mich ganz einnehmen konnte. Und ich hatte das Gefühl, dass es vorbei ist mit den Erlebnissen in den Ruinen, denn es hatte sich doch bereits viel ereignet, was man mir vorhergesagt hatte. Doch das war, wie sich bald herausstellen sollte, nur ein Gefühl. Es sollten noch Ereignisse kommen, die nicht nur mich in die Knie zwangen.

Jetzt, zum Ende des Sommers, hatten wir eine Tour geplant, die in die Cuillin Hills führen sollte, in das Bergmassiv, das teilweise eine Höhe von fast eintausend Metern erreicht. Diese fast alpine Welt hatte mich schon auf dem Prospekt fasziniert. Es waren vielleicht fünfzig Kilometer, die wir zurücklegen mussten, dann waren wir in einem Städtchen, wo man uns eine Bootstour angeboten hatte, die dorthin führte, wo wir eigentlich von der anderen Seite her über felsige Schluchten hingewandert wären, aber wir hatten ältere Leute dabei, denen man das nicht mehr zumuten sollte. Also fuhren wir dann alle, das waren die beiden Alten, Wölfchen, Victoria und ich am letzten Sonntag im September los. Es war der erste Ausflug mit den alten Leuten. Es sollte ein schöner Tag werden, nicht nur vom Wetter her, sondern auch deshalb, weil wir eine gute Stimmung hatten, guter Dinge waren und uns auch irgendwie auf abenteuerliche Erlebnisse eingestellt hatten – auch der alte Mann meinte, dass es nichts schaden könnte, wenn sie mal etwas anderes sehen und erleben würden. Wir konnten uns nicht erklären, wieso wir diese Einstellung hatten, aber es war einfach eine tolle Idee.

Schon im Auto war eine gute Laune bei uns allen. Wir hatten uns in den letzten Monaten so aneinander gewöhnt, dass man der Meinung erliegen konnte, wir seien verwand. Die alte Frau war froh, dass ihr Mann bei der Tour mitmachte. Er erklärte uns, dass er sich durch die verschiedenen schlimmen Vorkommnisse in seiner Jugend immer mehr im Alter zurückgezogen hätte. Das Leben war so ungefährlicher und nicht so anstrengend. „Im letzten Jahr war er kaum vor der Tür", erwähnte seine Frau noch. „Ich habe mir schon Gedanken gemacht, dass er vielleicht krank werden könnte, ohne Bewegung. Heute gilt es, Philipp!" Sie lachte und klopfte ihm auf die Schulter. „Wenn es

nicht allzu wild wird, bin ich dabei", meinte er dann beiläufig. Victoria fuhr nach Elgol, an der Spitze einer kleinen Halbinsel. Wir hatten uns vorher informiert, dass man von dort mit einem Boot durch Loch Scavaig die Schwarzen Berge und den Bergsee Coruisk müheloser erreichen könnte, als über Sligachan, wo man auf der anderen Seite der Berge noch stundenlang über Steine und Felsen klettern müsste. Nun, wir dachten daran, dass unsere Begleiter nicht mehr ganz neu waren und vielleicht ein Kraxeln nicht so ohne weiteres verkraftet hätten. Hier hatten wir noch bei einem tollen Wetter zusätzlich eine schöne Bootsfahrt zurückgelegt. Bei diesem Spätsommerwetter machte es richtig Spaß, zu sehen, wie die beiden alten Leute sich an dieser Fahrt erfreuten. Mit den Augen zu, schauten sie zeitweise in die Sonne, die das vor uns liegende Bergmassiv in eine graubeige Farbe tauchte und blauschwarze Tiefen entstehen ließ. Malerischer ging es nicht mehr. Auf vielen Felsen, die in unmittelbarer Nähe aus dem Wasser ragten sonnten sich eine Menge Seehunde. Es war ein tolles Erlebnis, hier vorbeizukommen.

Wir legten an einem Felsen an, wo man eine rostige, aber stabile eiserne Treppe befestigt hatte. Vielleicht zwanzig Stufen waren im steilen Zickzack zu ersteigen, dann war man auf einer Wiese, die zu dem höhergelegenen Bergsee führte, wo zurzeit wenig Wasser am Überlauf ins Meer floss. Es war kein größeres Problem für die ungeübten älteren Leute. Im Gegenteil, sie halfen Wölfchen ebenfalls über die Treppe nach oben. Nachdem wir die Wiese hinter uns gebracht hatten, war die Verblüffung groß: da lag dieser wunderschöne See. Ein Panorama hatte sich geöffnet, wie es nicht schöner sein konnte. Es wurde fotografiert und man schaute eher andächtig in diese Welt aus Stein, die nur einen Spiegel gebraucht hatte, um noch besser auszusehen - den blauen See! Wir alle saßen auf den dicken Steinen, die um den See herum wie ausgestreute Krümel anmuteten. In einer Ecke standen vielleicht zwei, drei Bäume, deren gelben Blätter wie goldene Lampen in der Sonne strahlten.

Als ich so ins Wasser schaute, erkannte ich ungefähr dort, wo die erste kleine Insel lag, eine heftige Welle, die bis zu uns verlief. Doch etwas schaute immer wieder kurzzeitig aus dem Wasser. Etwas Großes, Schwarzes. Ich konnte nicht genau erkennen, was es war. Sollte es ein Kopf oder ein Rücken mit Flosse gewesen sein? Dieses schwarze Etwas schwamm jetzt sehr schnell dicht unter der Oberfläche auf uns zu. Die anderen unterhielten sich und bemerkten nicht, was da gerade vor sich ging. Alle saßen wir direkt am Wasser, das an dieser Stelle höchstens einen halben Meter tief war. Sie waren guter Dinge und lachten miteinander – sollte ich etwas sagen? Nach den Wellen zu urteilen, war es ein riesiger Körper, der sehr gewandt sich im Wasser bewegte. Aber was war es? Dann tauchte es weg, und der See lag wieder ruhig da.

„Was ist das für ein wunderbar stiller See", meinte unsere Begleiterin, „ich bin froh, dass wir mitgefahren sind, oder?" Sie schaute ihren Mann an, der gerade einen sonderbaren Stein gefunden hatte und ihn von allen Seiten betrachtete. „Der muss aus dem Jura sein", war seine wissenschaftlich angehauchte Bemerkung. Er steckte ihn ein und rief dann erschrocken: „Da, seht mal, was das ist." Er zeigte auf die kleine Insel. Dort bewegte sich etwas, das man nicht genau erkennen konnte. Es war ein schwarzer Klumpen, der jetzt ins Wasser schlüpfte, fast ohne Wellen zu machen. Ähnlich dessen, was ich schon mal erlebte hatte. Alle gingen ein paar Schritte vom Wasser zurück, als ob von dort eine Gefahr lauern könnte. „Vielleicht ein Seehund? Aber die finden doch da draußen mehr Fische als hier." Der alte Mann zeigte auf die offene See, und man merkte, dass er angestrengt nachdachte. „Ein Tier, das Atmen muss! Aber, was findet es hier in dem See?" Seine Frau erlangte mit der Bemerkung: „Wollen wir wieder fahren?", nur die Antwort: „Nein, warte doch mal. Wann hat man denn schon mal die Gelegenheit, so etwas zu erleben?" Dann hob er einen weiteren Stein auf und schleuderte ihn ins Wasser.

Vielleicht hatte er damit etwas ausgelöst, denn jetzt wurde es etwas turbulenter weiter draußen auf dem See. Zwei riesige Leiber tauchten auf und glitten immer wieder übereinander und kümmerten sich nicht um uns, dachten wir …! Mit einem Mal wurde es wieder ruhig an dieser Stelle, doch man konnte durch das blau leuchtende Wasser genau sehen, dass einer von den beiden wieder mit hoher Geschwindigkeit auf uns zukam. Alle gingen ein paar Schritte weiter zurück, doch ich wollte sehen, was es war und was sich jetzt ereignen würde. So stand ich auf einem dicken Stein direkt am Wasser und sah, dass dieses dunkle Wesen dicht unter der Oberfläche auf mich zu schwamm.

Es trieb jetzt langsam zu mir her und legte sich direkt vor den Stein auf dem ich stand, immer noch unter Wasser, auf den kiesigen Boden und verhielt sich absolut still. Es sah fast aus, als wäre es ein riesiger, schwarzer Salamander von fast sechs bis sieben Metern Länge. Der riesige Kopf hatte die Ähnlichkeit mit den Lurchen oder Molchen, die wir als Kinder aus den Teichen herausfingen, um sie in einem Einmachglas zu beobachten. An den Füßen von diesem Tier befanden sich lange Krallen, und seine Augen beobachteten mich unablässig.

Ich stieg von dem Stein und wollte gerade ins Wasser greifen, um festzustellen, ob das Tier, oder was es war, eine weiche Haut hätte, da hörte ich von hinten einen Schrei. Es war Victoria. „Lass das um Gottes Willen sein!" Sie kam ein paar Schritte auf mich zu und versuchte mich zurückzuziehen, was ihr auch gelang. „Bist du wahnsinnig? Wer weiß, was das ist oder welche Absicht die haben!?" Dabei zeigte sie auf die kleine Insel. Dort bewegte sich etwas, das aussah wie ein Mensch. „Ich hatte es auch schon bemerkt", äußerte sich der alte Mann. Das Wesen versuchte sich zu verstecken hinter den Bäumchen, die dort wuchsen. „Wollen wir mal auf die andere Seite gehen, dort sind wir näher an der Insel. Vielleicht können wir etwas Interessantes entdecken? Ich möchte wissen, wer oder was das ist." Das waren die Worte des Alten. „Also, da hab ich keine Worte mehr", stöhnte seine Frau. „Wie kann man so verrückt sein?! Lass uns eher wegfahren, das Boot wartet." Sie war bereits auf dem Weg zurück durch die Wiese zur eisernen Treppe, wo weiter unten das Boot mit dem Bootsmann hin und her dümpelte. „Kommt ihr?", rief sie etwas ängstlich zu uns herüber.

Ich machte mich los von Victoria, hakte den etwas unschlüssigen alten Mann unter die Arme und so gingen wir, mehr oder weniger über die Steine stolpernd, auf die andere Seite, wo man einen direkten Blick auf die Insel hatte. „Er ist weg, er ist weg!" Auch ich konnte niemand mehr entdecken. Man hätte ihn sehen müssen, doch allem Anschein nach, hatte es jenes Wesen vorgezogen, zu verschwinden - aber wie und wohin? „Sagen Sie mal, was erleben wir gerade? Was passiert auf unserer Welt, von dem wir nichts wissen?" Eigentlich wollte er darauf keine Antwort von mir, sondern er fragte sich selbst. Ich meinte daraufhin, dass ich mich gerne mal mit ihm über solche Dinge unterhalten würde – wenn die Frauen nicht dabei wären. Er lächelte mich an, was damit auch sein Interesse unterstrich.

Victoria war schon mit der alten Frau und Wölfchen im Boot, als wir dann doch etwas mühsam diese rostige Treppe hinunterstiegen auf das schwankende Boot. Ich half dem alten Mann, der sich aber doch bemerkenswert sicher bewegte. „Das war toll. Ich hab's dir ja schon immer gesagt, es gibt mehr in unserer Welt, als man im Allgemeinen so annimmt." Er hob den Finger und sah in die Richtung seiner Frau, die aber offensichtlich nicht auf sein Gespräch eingehen wollte, denn sie schaute hinaus auf die See.

„Schaut mal, da sind Delfine!" Victoria zeigte auf die See, wo ein paar Delfine im gleißenden Gegenlicht in der ruhigen See immer wieder in ihrer lebensfrohen Art aus dem Wasser sprangen. Die Sonne stand tief und spiegelte eine Kälte herüber, die durch den Fahrtwind noch gesteigert wurde.

Man redete nicht viel, als wir bereits mit dem Auto auf der Heimfahrt waren, und als wir auf den Weg fuhren, der um die große Wiese vor dem Landhaus verlief, schlug mein Herz höher. Ich liebte inzwischen dieses Zuhause. Hier fühlte ich mich richtig wohl, vor allem, weil ich auch mit Victoria, das Liebste, was ich je kennen gelernt hatte, mein Leben in dieser Umgebung verbringen durfte. Zu diesem Glück gehörten auch Wölfchen und die alten Freunde, die jetzt, nachdem wir wieder gut gelandet waren, das Bedürfnis hatten, noch mit uns einen Tee zu trinken. „Kommt gleich rüber und vergesst Wölfchen nicht!", rief der alte Mann uns zu.

Natürlich freuten wir uns über diese herzliche Geste und erschienen auch gleich darauf zu einem Plausch über den Tag, die Vergangenheit und auch über die

Zukunft. Der heiße Tee tat uns nach diesem langen, kalten Tag richtig gut.

Tage später, ich war gerade dabei im Gartenhaus, dem jetzigen Atelier, ein größeres Landschaftsbild zu malen, als ich Besuch bekam. Es war der alte Mann. Er sah mir eine Zeit lang zu und erwähnte dann einen Museumsneubau in Edinburgh, der zu seiner Eröffnung eine Ausstellung präsentieren wollte, mit Gemälden, die Schottland in außergewöhnlichen Eindrücken zeigt. Er hielt mir die Zeitung hin, in der er das gelesen hatte. „Wäre das vielleicht eine Adresse fürs Weiterkommen?" Ich las dann selbst den Artikel. Dieses Museum hatte man erbaut zum Gedenken an einen Künstler, dessen Name es auch trug. Gerne würde man auch eine Retrospektive eines Künstlers zeigen. Man forderte heimische und internationale Künstler auf, sich zu melden. Die Ausstellung würde erst in einem Monat beginnen und zwei Monate bis nach Weihnachten stattfinden.

Ich hatte schon oft solche Ausstellungen mitgemacht, auch im Ausland. Man benötigte für diese Ausstellung ca. zwanzig großformatige Bilder – im Atelier hatte ich inzwischen mehr als das Doppelte. Eine derartige Ausstellung war eine Herausforderung und würde einen großen Bekanntheitsgrad mitbringen - nach der

Ausstellung. Es könnte ein Sprungbrett sein für mich, wenn ich mitmachen würde, sagte ich mir. So ließ ich keine Zeit verstreichen und setzte mich mit dem Museum in Verbindung. Im Atelier war ich jetzt ununterbrochen dabei, die fantastischsten Bilder entstehen zu lassen, auch, wenn es inzwischen ziemlich ungemütlich kühl im Atelier wurde. Irgendwann hatte ich so viele Bilder, dass ich mehrere Ausstellungen hätte bestücken können. Dann kam tatsächlich eine Aufforderung, um vor einer Jury das zu zeigen, was ich als das Beste meiner Arbeiten erachten würde – sofort sagte ich zu, und Tage später waren wir, Victoria und ich, unterwegs nach Edinburgh. Wölfchen ließen wir für die nächsten paar Tage allerdings bei den netten alten Leuten, die sich darüber riesig freuten.

Um es vorwegzunehmen: die Jury war mehr als begeistert! Wir sahen uns die Ausstellungs-Möglichkeiten in dem Museum an. Sie waren fantastisch! Dieses Museum konnte, wenn es eröffnet werden sollte, Gemälde mehrerer Künstler ausstellen. So rechnete ich mir aus, dass ich nicht der Einzige wäre bei der Eröffnung. Doch das sollte mir egal sein. Für eine Retrospektive müsste ich mir Arbeiten aus Deutschland kommen lassen. Das, so fand ich, musste nicht sein, ich wäre schon froh, wenn ich in dieser Ausstellung ein paar Bilder verkaufen könnte. Die Bilder blieben den Nachmittag bei der Jury. Man wollte noch Fotos davon machen, eventuell für einen Katalog. Wir nahmen uns vor, noch einen Tag länger zu bleiben und schlenderten durch die Stadt, das heißt, dass man es schon als einen sportlichen Akt ansehen konnte, nur einen Teil der Stadt zu erkunden - die Stadt liegt nicht nur im Tal. Trotzdem erlebten wir auch hier Schottland pur. Diese Stadt ist mit keiner mir bekannten zu vergleichen.

Es war kein sonniger Tag, kalt, und es regnete leicht. Hin und wieder sah man eine einsame Möwe kreischend über den Park schweben. Als wir uns von der Hauptstraße in eine Seitenstraße begaben, glänzte das Kopfsteinpflaster vor Nässe, und die Häuser hatten eine verblasste Farbe, im Gegensatz zu dem Pub, das wir besuchten. Hier war es warm, und das orangefarbene Licht steigerte die Atmosphäre in eine wohlige Gemütlichkeit.

Nachdem ich am nächsten Tag meine Arbeiten, die ich zur Begutachtung bei der Jury zurückgelassen, wieder abgeholt und im Auto verstaut hatte, fuhren wir irgendwie gut gelaunt und ausgeglichen zurück. Victoria sah heute wunderschön aus, mit glänzendem Haar und leicht gerötetem Gesicht. Durch die Vorfreude auf die schöne Wohnung, die alten Freunde und Wölfchen ließ sich Victoria dazu hinreißen, heiße Tea Biscuits und Shortbreads zu erstehen, um zu Hause dann gemütlich mit unseren Freunden Tee zu trinken. Und wieder hatten wir beide das Gefühl, als wir langsam vor unsere Wohnung fuhren, dass dies wirklich unser Zuhause sei. Es war ein wunderbares Gefühl, zur Haustür hereinzukommen und den Stress der langen Fahrt endlich hinter sich zu lassen.

Im Haus war es angenehm warm, etwas, das man bereits im Herbst als sehr angenehm empfindet.

Der nächste Tag begann schon mit Regen und einem Gewitter, das eigentlich hier sehr selten ist. Es schüttete in Strömen. Wir saßen gerade beim Frühstück, als jemand Sturm klingelte. Es war der alte Herr, der völlig aufgelöst gestikulierend, einen zerstörten Regenschirm in der Hand hielt und laut aufgeregt erzählte, dass seine Frau verschwunden sei. Sie sei zum Briefkasten unten an der Ecke, um einen Brief einzuwerfen. Er hätte noch gesagt, dass sie warten sollte, bis der Regen nachlässt, aber nein, sie wollte es gleich tun, damit der Brief noch weggeht mit der heutigen Post. „Der Schirm lag kaputt an der Seite. Ihr ist irgendetwas zugestoßen, das spüre ich!" Er war nicht zu beruhigen. Wir suchten alles ab – vergeblich. Naheliegend war, die Polizei zu informieren, was wir auch sofort taten. Minuten später war sie da, aber auch bald schon wieder weg. Das Suchen würde jetzt laufen …!

Es war eine furchtbare Sache. Wir saßen in der Wohnung der alten Leute. Wie sollte man den Mann beruhigen? Wir konnten uns das alles nicht erklären. Wenn man die alte Frau gekidnappt hatte – warum? Warum mutet man das einem alten Menschen zu? „Ich glaube, ich gehe mal nachsehen, ob Post da ist." Victoria ging ins Hotel an den Tresen, denn dort wurde immer die Post, auch für uns abgegeben.

„Hier ist auch ein Brief an dich Philipp. Kein Absender", sagte sie zu dem Alten, der furchtbar in den Seilen hing. Er öffnete, und nahm einen Brief heraus, der nur ein paar Zeilen enthielt, die mit verstellter Schrift geschrieben waren. Er las sie laut vor: „100 000 Pfund, oder sie kommt nicht mehr zurück. Übermorgen am Clan MacDonald Castle im Park. Keine Polizei, allein - sonst tot." Er klappte förmlich zusammen. „Wie kommt einer auf die Idee, dass so viel Geld hier zu holen sei? Wir sind froh, dass wir überhaupt rumkommen." Er war richtig fertig. Die Polizei saß Minuten später wieder hier, und man besprach die nächsten Schritte.

Bei der Post war auch ein Brief an mich. Wer wusste schon, dass ich hier wohnte? Auch kein Absender. Als ich öffnete, lag nur ein Ausschnitt einer Karte drin. Es war ein Weg eingezeichnet, der über die Berge führte auf die andere Seite dieser Halbinsel zum Dunscaith Castle, einer Ruine, wie ich in Erfahrung brachte. Am unteren Rand stand zu lesen: heute noch! Victoria sah mich an und wurde unruhig: „Von wem ist das?" „Ich weiß es nicht. Vielleicht von dem, der mir schon mal begegnet war in Kirkwall. Ob es mit der Entführung zu tun hat?", fragte ich Victoria. „Wer weiß, vielleicht erfährst du etwas Neues – frag doch mal!" Das hieß so viel wie, dass ich gehen sollte. „Ich bin bei ihm und passe auf, dass ihm nichts passiert. Also, sieh zu, dass

du so schnell wie möglich wieder zurück kommst. Leider kannst du nicht das Auto nehmen" Mir schwante Fürchterliches, bei dem Sturm, der zur Zeit herrschte, vielleicht zehn Kilometer wandern – mit Gepäck, denn ich wollte auch mein Zelt mitnehmen. „Ich komme frühestens morgen zurück."

Mit einem unguten Gefühl startete ich in den Regen, der durch den Sturm mir ununterbrochen in das Gesicht prasselte. Hinter dem Haus konnte ich direkt über den Hügeln die Richtung einschlagen. Die Karte zeigte den genauen Weg, der fast gerade verlief. Soweit ich mir das errechnete, lag das Castle direkt auf der anderen Seite am Ufer. Es war beschwerlich, den Weg über die Steine, Felsen und wilden Ginsterhecken, die mit ihren furchtbaren Stacheln jedes Durchkommen unmöglich machten, noch beizubehalten. Als ich auf die andere Seite der Hügel kam, war der Sturm, der hier über den Atlantik fegte, noch heftiger, und die Wellen wurden bis über den Weg zu den Weiden gespült. Es war schon fast dunkel, als ich die Ruine des Castles erreichte. Tief hingen die Wolken über der See und wurden in rasender Geschwindigkeit herübergejagt. Ein dunkles Graublau ließ das dahinterliegende Orange fast nicht durchkommen. Alles verschwamm in der Unendlichkeit zu einem graubraunen Dunst.

Nur noch Reste der Ruine waren zu erkennen. Nichts war zu sehen, was man als Unterschlupf vor diesem Wetter hätte nehmen können, außer dem kleinen Brückenbogen der zum Castle führte. Nur Wiesen und

Mauerreste waren Überbleibsel auf einem Felsvorsprung, der fast abgetragen war. Es war auch niemand zu sehen, kein Mensch oder auch irgendetwas Menschenähnliches, das hier auf mich gewartet hätte. Bei diesem Wetter wagen sich selbst die Geister nicht aus ihrem Nest, dachte ich so bei mir. Trotzdem wartete ich einen Moment und ließ mich richtig durchregnen.

Durchnässt und leicht verärgert ging ich den Weg wieder zurück. Was schickt man mich bei so einem Wetter hier her? Was war wieder mal der Grund dafür? Und warum war niemand da? Oder hatte ich ihn verpasst? Jedenfalls hatte ich die Nase voll für heute - im wahrsten Sinne des Wortes. So ging ich etwas schneller mit dem Wind im Rücken zurück – wieder ein paar Stunden im Regen, der nicht schlimmer hätte sein können, so hatte ich jedenfalls momentan das Gefühl. Es wurde jetzt dunkel, und ich war fix und fertig. Sollte ich mein Zelt aufbauen und abwarten bis morgen? Ich war drauf und dran, doch dann entschied ich mich fürs weiterwandern durch den Matsch und über viele Steine, die ich fast nur noch stolpernd hinter mich brachte. Nun, ich sagte mir, in Kürze bin ich zu Hause, und dann könnte mich ja ausruhen, also weiter. Tja, wie soll ich's sagen? Es kam aber alles mal wieder anders als ich es mir ausgemalt hatte.

Zwischendurch auf meiner mehrstündigen Wanderung musste ich immer wieder an die alte Frau denken. Warum musste so ein Idiot sie in solche Schwierigkeiten bringen? Hoffentlich hält sie durch. Oder auch ihr

Mann, den das arg fertig machte. Im Dunkeln stolperte ich weiter über Steine, Hecken und alte Ginstersträucher, die mir dabei die Nadeln durch die Hose jagten. War ich vom Weg abgekommen? Eigentlich verlief laut Karte hier ein Pfad, den ich auch auf dem Hinweg benutzt hatte. Weiter ging's! Gott sei Dank hatte die Taschenlampe noch nicht den Geist aufgegeben.

Eigentlich wurde ich nur noch von dem Gedanken getrieben, nach Hause zu kommen, ins warme, helle Haus, zu Victoria. Ich freute mich schon wie wild darauf, sie wieder zu sehen und zu knuddeln.

Eigentlich müsste ich doch schon von weitem das hell erleuchtete Haus sehen, aber es blieb alles um mich her dunkel. Bis ich dann plötzlich vor einem Cottage stand. Keine Tür oder Fenster waren an dem Häuschen. Als ich näher kam, sah ich, dass es verfallen war und auch kein Dach mehr besaß. Ich leuchtete alle Ecken aus. Überall waren Dreck, Steine und irgendwelche kleine Hecken, die aus dem Boden wuchsen. Nichts war mehr in diesem Häuschen. Nur etwas erregte meine Aufmerksamkeit: eine Stimme! „Mache bitte die Lampe aus." Es war daraufhin für einen Moment absolut dunkel hier. Der Sturm trieb den Regen immer noch hierher, doch innerhalb der Wände war es nicht ganz so stark wie draußen zu spüren. Kalt war es hier, und der Wind roch stark nach Moos und dem nahen Atlantik, nach Algen und Tang. Ein Bisschen Licht kam doch irgendwo her, dann, wenn die Wolkenfetzen für kurze Zeit den

Mond freigaben. Ein leichter Schatten zeichnete sich auf dem Boden ab, und als Silhouette gewahrte ich wieder jemand mit Hut vor dem Fenster. „Entschuldige, dass wir dich so lange durch dieses furchtbare Wetter schickten, aber es ist wichtig, dass du etwas Unangenehmes spüren musst, damit das funktioniert, was wir jetzt mit dir vorhaben." Eine Weile war nichts zu vernehmen, und ich dachte schon er wäre weg, doch dann meinte diese Person oder was es war: „Hier an dieser Stelle steht eigentlich das Landhaus. Du wärst jetzt zu Hause. Doch die Begegnung hier ist äußerst wichtig. Dieses Haus gehörte einst Victoria und ihrem Mann, dem Musiker. Hier hatten sie gewohnt für eine lange Zeit. Wir schreiben jetzt das Jahr 1850. Es wagte sich die ganze Zeit niemand hier her. Die Leute hatten Angst, dass es hier spukt. Das Cottage hatte man abgerissen, als man das Landhaus baute." Er machte wieder eine lange Pause: „Jetzt möchte ich was erzählen von dem Unglück, das die alte Frau betrifft. Ich werde dir jetzt sagen, wie du und auch die anderen - samt Polizei - vorgehen sollten, damit sie wieder lebend zurückkommt. Denke daran, dass es genauso abläuft, das ist wichtig."

Der Regen tropfte unablässig von einem Teil des Daches, das noch erhalten war, auf meine Kleidung, während jener mir genau erklärte, wo die Frau zurzeit untergebracht sei. Nicht weit von hier in einem alleinstehenden Haus. Gegenüber, auf der anderen Straßenseite, stand unterhalb direkt am Wasser das Cottage der Fischer, wo wir schon mal nachgefragt hatten. Das sollte uns dabei helfen, wie er sagte. Dann schilderte er den genauen Vorgang, wann, wo und wie alles abzulaufen hätte. Ich sollte genau aufpassen, dass es so gemacht wird. Dann wäre die Frau morgen wieder zu Hause. Bei dem Ganzen bekäme ich noch Hilfe. Damit meinte er nicht die Polizei. Er erklärte mir auch nicht, was oder wer mir dabei helfen könnte. Ich würde es schon sehen! Jetzt sollte ich wieder zurückgehen, nur einige Kilometer, dann wäre alles wieder wie vorher. Und …, ich sollte mich beeilen. Ich fragte mich während der Wanderung, warum fast alles mit Schmerzen und unangenehmen Dingen verbunden sein musste. Natürlich gab's keine Antwort darauf.

Nach ein paar Stunden war ich wieder bei Victoria, die sich ebenfalls wieder riesig freute, dass ich zurück war. Hier im Haus herrschte immer noch Aufregung. Der alte Mann war ebenfalls noch hier. Man konnte ihn nicht alleine lassen – warum auch! Ich erzählte alles genau so, wie ich es erfahren hatte. Das Haus kannte er: „Ja, das stand lange leer." Seine Reaktion war erstaunlich. Das zu glauben in diesem Moment, war nicht einfach.

Wir sollten erst am nächsten Morgen mit der Aktion beginnen. Ich konnte den Alten kaum zurückhalten: am liebsten hätte er sofort die Polizei dort hingeschickt. Man kann es verstehen – was würde ich in dieser Situation tun? Man spürte den Herbst, kalt, und es regnete immer noch. Ein starker Wind fegte über den Atlantik herüber und schleuderte hohe Wellen ans

Ufer, die man auch hier bei uns noch hörte. Auch im Haus merkte man den heftigen Wind. Er rüttelte an den Fenstern, und blies sanft in die Vorhänge. Ich hatte nach dem Marsch fest geschlafen und wurde nun von Victoria mit einem Kuss geweckt. Was hätte ich vor Jahren dafür gegeben, das zu erleben. Doch ich fühlte mich zerschlagen, blieb noch einen Augenblick liegen und dachte an das, was heute passieren sollte.

An diesem Morgen zog ich bereits einen Pullover drüber. Unser alter Freund saß bereits am Frühstückstisch und wartete, dass endlich etwas geschehen sollte. „Was fangen wir an?", war die Frage, als er mich sah. „Wir werden gleich die Polizei anrufen, dass sie dort zu dem Haus kommt. Währenddessen gehe ich zu den Fischern da unten und bereite die Boote vor, die bei der Flucht gebraucht werden. Du bleibst aber hier, bevor dir auch noch etwas passiert bei dem Tumult, der garantiert entstehen wird." Er sagte nichts, dass wie eine Einwilligung anzusehen war.

Während ich zu den Fischern ging, rief Victoria bei der Polizei an. Ich war gerade am Ufer angekommen, das unmittelbar gegenüber des Hauses verlief, wo sich die alte Frau befand, da hörte man schon die Sirenen der Polizeiautos. Nach dem Gespräch zu urteilen, das ich in der Nacht mit dem sonderbaren Wesen hielt, würde der Kidnapper fliehen und zwar hierher, sich ein Motorboot schnappen und übers Wasser fliehen. Seine Idee wäre es, rüber nach Mallaig zu fahren, um dann zu verschwinden. Das musste verhindert werden.

Das Abhandeln mit den Fischern, die wir schon mal kennen gelernt hatten bei der Befragung, wo das Cottage sei, verlief erwartungsgemäß erfolgreich. Sie waren auch daran interessiert, dass das alles gut ausgehen sollte. Ich erklärte noch, dass sie sich über eine eventuelle Bezahlung der Unkosten, die dabei entstehen, keine Sorge machen sollten, das würde garantiert zur Zufriedenheit geregelt werden. Sie waren einverstanden, da sie auch die alten Leute schon lange kannten.

Zwei Boote besaßen Außenbordmotoren, die wir ins Wasser schoben, was bei dem stürmischen Wetter nicht so einfach war. Das eine Boot, in dem bereits der Motor lief, ließen wir fast unbeobachtet, und bei dem anderen standen wir, um direkt hineinzuspringen und zu folgen, wenn er im ersten Boot davonflitzt. Allerdings musste noch die Polizei mit ins Boot, das könnte Zeit kosten.

Die Polizei hatte noch nicht das Haus umstellt, von dem sie nicht mal wussten, ob das überhaupt stimmen würde, was ihnen am Telefon erzählt wurde, als der Gesuchte bereits über die Straße, runter zu uns rannte und ins Boot sprang, ohne zu überlegen. Er jagte den Motor hoch und düste los. Wir konnten nicht hinterher, obwohl wir startklar waren – die Polizei fehlte noch. „Fahren wir einfach los", rief der junge Fischer. Doch wir brauchten Beweise, wenn etwas auf dem Wasser passieren sollte. So warteten wir einen Moment, bis der erste Polizist hier her zu uns kam. Dann ging es los! Wir jagten dem Verbrecher hinterher, doch es dauerte eine Weile, bis wir ihn weit vor uns in den doch etwas heftigen Wellen im Dunst, der über dem Wasser lag, ausmachen konnten. Der Vorsprung war allerdings sehr groß. „Wenn er drüben ankommt, haben wir das Nachsehen. Wir müssen ihn auf dem Wasser stellen." Der Polizist war eher hoffnungslos. „Der Abstand vergrößert sich", meinte der Fischer, „wir sind zu schwer."

Ich gab die Hoffnung auf, da man bereits in der Ferne das Land sehen konnte. Doch dann geschah etwas Seltsames. Unter unserem Boot glitt etwas Riesiges, Dunkles mit unheimlicher Geschwindigkeit durchs Wasser. Es war auch gleich darauf nicht mehr in der aufgewühlten See zu erkennen. Ich erinnerte mich daran, dass jener etwas von Hilfe erwähnte. Allerdings konnte ich mir keinen Reim darauf machen, wer oder was es sei. Jetzt wurde mir einiges klar. Ich beobachtete die Stelle auf dem Wasser, wo das Motorboot vor uns herjagte, in der Hoffnung, dass da bald etwas geschehen könnte. Und so war es!

Plötzlich sahen wir, wie sich das Boot aus dem Wasser hob, durch die Luft flog und ins Wasser klatschte. Direkt dabei erhob sich ebenfalls ein riesenhaft schwarzer Körper aus der See und verschwand wieder in dem aufgewühlten Atlantik, der an dieser Stelle nur aus Gischt und Schaum zu bestehen schien. Als wir kurz danach die Stelle erreichten, war nichts mehr zu sehen außer einer Boje, die noch im Boot lag und jetzt auf dem Wasser trieb. Wir suchten alles ab, doch auch das

Boot war weg. Der Fischer sagte nichts, und der Polizist auch nicht. So etwas hatten sie noch nicht erlebt und auch nicht erwartet. Das war also die Hilfe! Mein Gott, was für ein Erlebnis. Wäre der Polizist nicht dabei gewesen, es würde niemand glauben.

Nun, die Sache hatte sich erledigt. Als wir zurückkamen, stand auch Victoria am Ufer. Sie fiel mir um den Hals und weinte vor Freude, dass die alte Frau wieder zu Hause sei. „Wir wollten, so auch die Polizei, dass sie sich untersuchen lassen sollte, aber sie meinte, dass sie fit sei. Jetzt ist sie bei ihrem Mann und glücklich. Wo ist der Lump?", fragte sie. „Er lebt nicht mehr." Die Geschichte konnte sie kaum glauben, die ich ihr erzählte. Auch der Polizist war umringt von seinen Kollegen, denen er bestimmt diese unglaubliche Geschichte gerade erzählte. Mit dem Fischer sprach ich und lud ihn in den nächsten Tagen zu uns ein, damit wir das mit dem Boot regeln konnten.

Als wir zurückkamen, stand noch ein Polizeiauto vor dem Haus. Ich zog es vor, kurze Zeit allein zu sein. So schlich ich mich mehr oder weniger ins Atelier und setzte mich in eine Ecke, um über alles nachzudenken. Doch, was könnte das bringen? Bei allem, was ich so Revue passieren ließ, blieb die Frage: Warum das alles? Was steckt dahinter. Es muss doch einen Sinn haben, dass das alles so geschieht und nicht anders. Und, bei allem bin ich der Mittelpunkt. Ich konnte es mir nur so erklären, dass noch in der Zukunft etwas geschieht, wo ich in irgendeiner Weise gebraucht wurde.

Aber, was könnte das sein? Wenn etwas von „oben" gesteuert wurde, dann müsste es doch von absoluter Wichtigkeit sein. Was kommt noch? Es kann nicht sein, das nur mich das etwas angehen sollte, sondern da muss es um viele Menschen gehen, nicht nur um einen. Dann kommt die nächste Frage: Warum ich, ein einfacher Maler? Da gibt es bestimmt andere, die weit qualifizierter wären für …, ja für was? Da kam ich nicht weiter. Gerade, als ich aufstehen wollte, kam Victoria zu mir ins Atelier. „Ich dachte es mir, dass du dich hier verkrümelt hast. Was machst du denn da in der Ecke? Ich dachte du würdest malen." Dann sah sie das neueste Bild, das fast fertig war. „Boah, das ist aber fantastisch. Mein Gott, das muss in die Ausstellung. So was Tolles." Sie war sichtlich überrascht. „Noch was anderes. Du sollst mal zu unseren alten Freunden kommen, sie möchten dir was sagen. Deshalb bin ich eigentlich hier."

Ich wollte sie ein Bisschen foppen und sagte: „Ach, deshalb, nicht wegen mir! War schon irgendwie klar. Warum auch?" Sie sah mich an, und ich dachte schon, jetzt macht sie mich kalt, aber sie reagierte anders. Sie kam auf mich zu, fuhr mir mit der Hand in die Haare und küsste mich. Dann gab sie mir einen Klaps auf den Hinterkopf und ging raus. Sie rief mir zu, dass ich doch kommen sollte, sie würden warten, dann rannte sie weg. Man konnte sagen, dass sie so unberechenbar war, wie das Wetter in Schottland, das jetzt wieder seine schöne Seite zeigte, denn die Sonne lag auf der nassen Wiese und alles glänzte wie ein geschliffener

Kristall. Ich begab mich wieder in die Realität und zu den alten Freunden. Die saßen ausgelassen in dem Zimmer, das zur Terrasse führte. Dort stand die Tür auf. Ich ging darauf zu und Wölfchen schoss aus der Tür und kam auf mich zugerast. Er warf mich fast um, so freute er sich, als er mich sah. Man rief mir zu, dass ich reinkommen sollte.

Der Tisch war gedeckt, und es duftete einladend, was auf dem Tisch serviert war. Victoria war in der Küche, um noch einiges zu richten. Unsere Freunde saßen nebeneinander auf dem Chaiselonge und hielten sich die Hände. Als ich ins Zimmer kam, stand die Frau auf, kam auf mich zu, gab mir förmlich die Hand und drückte mir einen Kuss auf die Wange. „Ein herzliches Dankeschön", sagte sie leise, und in ihrer Stimme lag etwas, das man nur mit einem gewissen Respekt und einer Portion Scheu vergleichen könnte. „Aber, was habe ich schon gemacht", fragte ich zurück? „Kommt und setzt euch an den Tisch, zur Feier des Tages gibt's was Leckeres." Victoria hatte eine Schürze umgebunden und machte einen freudigen Eindruck.

Während des Essens wurde kaum geredet. Nur die Frau erwähnte, dass es fantastisch schmecken würde, und dass sie die letzten Tage nichts gegessen hätte. Danach setzten wir uns auf die sonnige Terrasse und sprachen über alles, was vorgefallen war. Vor allem wollte der Alte wissen, was genau draußen auf dem Wasser passiert sei. Jeder fragte sich, was das wohl war – ein Tier, ein Monster, das man noch nicht irgendwie wissenschaftlich registriert hatte. Man würde es für eine interessante Geschichte halten, wenn nicht noch andere mit im Boot gewesen wären, die sicher jetzt auch noch darüber grübeln, was das wohl war. „Der Fischer wollte noch in den nächsten Tagen vorbeikommen, um über seinen Verlust, über sein Boot, zu reden", warf ich noch ein. „Schicke ihn zu mir", war die Antwort des Alten.

Unsere alte Freundin erzählte uns von der furchtbaren Situation. Sie hatte den Eindruck, dass jener Typ leicht geistesgestört war. Er hätte sie mit einem Tuch gefesselt und währenddessen immer von seiner Mutter erzählt, nämlich so, dass er sich ständig bei ihr entschuldigte. Noch eine Weile redeten wir über die Vorkommnisse, dann wurde es still. Das Gespräch wurde dadurch beendet, weil der alte Mann eingeschlafen war und wir ihn nicht stören wollten.

Die nächsten Tage verliefen ruhig, außer, dass der Fischer vorbeikam mit seinem Vater, um über das Boot zu reden. Ich schickte ihn zu unserem alten Freund. Später erfuhr ich, dass alles zur Zufriedenheit der Fischer verlaufen sei. Das Einzige, was in den Tagen für Aufregung sorgte, war ein Brief. Er war von der Museumsverwaltung, wenn ich das mal so sagen darf. Wer auch immer das war. Man hatte mir zugesagt, die

Ausstellung machen zu können. Allerdings würden noch zwei andere Künstler mit ausstellen. Ich sollte vierundzwanzig Bilder von der vorgestellten Größe acht Tage vor der Vernissage mitbringen, um sie dann gemeinsam mit den Helfern aufzuhängen.

Ich besaß inzwischen weit mehr Bilder und suchte mit Victoria die eindrucksvollsten aus. Es waren alles großformatige Landschaften, wie sie nicht schöner und effektvoller sein konnten. Die Ausstellung sollte über den ganzen November und Dezember gehen. Also packten wir die Bilder und unser Gepäck acht Tage vor Ausstellungsbeginn und fuhren nach Edinburgh. Tagelang wurden die Bilder aufgehängt, abgehängt und wieder aufgehängt, bis der Kommission die Anordnung behagte. Auch die beiden anderen Künstler mussten hier durch. Es waren nette Leute, eine ältere Frau und ein junger Mann, vielleicht in meinem Alter, der aber noch keine Erfahrung mit Ausstellungen hatte. Er litt sehr darunter, dass die Bilder, die er ausgesucht hatte, um sie stärker zu präsentieren, in einen anderen Raum kamen, der bei der Vernissage kaum besucht wurde. Die Gemälde der Frau waren abstrakte Werke, eine Kunstrichtung, die ich persönlich nicht so mochte, obwohl ich auch derartige Arbeiten als Auftrag schon angenommen hatte. Diese Arbeiten hier waren voller Farbigkeit und gut ausgewogen in ihrer Aufgliederung.

Die Vernissage war ein Erlebnis. Alles war vertreten, was Rang und Namen hatte und auch andere Künstler.

Man kam mit vielen Besuchern ins Gespräch und es wurde sich anerkennend geäußert. Am Ende der Vernissage hatten einige Schildchen, die neben den Bildern angebracht waren, kleine rote Aufkleber. Das war die Kennzeichnung für den Verkauf des Bildes. Ob man ein Bild von mir kaufen würde? Der Preis der Bilder war stark über das Maß meiner Vorstellung angehoben. Nun, diese Weihnachtsausstellung, so konnte man sie nennen, hatte einen überraschenden Anfang genommen. Neun Bilder besaßen bereits einen roten Aufkleber. Ich glaube, dass sich Victoria über den bereits vielversprechenden Erfolg des heutigen Abends mehr gefreut hatte als ich. Es war nicht der finanzielle Erfolg, sondern das Etablieren meinerseits in der Künstlerszene von Schottland.

Am Tag darauf regnete es, und wir besuchten nochmals die Ausstellung, um einfach mal zu sehen, wer da so kam und Interesse zeigte. Die Räume waren verglast bis zum Boden und die Räume machten einen hellen und ansprechenden Eindruck. Meine Bilder kamen bei diesem Licht sehr gut zur Geltung, um die zum Teil geheimnisvolle Ausstrahlung der Landschaft hervorzuholen und dem Betrachter zu signalisieren, dass hinter allem, was man erblickt, immer etwas steckt, das uns alles schöner erscheinen lässt.

Hinter einem Schreibtisch am Eingang saß eine Frau, die Broschüren verteilte und Bücher verkaufte, Bücher vergangener Ausstellungen. Sie hatte außerdem ein Auge darauf, dass nichts passierte, obwohl die

Ausstellung nicht zu überblicken war. Der Prospekt war schön aufgemacht, und hier fand ich auch einige Aufnahmen meiner Bilder – toll! Eine leise Musik war zu hören. Ich gab mich als einer der ausstellenden Maler aus, und sie lächelte. Einige Besucher kamen und hielten sich länger in den behaglich angewärmten Räumen auf. Die Frau am Schreibtisch stand auf und wischte den mitgebrachten Regen von den Steinplatten, der von den Regenschirmen getropft war und den Eingangsbereich rutschig machte. Alle redeten mit ihr übers Wetter, nahmen einen Katalog und versuchten die Bilder auf ihre Art zu interpretieren.

Es fiel mir auf, dass eine junge Frau mit schickem Hut und einem Trenchcoat hereinkam. Die Angestellte, die gerade an der Tür den Regen aufputzte, hielt ihr noch die Tür auf. Sie ging von Bild zu Bild und man bemerkte ein Interesse an der Ausstellung, vor allem an meinen Bildern. Doch vor einem blieb sie neugierig stehen, ging ein paar Schritte zurück und wieder ganz nah heran, um nach Einzelheiten zu sehen. Es zeigte Ruinen im Sonnenuntergang – ein sehr farbiges und ausdrucksstarkes Gemälde. Sie ging wieder einige Schritte zurück, um so vielleicht einen anderen Eindruck zu gewinnen. Dann ging sie zum Schreibtisch, fragte die Angestellte etwas, während sie auf das Bild zeigte. Jene suchte etwas in der Schublade und ging dann mit ihr zu dem Bild. Dort klebte sie einen kleinen roten Punkt auf das Schildchen daneben. Sie hatte es gekauft! Nach einem Gespräch und der Abwicklung des Bilderkaufs, ging sie wieder. Es sah wie ein gezielter Kauf aus. Wer war das? Ich ging nochmals zu dem Bild und schaute es mir genau an, denn bald würde es weg sein. Es war eine fantastische Atmosphäre auf diesem Gemälde, die man förmlich spürte. Ganz in einem orangefarbenen Licht war die Darstellung der Ruinen und des Sonnenuntergangs gehalten. Sie hatte einen guten Geschmack gezeigt. Ich kaufte noch ein Buch von den letzten Ausstellungen, und dann gingen wir wieder. Die Käuferin hatte ich bereits vergessen, obwohl sie noch mal in mein Leben treten würde.

Der Regen hatte aufgehört, und es roch frisch nach Ozon. Weit hinten sah man bereits einen blauen Streifen am Himmel. Ein leichter, eiskalter Wind blies uns ins Gesicht. „Komm, wir setzen uns noch mal ins Pub, in dem wir gestern waren." Victoria schnappte mich am Arm und zog mich ein Stück hinter sich her. Von der Royal Mile gingen wir schnellen Schrittes in eine Seitenstraße, in der sich in einem Kellergeschoss, so kam es mir vor, das Pub befand. Die Straße, damals noch mit Kopfsteinpflaster, glänzend und einen altertümlichen Charakter preisgebend, stieg etwas steil von der Hauptstraße mit seinen schmalen Bürgersteigen hoch – es war die Rosestraße. Auf der nächsten Straßenkreuzung befand sich auf dem Boden, einem Mosaik ähnlich, eine Kokarde, das Abbild der Heckenrose. Ganz an die Wand gelehnt wartete weiter oben eine schwarze Katze auf den Sonnenstrahl, der sich vielleicht hierher verirren könnte. Hier gab es viele Gaststätten und das Pub.

Ein paar Stufen musste man hinunter, und dann war da eine wunderschöne, alte Tür mit buntem Glas und Messingbeschlägen. Doch wir hielten uns bei dem nassen Wetter nicht lange auf und traten ein, in die gemütliche Gaststube, die zur Tür hin einen Windfang aus dickem Stoff besaß. Nur wenig Licht drang von außen durch die beiden winzigen Fenster. Man hatte noch einen Keller vom Nachbarhaus dazu genommen, so schien es, die Wand herausgenommen und Stufen eingebaut. Hier befand sich die Bar. Hunderte von Flaschen - so hatte ich den Eindruck, waren in den Regalen. Ich glaube, es gab kein alkoholisches Getränk, das man hier nicht hätte verlangen können. In der Ecke stand ein Schaukelstuhl, in dem einer saß und schaukelte, dabei hielt er ein Glas Whisky in der Hand. Er hatte die Augen geschlossen. Vielleicht träumte er oder genoss den behaglichen Augenblick.

Alles war schick hergerichtet - Seidentapete, Mahagoniholz - Vertäfelung und gemütliche Kanapees mit seidenen Kissen. Teppiche, antike Wandlämpchen und ganz leise Musik. Alles machte einen eleganten Eindruck. Hier wollte man nicht mehr weg. Ein paar Stiche beeindruckten mich. Sie waren genauso wie die Tische schon etwas älter. Man könnte sich denken, dass es ein Pub war, für Stammgäste, die, während sie etwas tranken, sich nett unterhalten wollten, so wie gerade neben uns, wo man sich über den neuen Hafen äußerte, heftig, aber leise. Wir setzten uns – nein, man muss sagen – wir kuschelten uns aneinander ins Kanapee und bestellten zuerst mal was

Heißes. Wir hatten eine tolle gelöste Stimmung und sprachen über alles, oft scherzhaft, über das, was in der letzten Zeit so passiert war. Victoria erwähnte, dass sie in ihrem ganzen Leben noch nicht so viel erlebt hätte, wie in der Zeit seit unseres Zusammenseins. Dann brachte ich ein Thema, das sie zum Nachdenken brachte. Ich erwähnte, dass man doch mal bei ihren Eltern vorbeifahren könnte. Wir hatten schon lange nichts mehr von ihnen gehört - schreibender Weise. Es dauerte schon einen Moment, bis sie meinte, dass wir nicht lange überlegen sollten und vielleicht heute schon zu ihnen fahren könnten. Nun, wir blieben noch eine Weile und dann ging es Richtung Norden. Noch eins muss ich sagen: Bei allem, was wir taten, vermisste ich Wölfchen. Doch wir wussten ihn in guten Händen, wo auch er sich richtig wohlfühlte.

Ich nahm die Karte auf den Schoß, als Victoria sich dann entschied, jetzt zu ihren Eltern zu fahren. Es waren schon ein paar Kilometer über Inverness bis ganz an die Nordspitze von Schottland, und bei diesem kalten Winterwetter machte die Fahrt weniger Spaß. Am späten Nachmittag hatten wir unser Ziel erreicht. Hier war besseres Wetter. Die Sonne schien bereits ganz flach, aber wärmte noch etwas.

Gegen Abend waren wir am Cottage angekommen. Victorias Eltern freuten sich riesig, uns so unverhofft zu sehen, wobei man merkte, dass ihre Tochter ihnen doch ans Herz gewachsen war. Mir gegenüber waren sie etwas reservierter, doch ließen sie auch mir ihre

Sympathie zukommen. Sie vermissten natürlich sofort Wölfchen.

Es gab viel zu erzählen. So ergab es sich, dass Victorias Mutter mit ihr auch unter vier Augen ein Gespräch führte, und ihr Vater auch mit mir ein informatives Zwiegespräch halten wollte. Man hatte das Gefühl, dass dies etwas mit den Gepflogenheiten des Landes zu tun hätte, so typisch schottisch, würde ich sagen. Nun, beide wurden mit dem vertraut gemacht, was unser Leben ausmachte, und mit dem, was in letzter Zeit so passiert war. Auch von unseren alten Freunden und deren Sorgen erfuhren sie. Unsere Sorgen und unsere Freuden waren für die beiden auch sehr wichtig. Das macht nun mal das Leben aus. Genau so ging es uns, auch wir wollten wissen, wie es ihnen geht. Wie man sah, offensichtlich gut. Victorias Vater hatte sich sichtlich erholt, und ihre Mutter war wie eh und je, immer fröhlich, hilfsbereit und an allem interessiert. Der Abend verlief sehr familiär und locker. Victoria hatte mit ihrer Mutter das zubereitet, was wir noch unterwegs in einem Laden erstanden hatten. Wir waren rundum satt und es ergab sich ein sehr netter Abend. Wir schliefen dann im Bett von Victoria – etwas klein, aber gemütlich mit ihr ganz dicht an meiner Seite.

Am nächsten Morgen schien die Sonne und strahlte zum Küchenfenster herein. Eine gemütliche Atmosphäre lag über der Zeit während des Frühstücks. Draußen pfiff allerdings ein scharfer Wind. „Wir könnten doch nachher mal alle zusammen einen Spaziergang machen, was meint ihr?" Victoria war gut drauf. Nach circa einer Stunde hatten wir eine ausgiebige Wanderung zu den Ruinen hinter uns. Etliche Gespräche wurden über die Vorkommnisse geführt, die ich hier erlebt hatte. Alle besahen sich die Ruinen aus einer, wie mir vorkam, sicheren Entfernung. Doch ich wollte noch mal in die Tiefe sehen, wo das Wasser über die Felsen schlug. Das hätte ich besser nicht getan! Victoria rief mir noch zu, dass ich aufpassen sollte, doch ich hatte keine Bedenken, dass ich nicht diese Situation im Griff hätte. Auf einem vorstehenden Mauerrest balancierte ich verwegen über dem Abgrund. Wie man schon ahnt, brach dieses Stück ab, und ich flog mit dem Mauerteil in die Tiefe.

Ich hatte den Sturz wohl überlebt, denn ich kam wieder zu mir und stellte fest, dass ich fast fünfzehn Meter tiefer lag, aber keine Schmerzen verspürte. Doch etwas anderes schockierte mich: Es gab keine Burg! Nur Felsen und Brandung. Was blühte mir jetzt wieder? Irgendetwas wird wieder angestrebt, was in irgendeiner Zukunft von Bedeutung sein wird, das war klar.

Das Wasser war noch nicht so hoch, dass es mir hier hätte gefährlich werden können, und so konnte ich noch auf den Steinplatten, die etwas aus dem Wasser ragten, hinüber zu den aus dem Wasser aufsteigenden Felsen und Erdwällen gehen, die bis hinauf auf die Ebene führten, von der ich herabstürzte. Weit und breit war nichts zu erkennen, was an Leben in dieser Region erinnerte, außer einigen Steinhaufen, so sah es

aus, die man hier aufgeschichtet hatte – für was auch immer! Direkt am Abgrund ragten noch einige Felsnasen hoch über den Boden. Hier hatte man irgendwann in der jetzigen Zukunft die Burg errichtet.

Es war eher ein schlechtes Wetter, warm, regnerisch – vielleicht war es Herbstanfang, denn die Blätter einiger Hecken waren zum Teil noch grün. Von der See her wehte ein Hauch würzigen Tanggeruchs herüber, und Nebel verdeckte die etwas raue See.

Als ich so dastand, in den Dunst schaute und langsam anfing zu träumen, erschienen plötzlich aus diesem Dunst mehrere lange Boote. Drachenboote konnte ich ausmachen – Wikinger! Von hier oben konnte man noch Stimmen einer fremden Sprache erkennen und dass sie heftig ausgesprochen und geschrieen wurden. Es waren drei Drachenboote mit vielen Ruderern.

Ich stellte mich zwischen die aufragenden Felsen in eine Nische, von wo ich alles genau beobachten konnte, was da unten geschah, und ich aber nicht gesehen wurde. Zwei der Boote rollten jetzt ihre Segel ein. Rot mit einem schwarzen Vogel war an dem einen zu erkennen. Das andere hatte ein ockerfarbiges Segel, das dritte hatte sein Segel bereits aufgerollt. Viele Männer waren dabei, auszusteigen, durchs Wasser zu waten, um ebenfalls zu den Erdwällen zu gelangen, damit sie die Ebene hier oben erreichen könnten. Man zeigte nach oben und schleppte noch einige unförmige Dinge mit, unter anderem einen Stuhl. Einige Schafe und ein paar Frauen konnte man auch noch auf den Booten erkennen, die allerdings zurückblieben.

Was hatten sie vor? Warum kraxelten alle hier hoch? Zum Teil trugen sie eine Kampfkleidung mit Schwert, aber ohne Helm. Andere hatten Helme auf, aber ohne die bekannten Hörner. Zwei dieser Leute hatten sogar den Schild dabei, aber fast alle besaßen einen Speer und, man glaubt es kaum, Trinkhörner. Wenige trugen einen langen Umhang in hellen Farben und hatten keine Waffen umhängen. Aber immer noch diskutierten alle lauthals in der fremden Sprache. Man hörte immer wieder die Namen wie Egil und Thorolf, oder so ähnlich.

Oben auf den Wiesen angekommen, bildeten sie gleich einen großen Kreis. An einer Seite hatte man den Stuhl hingestellt, auf den sich einer setzte, der einen roten Umhang und ein breites Lederstirnband trug. Hinter ihm standen mehrere, mit Lanzen bewaffnete Männer. Alles das konnte ich von meinem Versteck aus beobachten, und ich verhielt mich äußerst still.

Jener auf dem Stuhl begann zu reden, und alles verstummte wie auf Kommando. Zuerst redete er in einem normalen Tonfall, aber dann schrie er mit voller Lautstärke und zeigte auf verschiedene Leute, die sich in der Gruppe befanden. Daraufhin traten zwei Männer in die Mitte der Runde. Beide hatten ihr Schwert in der einen und den Schild in der anderen Hand. Sie schlugen nach einem kurzen Wortwechsel wie wild aufeinander ein, dass es nur so krachte. Immer wieder rannten sie los und rammten ihre Schilde aufeinander. Unter den wuchtigen Hieben des stärkeren Kämpfers, der auch größer war, zerbrach der Schild des anderen. Er nahm jetzt das Schwert mit beiden Händen und wehrte sich verzweifelt gegen die gewaltigen Schläge. Die Anfeuerungs-Rufe der Männer wurden immer lauter, und plötzlich sah ich, wie dieser Kämpfer seine Waffe hinwarf, die Reihe der Umstehenden durchbrach und in aller Eile davonraste. Er kam allerdings nicht weit. Nach vielleicht zehn oder fünfzehn Schritten wurde er von drei Speeren durchbohrt. Tödlich getroffen brach er auf der Stelle zusammen – nicht weit von mir.

Ich verhielt mich Mucksmäuschen still, ehe man mich ebenfalls mit einem Speer niedergestreckt hätte. Bevor man den Toten zum Rand der Klippe schleppte und hinunter ins Wasser warf, riss man ihm einen Ring vom Finger. Was waren das für Menschen, die eine solche Situation ohne irgendwelche Gefühle über sich ergehen ließen? Und was war das für eine Zeit, wo ein Menschenleben nichts wert war?

Man brachte den Ring zu dem mit dem Umhang. Dieser nahm den Speer, den man ihm reichte, steckte den Ring auf die Spitze und übergab ihn dem, der gegen den anderen gekämpft hatte. Dieser verneigte sich und nahm den Ring an sich. Daraufhin schrieen alle ein mir unbekanntes Wort und streckten ihre Schwerter und Speere in die Höhe. Der im roten Kittel oder

Umhang redete noch eine kurze Zeit zu den Leuten, und dann machten sich alle wieder auf den Weg über die Erdwälle und Felsbrocken nach unten. Es dauerte schon eine Weile, bis sie alle wieder in ihren Booten waren, sie gegen den Wind gedreht hatten und dann ohne Segel zu setzen im Nebel verschwanden.

Ich war in meinem Versteck immer noch wie versteinert. Unten dümpelte der Tote in der Brandung der aufkommenden Flut. Man hatte ihn einfach im Wasser liegen lassen. Nur langsam bewegte ich mich jetzt und ging zu der Stelle, wo die beiden Kontrahenten aufeinander einschlugen. Der zerbrochene Schild lag noch da, und ich wollte ihn mir mal näher ansehen. Überall war Blut, und die zerfetzten Teile vom Schild hatte man einfach liegen lassen. Ich suchte nach einem metallenen Teil, das ich mir vielleicht hätte einstecken können, als Erinnerung an diesen furchtbaren Tag.

Als ich so im Gras suchte, sah ich etwas glitzern. Ich bückte mich danach und nahm es aus dem Dreck. Es war ein Ring, scheinbar der Ring, den man dem Toten von der Hand gerissen hatte. Ich sah ihn mir genauer an und stellte fest, dass er nicht aus Gold war, sondern aus einem anderen blanken Metall – vielleicht Silber? Es hätte so auf den ersten Blick auch Eisen sein können. Er war derb hergestellt und ohne Verzierung, hatte aber einen wunderbaren Bernstein in der Fassung. Ich steckte ihn ein und machte, dass ich von hier weg kam, bevor die Wikinger, die sie ja bestimmt waren, wieder zurückkommen könnten, um nach diesem

Ring zu suchen, falls man ihm einen größeren Wert beimessen würde.

So lief ich einige Stunden – so kam es mir vor – irgendwohin. Weit und breit war hier niemand zu sehen, keine Menschenseele. Mehrere merkwürdige Steinhaufen mit einer dicken Grasschicht, die scheinbar ehemalige Wohnungen darstellten, da sie Erdlöcher überdeckten, waren hier an dieser Stelle zurückgelassen worden. In einen dieser Bauten stieg ich hinunter. Das Dach war fast dicht, und eine alte Feuerstelle konnte man ebenfalls erkennen. Überall auf dem Boden lagen Knochen und die Hinterlassenschaften der Schafe, die draußen frei herumliefen und diese Steinhütten bestimmt schon seit Jahren als Schutz vor Wind und Wetter genutzt hatten.

Die Sonne stand tief und leuchtete durch den Nebel, der langsam zu mir herüberkroch. Hier drin war man wenigstens etwas gegen den jetzt doch stärker werdenden Wind geschützt, der von der See herüberkam und auch alles mit Nässe bedeckte. Ich setzte mich auf den nasskalten Boden und schaute durch den Eingang hinaus auf das mit Gras und wenig Gestrüpp bewachsene Flachland. Durch die starken Stürme war das Gras bereits zu Klumpen übereinander aufgehäuft, und die vielen Kaninchen hatten darunter gewühlt und ihren Bau ausgehöhlt.

Ich schaute schon etwas müde zu den dicken Grasbüschel am Eingang, deren lange, verdorrten Halme bis zum Boden hingen und sah, wie sie langsam zu Schlangen wurden, die dann über den Boden irgendwohin schlichen. Langsam kam eine dieser Schlangen zu mir herunter in den Steinbau. Sie stieg vor mir hoch und wurde dicker und größer. Aus dieser Schlange wurde langsam eine Person, eine Frau, die trotz ihrer vielen Kleider und Umhänge sehr anmutig vor mir stand und mich eindringlich anstarrte, so, als wollte sie sagen: ‚Komm mit, ich möchte dir etwas zeigen.' Es war wie ein Befehl, dem ich mich nicht erwehren konnte. So stand ich auf und folgte ihr aus dem Steinhaus hinaus zu einem etwas weiter entfernten Hügel. Die schöne Fremde ging vor mir auf diesen Hügel zu, und er tat sich vor uns auf. Wie durch eine Tür gingen wir in diesen Hügel hinein, der sich hinter mir wieder auf geheimnisvolle Weise schloss.

Hier herrschte eine absolute Dunkelheit, bis plötzlich vor mir eine Gestalt von einem Licht angestrahlt wurde, deren Lichtquelle ich nicht erkennen konnte. Es war ein alter Mann mit langen, grauen Haaren, der auf einem merkwürdigen Stuhl saß. Über den beiden Armlehnen hingen Seehundfelle, und hinter ihm auf der hohen Rückenlehne war eine bunt bestickte Decke gehängt, die über den Sitz und bis auf den Boden hing, und auf der er seine Füße stehen hatte. Ich stand ein paar Meter von ihm weg, und zwischen ihm und mir stand ein eiserner Ambo, auf dem ein großes, dickes und altes Buch lag – ebenfalls von einem merkwürdigen Licht angestrahlt. Ich schaute mich nach der schönen Frau um, aber sie war weg. „Stecke dir den Ring an", hörte ich den Alten plötzlich reden. Es gab keine Begrüßung. Den Ring fand ich in meiner Jeanshose, und er passte. „Er wird noch sehr wichtig für dich", sprach er weiter, ohne sich zu rühren. „Ich bin ... und habe jetzt in meinen alten Tagen die Aufgabe erhalten, dich zu einem System zu führen, dass in der nahen Zukunft eine große Bedeutung erlangen wird. Ich werde mich etwas undeutlich ausdrücken bei meinen Erklärungen, damit du nicht zu viel erfährst. Das würde nur stören. Zunächst möchte ich dir sagen, dass das alles kein Zufall ist, was du gerade erlebst. Es gibt keine Zufälle. Sprünge von einer Dimension zu einer anderen gab es schon immer. Nun, um was es heute geht, ist dieses Buch." Er zeigte mit seinen dürren Fingern auf das dicke, in Leder eingebundene Buch. „In diesem Buch steht alles, was du für deine und eure Zukunft brauchst, alles. Doch musst du das Wissen Häppchenweise zu dir nehmen, anders würde es dir und deiner Umwelt nur schaden. Das bedeutet natürlich, dass du immer wieder hierher kommen musst. Dazu brauchst du den Ring." Ich schaute den glänzenden Bernstein an und fragte mich, wie das wohl geschehen könnte. „Das macht der Ring. Es klingt wie ein Märchen, aber es ist wirklich war. Er wurde unter dramatischen Umständen geschaffen. Du musst wissen, dass alles, was du siehst, von einer Dynamik, einer Schwungkraft durchsetzt ist. Diese wird sehr oft durch Wesen begleitet, die sich in jenen Dingen aufhalten möchten. Deren Zustand ist kaum einem menschlichen Wesen zu erklären. Das geschieht schon seit Menschengedenken. So befindet sich auch in deinem Ring ein Wesen, das ununterbrochen dein ständiges Empfinden wahrnimmt. Somit kennt es dich besser als du dich. Es ist darauf abgestimmt, alles für dich zu tun, damit deine Zukunft genauso abläuft, wie es vorgesehen ist. Das heißt auch, dass es dafür sorgt, dass du zu gegebener Zeit immer wieder hierher kommen wirst." Es wurde still in dieser ... Höhle oder was es war. „Den Vorbesitzer hattest du ja kennen gelernt. Ja, es war der Getötete von vorhin. Allerdings war auch er nur der Überbringer des Rings an dich. Auch er hatte ihn von einem anderen Überbringer."

Er bemerkte, dass ich mich umschaute nach einem Tisch, der mit einer Decke abgehängt war. „Schau dir das alles an." Auf dem Tisch waren viele Dinge angeordnet, unter anderem lag da ein großer Stein. Daneben stand ein Glas mit einer blauen Flüssigkeit. Eine schwarzweiße Feder lag unmittelbar daneben und noch viele andere Dinge. „Dieser Stein ist ein Meteorit. Daneben das ist Tinte und ein Federkiel. Dies sind Symbole deiner Zukunft, die hier nur eine Konstellationshilfe darstellen. Die eigentliche Konstellation, die wichtig ist, damit eine neue Parallelzeit entstehen kann, sind dieser Meteor, das Buch und das Schwert." Er zeigte jetzt auf die Waffe, die am Fuße des Ambos lag. Es war ein großes Schwert, ein Zweihänder, der mit Bändern und einem Metallring versehen war. Ein wuchtiges Ding. „Das Schwert gehört dir, obwohl du es nie brauchst, auch nicht bedienen könntest. Es ist viel zu schwer, und man muss es verstehen, damit umzugehen. Du hast gesehen, was passiert, wenn man die Waffe nicht beherrscht." Ich konnte mit den Dingen und den Worten nichts anfangen. Mich interessierte nur zurzeit, wie ich wieder zurückkommen könnte. „Schlage das Buch auf und lies die ersten Seiten. Nachdem du den Abschnitt gelesen hast, der für die nächste Zeit wichtig ist, nicht nur für dich, wird sich dieser Raum verdunkeln und die junge Frau wieder hier sein und dich aus diesem Berg hinausführen, wieder in den Steinbau. Alles Weitere wird sich ergeben. Also, wir sehen uns bald wieder." Dann ging das Licht über dem Alten aus und er war nicht mehr sichtbar.

Das Buch fühlte sich an, als ob es eine Haut sei, warm und feucht. Ich schlug es auf und begann die Seite eins zu lesen … Was dort stand, war eine Offenbarung der Zukunft. Es waren Andeutungen von Veränderungen in der Welt, und die nächsten Schritte, die ich gehen sollte. Wie sollte man begreifen, dass diese Kleinigkeiten von Bedeutung sein könnten? Aber vor allem …, warum? Was liegt hinter der Zeit? Jedenfalls leuchtete mir ein, dass man die Zeit verändern kann. Und bestimmt geschieht das auch jeden Tag auf der ganzen Erde, nur nicht so, wie es zum Guten der Menschen eigentlich geschehen sollte. So, wie ich es las, war das Ruder nicht mehr herumzureißen. Es sollte sich nur noch um ein Hinhalten drehen. Also, eine Zeitverzögerung. Und dann …? Doch ich sollte allen um mich herum zeigen, dass das Leben schön sei und auch weiterhin lebenswert – in den nächsten Jahren. Mein Gott, was sollte man daraus entnehmen? Wo bin ich hier hingeraten? Oder ist das alles nur wieder mal ein Traum?

Ich wollte weiter hinten in dem Buch nachschauen, aber in diesem Moment ging das Licht aus und die junge, schöne Frau stand wieder unmittelbar vor mir in einem leuchtenden Blau. Sie zeigte in eine Richtung ins Dunkel, was so viel hieß wie ‚Komm, wir gehen'. Also war es vorerst vorbei mit dem mysteriösen Aufenthalt hier in der unterirdischen Klause, so müsste man es vielleicht nennen.

Die merkwürdige Frau führte mich wieder aus dem Berg zu dem Steinbau. Dort sah ich mich auf dem Boden sitzen und spürte, wie etwas in mich hineinfuhr. Dann war der Spuk vorbei, und ich saß wieder allein in dem Raum, der in die Erde gebaut war vor sehr langer Zeit. Ich sah mir die Decke an und stellte kleine Risse fest, wo es bestimmt durchregnen konnte. Doch das Letzte, was ich sah, war, dass die Risse plötzlich größer wurden – dann brach die Steindecke über mir zusammen und tonnenschwere Steine ließen nicht zu, mich mit dem Leben davonkommen zu lassen.

Blümchen an den Vorhängen vor einem kleinen Fenster ließen mich erkennen, dass ich mich wieder im ehemaligen Zimmer von Victoria im Cottage der

Eltern befand – im Bett natürlich. Neben dem Bett saßen Victoria und ihre Mutter, die jetzt ein eher freundliches Gesicht bekamen, als sie bemerkten, dass ich aufgewacht war. „Schatz, mein Gott, du hast uns aber Angst eingejagt." Sie nahm meinen Kopf in ihre Hände und küsste mich. Dabei fuhr mir ein stechender Schmerz durch den Kopf. Und als ich mir an den Kopf griff, spürte ich ein höllisches Brennen an der Schläfe und einen dicken Verband. Beim Aufsetzen bemerkte ich an der rechten Seite, wieder an den Rippen und an der Hüfte, dass ich auch dort und über den ganzen Bauch eine Binde trug. „Bleib ruhig liegen. Der Doktor sagte, dass du wahrscheinlich wieder einen Rippenbruch hättest, und deine ganze Seite ist aufgerissen, und ob das jetzt zur Gewohnheit werden könnte. Was hattest du nur da vorne gewollt?" Ich sagte nichts, mir war nicht nach irgendwelchen Erklärungen zumute, die doch nur als Ausrede gegolten hätten. Wobei ich jetzt erkannte, dass es so kommen musste. Das konnte ich schon gar nicht erklären. Wieder liege ich hier in dem kleinen, schönen Zimmer mit einem Verband. Es hatte schon etwas seltsam Eigenartiges an sich.

„Wie lange liege ich schon hier?" „Es ist gestern passiert. Der Doktor wollte dich ins Krankenhaus schaffen. Doch ich wollte das nicht. Es war sicher sehr leichtsinnig von mir, aber ich wollte dich hier bei mir haben." Und wieder küsste sie mich. Die Mutter von Victoria fragte dann noch, auf was ich denn mal Lust hätte. Nun, Appetit hatte ich, und eigentlich ging es

mir gut, so wie ich da lag und mich nicht bewegte. So könnte ich es noch einige Zeit aushalten, dachte ich – was sicher auch der Fall sein würde, davon war ich überzeugt. „Ich bin froh, dass du überhaupt noch lebst, nach diesem Absturz. Du kannst dir gar nicht vorstellen, was das für eine Aufregung war, bis wir dich dort hochgeschafft hatten. Gott sei Dank kamen zufällig ein paar Wanderer vorbei, die uns halfen, dich aus dem eiskalten Wasser hier heraufzubringen. Das hättest du sehen sollen. Auch Papa hatte sich dabei etwas übernommen und wurde auch gleich mitverarztet." Als Victorias Mutter aus dem Zimmer ging, versuchte ich die Erlebnisse ihr mitzuteilen. Doch das war nicht so ohne weiteres möglich. „Ja, ja, ich hab schon davon gehört, dass man dann merkwürdige Träume hat, wenn man ohnmächtig ist. Aber erzähl ruhig weiter, vielleicht tut es dir gut zu reden." Dann sah sie den Ring an meinem Finger: „Seit wann hast du denn dieses Ding? Und von wem?"

Tja, die Wahrheit ist nicht leicht zu glauben. Ich erzählte, wie ich dazu kam und alles, was ich erlebt hatte. Doch auch ich konnte mir nicht erklären, warum der Ring mit in diese Zeit gewandert war. Ich betrachtete ihn wieder mal genauer und ich muss sagen, dass er mir gut gefiel. „Ich hatte ihn noch nie vorher an dir gesehen. Hattest du ihn … vor mir versteckt?" Nun, sie hatte die Geschichte, die ich ihr gerade erzählt hatte, nicht geglaubt, das war mir gerade klar geworden. Es kamen jetzt ein paar Wochen, wo ich das Haus nicht verlassen konnte. Nach kurzer Zeit versuchte ich natürlich aufzustehen und hin und her zu gehen, wobei ich feststellte, dass auch das eine Bein verwickelt war. Also war das doch eine schlimme Sache gewesen. Und ganz besonders fiel mir auf, dass ich den Sturz aus dieser Höhe nicht nur überlebt hatte, sondern überleben sollte! Diese Erkenntnis überragte alles. Doch darüber war mit niemand zu reden. Überhaupt, was ich da gelesen hatte, beschäftigte mich immer noch. Es war eigentlich unglaublich. Die Details schienen mir nach und nach immer klarer zu werden. Doch was war der Zweck, die Zielsetzung dieser ganzen Geschichte, die ja eigentlich schon weit vor meinem Leben geplant war? Also, wer war der Planer? Warum musste ich mich damit beschäftigen?

Es wurden mir Dinge vermittelt, die zum Beispiel mein, oder besser gesagt das Leben von Victoria und mir, in der Zukunft zeigten. Es gab also eine Zukunft für uns! So grübelte ich und dachte ununterbrochen an das Gesagte, wenn sich in irgendeiner Weise etwas Merkwürdiges ereignete, was in der Zukunft noch sehr häufig geschehen sollte. Es gab auch keine Erklärungen, wenn ich jenen Alten fragte. Dann blieb er stumm oder redete drum herum. Doch, musste ich feststellen, dass es eine interessante Vorstellung war, so mit einer – tja, wie sollte man es ausdrücken – vielleicht einer überirdischen Autorität in Kontakt zu treten. Doch fragte ich mich, warum es auf so geheimnisvolle Weise geschah. Eigentlich war ich in Schottland um zu malen. Was sollten diese merkwürdigen Begegnungen? Nun, wir hatten Winter und standen kurz vor

Weihnachten. Die Ausstellung hatte seit den unterirdischen Begegnungen in meinen Gedanken an Attraktion verloren. Zudem hatte mir der Alte dort unten in dem Gewölbe auch noch erklärt, dass ich in Zukunft viel schreiben würde.

Ob gewollt oder nicht, ab dem kommenden Jahr verlegte ich mein Interesse neben der Malerei auch ebenfalls stark aufs Schreiben. Kurzgeschichten und die Geschichten, die Abenteuer, die ich seit meinem Aufenthalt in Schottland erlebt hatte. Das alles kam dann in die Schublade, nichts davon wurde nur irgendwie unter die Leute gebracht.

Es war vierzehn Tage vor Weihnachten, als wir beide wieder zu Hause eintrafen. Vor dem Haus hatte man mitten auf der Wiese bereits einen riesigen Tannenbaum aufgestellt, und es gab eine Begrüßung, wie man es sich kaum vorstellen konnte. Vor allem Wölfchen konnte sich kaum beruhigen. Die beiden alten Leute gaben eine überschwängliche Freude zum Ausdruck, und man merkte gleich, hier war mehr als nur eine Bekanntschaft entstanden. Natürlich luden sie uns an diesem Nachmittag gleich zum Tee ein, und da konnte man gewiss sein, dass es auch irgendetwas Süßes dazu gab. Unsere alte Freundin war eine gute Bäckerin und hatte Spaß daran, immer etwas Ausgefallenes auf dem Tisch zu haben. Es gab viel zu erzählen von beiden Seiten, wobei wir feststellen mussten, dass Wölfchen sich ganz zu den Freunden hingezogen fühlte. Nun, das war kein Wunder, denn wir waren einige Wochen weg von hier. Wie sollte er wissen, ob wir überhaupt noch mal zurückkämen? Ich streichelte und drückte ihn ganz fest an mich, so, als wollte ich ihm versichern, dass ich jetzt hier bleibe. Doch es war eher die Liebe zu ihm, die plötzlich wieder aufflammte. Er ließ es geschehen und sah mich an, als würde er es begreifen. Ich hatte ihn doch sehr vermisst. Vor allem den Moment, wenn er sich an mich drückte, wenn er sah, dass ich mich gemütlich auf das Kanapee setzte. Ich hätte nicht gedacht, dass er es wäre, der mir so fehlte. Eigentlich wurde es mir erst jetzt klar, jetzt, wo ich wieder zu Hause bin, jetzt konnte ich ihn wieder knuddeln und als Freund ansehen. Doch er fühlte sich zu unseren alten Freunden hingezogen, und wir beließen es dabei.

Das neue Jahr begann unter merkwürdigen Umständen. Die erste Woche verlief ganz normal, doch dann kam ein Brief von der Ausstellungsleitung. Von meinen Bildern hätten zwölf einen Käufer gefunden, und man gratulierte mir zu diesem Erfolg. Doch es wurde auch erwähnt, dass man eines meiner Bilder gestohlen hätte. Ausgerechnet das mit der Ruine! Soweit ich wusste, war es bereits verkauft. Sie teilten mir weiter mit, dass man bereits polizeiliche Nachforschungen angestellt hätte, doch noch keine Erfolge zu verzeichnen seien. Natürlich würde man den

Schaden finanziell ausgleichen, da die Bilder versichert wären. Vielleicht könnte man über diese Sache reden, wenn ich die restlichen Ausstellungsbilder abholen würde. Dies sollte allerdings bis Ende der nächsten Woche geschehen, dann würde die Versicherung ablaufen. Also, wieder die Strecke nach Edinburgh und zurück. Victoria war nicht sehr erbaut davon, obwohl sie am Ende doch einwilligte mitzufahren. „Machen wir uns doch mal wieder ein paar schöne Tage", meinte sie irgendwie lustlos. Es ging mir durch den Kopf, dass ich dieses Bild vielleicht noch einmal malen müsste, da es doch bereits verkauft war und jene Käuferin großen Wert darauf legen könnte, Ersatz zu bekommen. Es wäre sicher kein Problem, es nochmals zu malen, doch wollte ich es erst mit der Frau ausmachen und hören, was sie zu dem Diebstahl zu sagen hätte. Dazu machte ich erst mal die Adresse ausfindig. Und als wir, von der Ausstellung mit den restliche Bildern und dem ausgezahlten Betrag der verkauften Gemälde zurückfuhren, suchten wir nach der Adresse, die merkwürdiger Weise weit von Edinburgh entfernt, aber unmittelbar auf unserem Weg nach Hause lag. Es war ein Castle - Eilean Donan Castle hieß es.

Es war jenes Castle, das wohl inzwischen eines der bekanntesten Bauwerke in Schottland darstellt. Dieses Castle war in der Zwischenzeit bis heute eines meiner beliebtesten Motive geworden, die ich je auf Papier oder Leinwand in unzähligen Variationen darstellte. Doch zu dieser Zeit, 1965, war es mir noch unbekannt.

Wir kamen auf der Heimreise ohne Umweg dort vorbei. Von weitem sah dieses Anwesen bei dem schlechten Wetter, das wir heute hatten, grau und unscheinbar aus. Eher, wie ein dunkler Felsklotz, der vor einem langsam roter werdenden Abendhimmel stand. Beim Näherkommen entpuppte sich dieses dunkle Ding in ein fantastisches Castle, das man auf einer kleinen Insel im Loch Duich errichtet hatte, die durch eine wuchtige Steinbrücke mit der Landseite verbunden war.

Wir fuhren aber zuerst nach Dornie, ein Nachbarort, wo wir uns erkundigten, ob die Adresse vielleicht in diesem, direkt bei dem Castle liegenden Ort bekannt sei - ob die Besitzer eventuell hier wohnen würden. Man verwies uns nach drüben zu dem burgähnlichen Gebäude, das von hier aus besonders schön anzusehen war. Vor dunklen Bergen machte dieses, in ein orangerotes Abendlicht getauchte Gebäude, einen souverän erhabenen Eindruck. Jetzt hätte ich mich hier hinsetzen können, um es zu malen, absolut, obwohl wir Januar hatten, und so eine Sitzung nicht ohne halbeingefrorene Füße einherging. Doch dieses fantastische Bild hatte sich tief bei mir eingeprägt.

Ein paar riesige Bäume am Aufgang zur Brücke und ein kleines Haus standen an einem eingeebneten Teil, das man wohl als Parkplatz identifizieren konnte. So parkten wir auf diesem Platz und begaben uns zu dem bewohnten Castle. Ein seltsames Gefühl beschlich mich. Victoria blieb auf der Brücke stehen und schaute übers Wasser, in dem der gelbe Seetang dümpelte, und genoss für Minuten das warme Licht der untergehenden Wintersonne. Wir trafen im Durchgang zum Innenhof der Burg einen jungen Mann, der uns erklärte, dass wir mal kurz warten sollten, er würde nachfragen. Es dauerte schon ein paar Minuten, bis dann eine Frau zu uns trat, die ich in dem Halbdunkel als jene identifizierte, die ich in der Ausstellung sah – auch ohne Hut. Nach der Begrüßung führte sie uns über die Steintreppe hoch zu einem Raum mit Gewölbe unter dem Haupthaus, der toll ausgestattet war: eine karierte Ottomane stand in der Nische, Schränkchen mit Porzellan, kleine Sessel um einen runden Tisch, ein riesiger Teppich, interessante Stiche und ein Kamin mit Gewehren darüber schmückten den schwach erhellten Raum zu einem außergewöhnlichen Kabinett. Es war ein Ort zum Wohlfühlen, wie ich ihn noch selten erlebt hatte.

In diesem Licht sah ich ihr Gesicht zum ersten Mal genauer an. Eine hübsche, ernsthafte Frau war sie und vielleicht fünfunddreißig Jahre alt. Was mir besonders auffiel: sie war schwanger. Wir erzählten über die Ausstellung und den Erfolg und kamen gleich zum Thema: dem Diebstahl des Bildes. Sie fand es schon schlimm, konnte sich aber mit dem Gedanken vertraut machen, dieses Bild nicht zu bekommen. Doch es ergab sich ein anderes Vorhaben. Sie fragte, ob ich vielleicht anstelle des Ruinenbildes ein anderes malen könnte, vielleicht ein Porträt – gleiche Größe, gleiches Geld – es war ja schon bezahlt! In einem folgenden Gespräch erklärte sie uns einiges über das Castle und die ehemaligen Besitzer aus dem dreizehnten Jahrhundert, die MacRaes. Auch die Zerstörung 1719 durch englische Fregatten blieb nicht unerwähnt, und dass es um 1930 wieder aufgebaut wurde. Sie nannte auch die verschiedensten Namen, die damit verbunden waren.

Während ich noch überlegte, wer es auf dem Gemälde sein könnte, kam von Victoria eine Antwort: „Wie wäre es, wenn man von Ihnen ein Portrait anfertigen würde?" Sie schüttelte den Kopf: „Das wäre unangemessen. Nein, ich dachte mehr an den, der das hier alles wieder aufgebaut hatte. Warten Sie einen Moment." Sie ging weg und kam gleich darauf über die kleine Wendeltreppe wieder zurück und brachte ein Fotoalbum mit. „Hier sind einige Fotos von Lt Colonel John MacRae-Gilstrap, so hieß der damalige Erbauer. Die Bilder sind nicht gut. Sie sind natürlich auch schon sehr alt, und er ist auch schlecht zu erkennen. Glauben Sie daraus was machen zu können? Es wäre mein Anliegen. Machen Sie ein Portrait von ihm, machen Sie das Beste daraus. Es gibt sonst nichts, wo er besser zu erkennen wäre. Glauben Sie, dass das möglich ist?" Ich sah mir die alten Fotos an. Sie waren wirklich in einem miserablen Zustand. Doch betrachtete ich es als Herausforderung und meinte: „Aber natürlich. Es würde mir auch Freude machen, da bin ich mir sicher."

Nach einer Pause, in der wir alle unseren Gedanken nachhingen, und ich mir sagte, auf was ich mich da wieder einlasse, sprach sie leise weiter: „Das Bild wollte ich erstehen, weil ich sie erkannte, die Ruine, die ganz am Ende, auf der anderen Seite von Schottland, immer noch ein interessantes Bauwerk darstellt. Dort hatte ich als junges Mädchen ein sonderbares Erlebnis, das ich nicht vergessen kann. Möchten Sie es hören? Nicht dass ich Sie langweile?" Dabei sah sie abwechselnd mich und Victoria an, um doch noch vielleicht ein Fünkchen Abneigung zu erkennen.

Natürlich bejahte ich das, denn ich wollte noch mehr darüber erfahren. Vielleicht erging es auch anderen so. Wie es mit Victoria stand, war mir nicht ganz klar, nach den letzten Erlebnissen, die sie an der Ruine hatte. Ich war gespannt auf das, was sie zu erzählen wusste.

„Also, zuerst muss ich sagen, dass es auf dem Bild genau die Ruine war, von der ich jetzt erzähle. Ich war erstaunt darüber, dass man genau diese Ruine gemalt hatte, was ich nicht als normal empfand. Bei mir war an diesem Tag allerdings schlechtes Wetter, nicht wie auf dem Bild. Außerdem ist es schon ungefähr zwanzig Jahre her, als ich eine Tour hoch in den Norden Schottlands machte. Ich wollte eigentlich zu einer Freundin in Wick und dann zu den Orkneys, aber nach dem Erlebnis, das ich dort hatte, wollte ich nur noch zurück nach Hause.

Also, ich kam bei einer Wanderung an dem zerfallenen Castle vorbei, nachdem ich einen kurzen Besuch bei der Freundin gemacht hatte. Mich packte die Neugier, wie es wohl noch innen aussehen würde, denn ein

Teil der mächtigen Ruine machte noch einen stabilen Eindruck. Also stieg ich über Steine und einer niedrigen Mauer sowie einer halb zugeschütteten Treppe zu dem kleinen Vorhof und dann durch einen Torbogen und schmalem Durchgang zum Innenraum, der halb verbarrikadiert durch Mauerreste erst dann seinen Einblick preisgab, nachdem ich über alles geklettert war und mir bereits die schönen Schuhe zerschunden hatte. Ich wollte schon, wütend über mich selbst, umkehren, aber etwas hielt mich zurück und gab mir den Gedanken ein, dass ich, wenn ich doch schon mal da wäre, mich auch umsehen könnte. Das war's, denn gleich darauf hörte ich eine Stimme, eine Männerstimme. Jetzt wollte ich erst recht weg, denn hier eine Bekanntschaft zu machen mit einem fremden Mann, das fand ich furchtbar. Doch dann erkannte ich vor dem Steinhaufen, über den ich gerade zurückklettern wollte, eine Person - wie in einem Dunst, als würde sie in einem Dampfkessel sitzen. Aber sie saß in einem Schaukelstuhl, und gleich darauf sprach sie mich wieder an: ‚Warte, und keine Angst, ich habe nur eine Mitteilung zu machen, die das betrifft, wo du herkommst. Es ist sehr wichtig. Es geht um die kleine Insel und das Gebäude, denn hier lebt jemand, dessen Nachfahre eines Tages wieder auf der Burg erscheinen wird. Es geschieht allerdings dann, wenn es notwendig wird. Diese Zeit liegt weit vor dir, doch muss es dir jetzt mitgeteilt werden, damit es stattfindet."

Sie atmete tief durch und legte sich für einen Moment zurück, als wollte sie nachdenken oder sich halbwegs

entschuldigen für das Gesagte. Erst jetzt gab sie etwas von ihrem Wesen frei, das sie die ganze Zeit über versuchte zu verstecken hinter der herrschaftlich, aristokratischen Fassade. Sie war eine ausgesprochen hübsche und attraktive Frau. Doch hatte sie sich so in der Gewalt, dass man sie kaum persönlich erreichen konnte. Eine gewisse Strenge lag in ihrem Erscheinungsbild, schade.

Dann redete sie wieder leise weiter: „Was dann kam, haute mich fast um. Ich war ja nur ein Mädchen von fünfzehn Jahren und nicht gefeit gegen diese Art von unerwarteten Erlebnissen. Die Angst war ständig in mir. Auf der Fensterwand, die jetzt im Dunkel lag, erschien, ähnlich wie bei einem Diavortrag, ein großes Bild, ein Gemälde. Es stellte einen etwas kräftigen Mann dar in einem grünen Mantel und in einem Kilt – Stuart-Tartan. Doch, was mir besonders auffiel, war ein Wolf, der auf dem Bild direkt neben ihm stand. Es war ein sehr eindrucksvolles Gemälde. Dann war der Spuk vorbei." Sie betrachtete sich jetzt etwas abwesend das Muster der Ottomane neben sich und fragte dann: „Kann man das glauben? Was meinen Sie? Ich frage mich gerade, warum ich Ihnen das überhaupt erzähle. Bestimmt halten Sie mich für verrückt." Dabei schaute sie mir fest in die Augen. Victoria spielte in diesem Gespräch keine Rolle, spürte ich, sie unterhielt sich fast nur mit mir.

Ich wusste nicht, was ich darauf antworten sollte, wo ich doch Ähnliches erfuhr. „Also", begann ich zu antworten, „wenn ich es mal so ausdrücken darf, ich kann mir auch nicht vorstellen, weshalb das geschah, doch hatte ich ähnliche, unglaubliche Erlebnisse. Deshalb das Bild mit den Ruinen." Sie fragte nicht nach Einzelheiten, Gott sei Dank. Nach einer kurzen etwas abschweifenden Unterhaltung besprachen wir noch den Auftrag und den Zeitraum zur Fertigstellung des Gemäldes und dann verabschiedeten wir uns.

Es war bereits dunkel draußen und die Burg machte einen monumental unheimlichen Eindruck auf uns. Jetzt, wo auch noch ein heftiger Wind herüberrauschte und eiskalten Regen mitbrachte, freuten wir uns auf die Fahrt nach Hause.

Es kam eine lange Zeit, in der viel passierte oder auch wieder nicht. Ein sonderbares Erlebnis hatte ich noch, bevor das sogenannte ganz normale Leben, wie man es nennt, begann. Ich werde es hier kurz erwähnen, obwohl ich mir keinen Reim darauf machen konnte - vielleicht würde man später als ein Hinweis auf irgendetwas darauf zurückgreifen.

Wir machten noch im selben Jahr eine Rundreise durch die Insel Skye, und dabei kamen wir natürlich über Staffin zur nördlichsten Spitze der Insel. Dort befindet sich noch die Ruine von Duntulm Castle. Es ist nicht mehr viel davon übrig, nur noch ein paar

Mauerreste. Dieses Castle steht hoch oben auf der felsigen Küste. Es ist schon ein merkwürdiges Gestein mit vielen Höhlen, die bis tief ins Wasser reichen und von denen man sagt, dass sie in den Fels gehauen wurden, um Galeeren aufzunehmen. Wer weiß, was daran wahr ist!

Wir beide waren an einem sonnigen Tag gegen Mittag dort angekommen. Einige Ausflügler versuchten vergeblich die Atmosphäre dieser Ruine zu erfassen, die an diesem Sommertag nichts von ihrem gespenstischen Dasein ausstrahlte. Doch dazu war es auch zu laut. Kinder und Hunde jagten über die Wiesen, und einige hatten den Picknickkorb dabei und machten es sich auf dem Rasen gemütlich.

In der nördlichsten Mauer, die ganz vorne auf dem Felsen steht, befindet sich eine große Öffnung, von der man ausgehen könnte, dass dort mal ein Fenster saß. Von hier aus hatte man einen wunderbaren Blick über die See, auf entfernte Inseln und auf die dicken Wolkenbänke ganz weit hinten.

Ich steckte den Kopf durch, um hinunter zu schauen, wie man das als Tourist so macht. Und als ich unten auf die Klippen schaute, sah ich dort auf einem Felsen, der aus dem Wasser ragte, eine alte Frau stehen, die ein kleines Kind auf dem Arm trug. Sie hatte ein schwarzes, langes Kleid und ein weißes Häubchen an. Sie stand einfach da. Doch gleich darauf schaute sie nach oben und hob die Hand zum Gruß, dann war sie

weg. Ich zog den Kopf zurück und war verwirrt über dieses Ereignis, das mir bis heute, wo ich das schreibe, keine Erklärung bereithielt, obwohl ich mir die Geschichte dieser Frau und den MacDonalds, denen das Schloss gehörte, zu Gemüte führte. Ich möchte hier dem Leser ersparen, wie die beiden, die alte Frau und das Kind, ums Leben kamen und noch weitere Freunde und Bekannte, deren Schreie man in Sturmnächten immer noch hören könnte, wie man sich erzählt. Es war eine grausige Vergangenheit, und der Legende nach, hielten es die Bewohner danach nicht länger aus mit all den toten Mitbewohnern, die immer durch alle Räume geisterten. Und so verließen sie 1730 das Schloss. Soweit diese Geschichte.

Victoria hatte hier im Hotel ihre Arbeit gefunden, die für sie, wie sie sagte, außerdem eine Aufgabe darstellte. Wölfchen war fast nur noch bei unseren alten Freunden, die uns in letzter Zeit allerdings Kummer machten. Beide kränkelten und schlugen sich mit einer Menge Wehwehchen herum. Bei mir sah es so aus, dass ich doch einige Erfolge in der Malerei hatte, und so viele Aufträge erhielt, dass ich sie kaum bewältigen konnte, dabei handelte es sich auch um Arbeiten für Zeitungen, was dann irgendwann dazu führte, dass ich auch in schreibender Weise, allerdings nur in Kolumnen, dort tätig war.

Noch ein Ereignis muss ich hier einflechten:

Es betraf die Fertigstellung des Gemäldes für die junge Frau von Eilean Donan Castle. Es zog sich länger hin wie erhofft. Über ein halbes Jahr stand es immer wieder auf der Staffelei, wo ich der Herausforderung frönte, dieses Gemälde zu einem einmaligen Teil zu machen, das auch historisch annehmbar werden sollte. So brachte ich dieses Bild dann im Hochsommer, ich glaube es war bereits August, zu ihr ins Castle.

Als ich sie traf, im Innenhof des Castles, trug sie ein Kind auf dem Arm. Ich zeigte ihr meine Arbeit, und sie war erstaunt, was man aus den alten Fotos noch hatte herauslesen können, um ein solches Gemälde anzufertigen. Sie war sehr erstaunt und zufrieden, und wir unterhielten uns noch eine Zeit lang über Belangloses und über die Geburt ihres Sohnes.

Wieder fiel mir auf, dass sie allein mit mir alles besprach und nicht ihr Mann dabei war. Vorsichtig erforschte ich die Situation, um dann zu fragen, ob sie allein hier in diesem Castle leben würde. Zuerst sah sie weg von mir übers Wasser, in irgendwelche unsichtbare Welten, wie es mir vorkam. Dann drehte sie sich aus dem Schatten ins Licht zu mir, sah mich etwas unschlüssig an und erzählte dann den merkwürdigen Umstand, warum sie inzwischen alleine hier wohnte, und das Kind auch allein aufziehen wollte. Es war eine traurige Geschichte, die aber hier unerwähnt bleiben soll.

Zu diesem Zeitpunkt wusste ich noch nichts von der Bestimmung, die jenes Kind betreffen würde. Doch heute, im hohen Alter, muss ich erklären, dass dieser Junge jener ist, der dann, als wir schon eine Zeit lang wieder in Deutschland wohnten, zu meinem Freundeskreis gehörte und ab diesem Zeitpunkt eine ebenfalls überaus wichtige Rolle in meinem Leben spielen sollte, wie ich auch in seinem. Ich konnte es anfänglich kaum glauben, dass er dieses Baby war, das die junge Frau damals auf dem Arm hielt. Doch so verhielt sich die Sache – die Welt ist klein!

Und dann eines Tages, als ich mal wieder zum Relaxen im Garten saß, kam mir die Idee, ein Buch zu schreiben: meine Abenteuer in Schottland oder so ähnlich. Dabei musste ich auch an die letzte Begegnung denken, die ich vor kurzer Zeit wieder in dem Gewölbe hatte. Diese merkwürdigen Begegnungen. Immer wieder erhielt ich weitere Informationen über zukünftige Entwicklungen auf unserer Erde und was daraus entstehen würde. Ob es der Ring bewerkstelligte, wie man mir anfangs sagte, war mir nicht klar, doch trug ich ihn immer, diesen merkwürdigen Ring. Das alles brachte mich dazu, philosophische Gedanken zu stricken, die mir, und ausschließlich mir, einige Geheimnisse offenbarten. Als ich wieder einmal in die Höhle, oder was es war, gebeten wurde, entwickelte sich ein Gespräch, das die Begründung beinhaltete für meinen abenteuerlichen Weg durch Schottland und die Zeit.

Ich las wie immer in dem ominösen Buch, und als ich weiter umblätterte, um weiterzulesen, war ich doch recht erstaunt darüber, dass die kommenden Seiten leer waren. Es befand sich auf den letzten Seiten nicht ein einziges geschriebenes Wort mehr.

In mein Erstaunen mischte sich der Alte wieder ein: „Hier endet die Information für dich. Den Rest musst du selbst erleben und bewirken. Es ist der letzte Teil der Zeitgeschichte. Ich werde dir auch keine Hilfe mehr geben können. Wir sehen uns nicht mehr, wenn wir uns nachher verabschieden. In der kommenden Zeit wirst du etwas vorbereiten, und du wirst dabei den Schmerz genauso kennen lernen, wie die Unzulänglichkeit der Menschen. Doch habe keine Angst, es wird sich alles zum Guten wenden – alles ist vorbestimmt, jede deiner Bewegungen. Auch wenn du glaubst, dass du dich selbst für rechts oder links entschieden hast, auch das war dann vorgegeben. Klappe jetzt das Buch zu und setze dich einen Augenblick hier her zu mir." Er deutete auf einen Hocker, auf dem ich gegenüber von ihm Platz nahm.

„Zum Abschluss muss ich dir noch eine Erklärung abgeben, auf die du schon lange gewartet hast. Ich tue das in Form eines Metapher, eines bildhaften Symbols. Es ist eine kleine Geschichte, die vor zwei tausend Jahren begann. Zu dieser Zeit wurde ein Feuer entfacht, das bis heute brennt. Du weißt, wenn etwas brennt, dann bleibt Asche zurück, und wenn viel brennt, dann gibt es viel Asche. Heute ist es so, dass die Flamme sehr klein geworden ist, weil die Asche überhand nahm. Doch jetzt verhält es sich so, dass die Flamme eine andere Grundlage fand und keine Asche mehr produziert. Doch sie hat keine Chance gegen die unermessliche Kälte der alles bedeckenden Asche. Langsam geht sie zurück und ist nun kurz vor dem Verlöschen."

Er atmete tief durch und sprach weiter: „Alles, was je von der Flamme erwärmt wurde im Laufe der Zeit unterliegt diesem Rhythmus des Vergehens und ist nicht verloren in den unermesslich vielen Dimensionen, sondern kommt ebenfalls an ihre vorgesehene Stelle, für ein glückliches Dasein in der Ewigkeit. Dazu gehört nicht nur der Mensch, sondern auch alles andere Leben wie Tiere, Pflanzen und Steine. Würde diese Flamme nicht geborgen werden, dann würde sie in einer der nächsten Generationen verlöschen, und, glaube mir, man müsste ein neues Wort für das Chaos finden, das dann auf der Erde herrscht." Wieder hörte ich ihn tief durchatmen.

„Eure Aufgabe wird es sein, diese Flamme vor dem Verlöschen zu retten. Das geschieht, indem ihr die Flamme aus der Asche nehmt und an eine Stelle bringt, die für sie vorgesehen ist. Dieses Vorgehen wird schon in der nächsten Zeit als Symbol vollzogen.

Dann nämlich, wenn ihr den entscheidenden Hinweis, den ich dir jetzt gebe, ausführt. Es ist eine überaus wichtige Sache, die mit diesem Symbol erreicht werden soll. Es geht darum, dass etwas produziert wird, etwas, das ihr zusammen erstellen sollt, du und jener für dich noch unbekannte junge Mann. Eines Tages wird er mit dir bei dieser Aktion tätig sein. Er wird dann zu einer Insel reisen, die weit im Atlantik zu finden ist – St. Kilda. Dort wird etwas hinterlegt, was das Leben auf der Erde in eine Dimension begleitet, die als endliche Aufnahme einer Zeit dient, die einer Auflösung entgegensieht. Es wird etwas jenen geistigen Wesen, die dort seit Tausenden von Jahren ausharren, übergeben, damit genau das vollzogen wird, das seit dem Ursprung der Menschheit dort als eine geheimnisvolle, imaginäre Kraft vorhanden ist und zu jenem Zeitpunkt durch eine Konstellation zum Wirken gebracht wird. Und wenn das geschehen ist, kommt eure Bestimmung zum Ausdruck: dann wartet die Flamme darauf, dass sie geborgen wird."

„Nun kannst du das Buch wieder aufschlagen und auf der ersten leeren Seite etwas mit der Feder hinschreiben. Es ist dir überlassen, was du jetzt schreibst. Mach einfach eine Bemerkung."

Ich muss sagen dass mich das alles doch irgendwie schockierte, auch wenn es auf eine eher angenehme Art stattfand. So erhob ich mich wieder vom Hocker, schlug das Buch wieder an der Stelle mit den leeren Seiten auf, nahm die Feder, die dabei lag und frische

Tinte enthielt, und schrieb etwas, das mir gerade in den Kopf kam: *„Schottland, der Wunsch meiner Träume."*

Leise sprach er weiter: „Das wird der Anfang sein für ein Buch, das eines Tages aus dieser Welt nicht mehr wegzudenken ist. Du wirst dieses Buch schreiben, das die letzte Zeit beschreibt, eine Zeit, wo ihr auf einem Weg geht, der schon von Anfang an vorbereitet wurde. Nichts wird euch daran hindern, das Ziel zu erreichen, auch wenn es oft so scheint. Klappe nun das Buch zu, ich möchte mich verabschieden und euch nun zum Schluss eine große Ausdauer wünschen bei eurem Vorhaben. Bis irgendwann in einer anderen Zeit." Dann wurde es dunkel in dem Gewölbe, bis auf ein Kerzenlicht, das aber auch nach kurzer Zeit ausgeblasen wurde.

Und so entstand dieses Buch.

Es entwickelte sich daraus eine Geschichte, die kaum noch etwas mit Normalität zu tun hatte. Ich schrieb alles nieder, und erkannte dann beim Schreiben, dass ich in einer zukünftigen Zeit einen Mitstreiter bekäme, den, genau wie ich, diese philosophischen Gedanken beschäftigten würden.

Dass es aber noch viele Jahre dauern könnte, hätte ich damals nicht vermutet. So verging die Zeit. Ein neues Leben zog ein in unser Haus: Brian und Ann wurden geboren. Unsere beiden alten Freunde und die Eltern von Victoria sowie unser getreuer Freund, Wölfchen, hatten es vorgezogen, das Leben auf der Erde mit einem höheren einzutauschen.

Um von all den erdrückenden Gefühlen wegzukommen, zogen wir nach Deutschland in das Haus, das schon lange kein Leben mehr gespürt hatte. Hier lebten wir in einer gewissen „Normalität", auch wieder mit meinen alten Freunden, probierten verschiedene Geschäftsgrundlagen aus, und es fand eine Erweiterung meiner künstlerischen Arbeiten statt. Zum Beispiel entstanden hier aus meinen Skizzen Hunderte von Schottlandbildern, die mich beim Malen wieder in die ehemalige schottische Landschaft zurückführten und ein melancholisches Gefühl erweckten.

In jener Zeit lernten wir auch den jungen Mann kennen, der aus Schottland stammte - eben der kleine Junge von damals, den die Frau auf dem Arm trug, - Basil Wolfrhine. Auch er bezog Informationen aus einer sonderbaren Quelle. In der Zeit, die wir zusammen verbrachten, bauten wir eine gemeinsame Zukunft auf und konzentrierten uns auf ein künstlerisches Leben, das uns irgendwie bis heute zusammenschweißte. Und gemeinsam gingen wir auf eine Zeit zu, die uns jetzt bereits eine klare Linie zeigte, wohin es gehen sollte, künstlerisch, philosophisch und praktisch.

Jenes selbstgesetzte, zukünftige Ereignis, auf das wir in vorbelastender Weise gedanklich und philosophisch zusteuerten, müsste bald eintreten, so sagte ich mir, denn mein Leben, jetzt mit sechsundsiebzig Jahren, würde voraussichtlich keine großen Sprünge mehr veranstalten. Doch es kamen noch Teile zu unserer Lebensweise hinzu, die uns immer wieder an ganz besondere Orte führen sollten, die eine besondere Wirkung besaßen, so stellten wir uns das jedenfalls vor. Also, eine Ausstrahlung, eine nicht erkennbare Berührung der Seele würde hier eine Form bekommen und sich über weite Teile der Erde verbreiten! Das war unsere Meinung, aber …, wem könnte man so etwas erzählen? Eigentlich niemand. Also, behalte ich es für mich!

Eine neue Planung unsererseits führte im wahrsten Sinne des Wortes ans Ende der Welt, ans Ende der Inselwelt Schottlands – St. Kilda! Ein winziges Archipel weit im Atlantik, das auch einst die Heimat einer Reihe von Menschen darstellte, die auf Hirta, der größten dieser Inseln lebten und seit vielen Generationen als ihre kleine Welt betrachteten. Heute sind diese zerklüfteten Inseln weiter den Unbilden des Atlantiks ausgesetzt und haben nur noch wenig Bedeutung im Gefüge Schottlands. Wir planten eine Reise dorthin. Hier sollte sich, so unsere Vorstellung, etwas

ereignen, das aus dem normalen Gefüge unseres Daseins hervortreten würde, wenn man an den Gedanken anknüpft, den der Alte mit seiner Geschichte mir vor Jahren versuchte begreiflich zu machen.

Nun, diese Reise an den westlichsten Punkt Schottlands würde ohne mich stattfinden, das war bereits klar erkennbar bei all den Vorbereitungen, die fast ins Uferlose steuerten. Vieles war zu beachten und zu berücksichtigen, damit alles so stattfinden konnte, wie wir es geplant hatten. So plante und begann Basil Wolfrhine die Reise nach Hirta und zu den Vogelinseln in unmittelbarer Nachbarschaft.

Die Aufgabe, die ich mir dabei gestellt hatte, damit die Reise als Erfolg gebucht werden sollte, bestand darin, einiges vorzubereiten, was verschiedentlich auch mitgenommen wurde auf die Insel. Da war zum Beispiel ein Behälter, eine Kapsel, die etwas Merkwürdiges beinhaltete. Es war das Farewell to St Kilda-Lied in Noten gefasst, das Basil Wolfrhine komponiert hatte und in seinem Studio entstehen ließ: „The Wind's Song ..." Eine Allegorie, die von der Atmosphäre der Insel berichtet – Wasser, Sturm und die Stimmen der Geister von vergangenen Zeiten, die sich noch immer dort aufhalten und das Gefüge der Zeit beeinflussen, um dem zerstörerischen Wesen des Menschen Einhalt zu gebieten, indem sie ihre Verbindung zu den Geistwesen der Urzeiten aufnehmen, die einst zuständig waren für den Fortlauf der Geschichte des Menschen und seiner Bestimmung. Diese gefühlvolle Musik versetzt

den Hörer oder den, der diese Melodie singt oder summt, in eine mystische Situation, die ihn befähigt, etwas zu erkennen, wozu er sonst, im normalen und alltäglichen Leben nicht fähig ist. Diese Erkenntnis wird jenen dann beflügeln, etwas zu empfinden, das nur mit einer riesigen Freude zu vergleichen ist, denn er bekommt Einsicht in eine Dimension, von der er bisher nur etwas geahnt hatte - so meine Intuition.

Dieser Behälter, der aus dem Holz des Nussbaums gefertigt wurde, der bereits seit vierzig Jahren in unmittelbarer Nähe von uns gewachsen ist, und – so glauben wir – mit einer besonderen Lebensenergie angereichert ist, wurde dann von Basil Wolfrhine und seiner Tochter Tina zu der Insel gebracht und dort hinterlegt, als Vermächtnis an die nächste Generation. Hier kann man ihn wieder hervorholen, um eventuell eben diese Musik nachzuspielen, oder wer es auch kann oder mag, nachzusingen. Das Unterbringen der Kapsel geschah ebenfalls an einer Ruine, an einer Mauer, an einer von vielen auf dieser Insel. Es befinden sich dort unzählige Mauern, die sich weit über die Insel ziehen und verteilen.

Es war eine erfolgreiche Exkursion, wie man an den Fotos und Filmen sehen konnte und immer noch sehen kann, die eben jene symbolträchtige Aussage des Alten zu einer unumgängliche Obliegenheit werden ließ.

Das Abenteuer, das die beiden erlebten, verlief allerdings etwas anders als geplant. Auf Skye ergaben sich

bereits die ersten Komplikationen. Der Skipper wollte nicht mit dem Boot die weite Strecke nach St. Kilda wagen, da ein starker Sturm die Fahrt zu einem lebensgefährlichen Unterfangen gemacht hätte. Basil hatte die Befürchtung, dass der Plan nicht aufgehen könnte, doch es blieb abzuwarten.

In dieser unfreiwilligen Wartezeit begaben sich die beiden an den Strand in unmittelbarer Nähe. Dort erlebten sie ebenfalls eine symbolträchtige Situation: ein hölzernes Amulett, das die Form hatte und auch den Namen der Insel trug, wurde angeschwemmt. Es war wie ein Zeichen. Daraufhin besprach man sich nochmals, der Skipper und Basil, und die Fahrt fand daraufhin statt, trotz hoher Wellen und stundenlangem unangenehmem Schaukeln wie in einer Nussschale in kochendem Wasser.

Nach einem komplizierten Anlegen und eingehenden Überlegungen brachte Basil Wolfrhine den Behälter zu einer Stelle weit oben am Hang auf Hirta. Beschwerlich war es, diese Stelle zu erreichen über zum Teil sumpfiges und felsiges Gelände. Hier befand sich genau an der Stelle, die man im Mauerwerk ausgewählt hatte, eine Öffnung, passend für den Behälter.

Basil erlebte hier im gleichen Moment einen mystischen Zwischenfall: das Phänomen bei dieser Exkursion brachte seine Querflöte zustande, die bei dieser Tour ebenfalls zu einem unerlässlichen Teil seiner Ausrüstung gehörte. Als er sich an einer Mauer

festhielt, um besser hantieren zu können, hörte er plötzlich, als der Aufwind den Hang hochzog, wie die Flöte die Anfangsmelodie seines Liedes spielte, und dies mehrmals hintereinander. Es war wie eine Bestätigung, dass er in diesem Augenblick den richtigen Ort zum Deponieren gefunden hatte.

Diese Stelle in der Mauer wurde mit einem Stein verschlossen und somit vor den Stürmen des Atlantiks geschützt. Sie ist nicht leicht zu finden, doch mit der Beschreibung und der Skizze, müsste es möglich sein, „The Wind's Song" ausfindig zu machen.

Nachdem die hölzerne Kapsel im Mauerwerk untergebracht war, spürte Basil ein Gefühl von Begeisterung und Zufriedenheit, und aus dieser Situation heraus spielte er auf seiner Querflöte, während er sich an dem wunderschöne Panorama, dem Weitblick über St. Kilda, erfreute, in der Hoffnung, dass die Menschen in erkennender Weise den Weg gehen, der zu einem erfüllten Dasein führt.

Diese Geschichte ist damit noch nicht zu Ende. Sie geht mit jedem Tag in eine Richtung, die einer Planung unterliegt und am Ende einer Zeit das zur Wahrheit werden lässt, was am Anfang gesagt wurde. Im heutigen Zeitgeschehen hat der Mensch kaum noch eine Möglichkeit, die absolute Liebe zu erfahren, von der hier im Roman die Rede ist. Sein Leben hier auf dem Erdball unterliegt einer Gesetzgebung, die das Materielle als das Höchste ansieht, was er erreichen kann. So wird er in einem Taumel der Weltgeschichte in ein Inferno gerissen, aus dem er nicht mehr heil herauskommt.

An dieser Stelle kommt das zum Tragen, was der Grund für diese Geschichte, die ich geschrieben habe, darstellte, und die sich jetzt am Ende zu einer Dokumentation veränderte. Hier kommt dann ein „Wesen" ins Spiel, das die Menschen zwar kennen, aber kaum Wert darauf legen, und wenn, dann in einem übersteigerten Verhalten, das lebensgefährlich ist. Dieses „Wesen" wird den Menschen mit einer unglaublichen Liebe aus seiner verunglückten und gescheiterten Situation herausholen, davon bin ich überzeugt.

Farewell to St Kilda

Listen to the
Wind's Song

Listen to the Wind's Song...

...feel the magic of an ancient inspiration of freedom.

St Kilda is an isolated archipelago situated 40 miles west-northwest of North Uist, in the North Atlantic Ocean.

Erlebe jetzt die magischen Momente Schottlands auf CD und im Download!

Die traditionellen Melodien Schottlands in einem epischen Celtic Pop Music Mix mit mystischen Synthesizer, rhythmischen Kelten-Drums und hinreißendem Gesang.

www.wolfrhine.de
www.schottenradio.de
www.schotten.tv

Pia Guttenson
Schattenkrieger
Hüter des Steinernen Tors

*Auch der Hüter des Steinernen Tores
ist auf der Suche nach
der Dimensionskapsel,
um das **Lied des Windes**
von **St Kilda** zu erfühlen!*

Jetzt in Pia Guttensons neuestem Epos!
www.pia-guttenson.de